2016年国家社科基金一般项目"武术精英在传统乡村自治和当代县域治理中的作用研究"（项目批准号：16BTY102）最终成果

武术精英研究

从传统乡村自治和当代县域治理的视角

唐韶军　著

人民体育出版社

图书在版编目（CIP）数据

武术精英研究：从传统乡村自治和当代县域治理的视角／唐韶军著. -- 北京：人民体育出版社，2022（2024.1重印）

ISBN 978-7-5009-6080-5

Ⅰ.①武… Ⅱ.①唐… Ⅲ.①武术家－作用－农村－群众自治－研究－中国 Ⅳ.①K825.4②D638

中国版本图书馆CIP数据核字（2021）第187762号

*

人民体育出版社出版发行
天津画中画印刷有限公司印刷
新 华 书 店 经 销

*

710×1000　16开本　14.75印张　253千字
2022年1月第1版　2024年1月第2次印刷

*

ISBN 978-7-5009-6080-5
定价：79.00元

社址：北京市东城区体育馆路8号（天坛公园东门）
电话：67151482（发行部）　　邮编：100061
传真：67151483　　　　　　邮购：67118491
网址：www.psphpress.com

（购买本社图书，如遇有缺损页可与邮购部联系）

前 言
FOREWORD

乡村自治在中国有着悠久的组织传统与文化表达,曾被历代王朝奉为治国圭臬。现代以降,仍旧以其惯性力量在社会治理中发挥着重要作用。党的十八大以来,党中央高度重视乡村建设,把以村落为主体的县域治理视为国家治理的基础和基石。县域治理的现代理念与乡村自治的传统思想一脉相承,是当代对传统的加强和延续。实践证明,两者在很大程度上都得依赖于社会精英对村落的治理,而社会精英管理职能的顺利实施又往往离不开"武术精英"的大力支持。所谓"武术精英",就是那些德艺双馨而又有社会担当的武术能人。在村落治理中,有他们的存在并发挥重要作用,可以大大降低治理成本、提高治理效率。

村落,已经成为当代中国社会进程的重要呈现,每时每刻都在上演着生动活泼的社会变迁剧目。目前,通过村落研究武术,越来越成为一条重新认识武术和深入理解武术的有效途径。已有诸多学者通过村落针对武术的拳种、现状和传承等诸多武术"本体"范畴进行了研究,但作为武术"主体"的人,却鲜有论及。本文则实现了研究对象由武术"本体"到武术"主体"的研究转向,对武术精英及其社会活动进行了研究。研究表明,武术精英在传统乡村自治中运用的武术教化经验、社会实践经历、自我管理手段、社会治理方式等一系列的传统文化,在当代县域治理中必然有其可供借鉴和参考的重要价值。作为体现传统文化精髓的武术,作为蕴含传统美德的武德,以及具有正义感、担当意识和奉献精神的武术精英,都将以各种形式活跃于当代县域治理的各个方面,并发挥积极有效的社会作用。我们应该主动借鉴这些传统的自治智慧,把弘扬优秀传统文化和发展当代文明有机、紧密地统一起来,取长补短,在继承中发展,在发展中继承。让"传统武术文化"充分发挥出自身优势,在当代县域治理中潜移默化地影响本地的民风民俗,通过弘扬传统美德呈现出武术在美风美俗方面的教化效果。同时,广泛利用"传统武术技术"在强身健体方面的价值功能，有效提升县域普通民众的健康水平，持续改善县域中小学生的体质状况。最终，为"健康中国"发展战略的全面实施做出应有的贡献。

故此，如何充分挖掘传统乡村自治中武术精英的社会作用，并将这些规律、经验、智慧等自治资源在当代县域治理中有效传承、合理应用，进而实现"传统"与"当代"的有机对接，就成为本研究所要展现给读者的重要命题。

目录
CONTENTS

绪 论 ··· 001
 一、研究的缘起与意义 ·· 001
 二、文献综述 ··· 003
 三、相关概念的界定 ·· 011
 四、研究对象 ··· 021
 五、难点与重点 ·· 022
 六、研究思路与具体方法 ··· 023
 七、研究特色和创新之处 ··· 031

上篇　武术精英的生成

第一章　中国的"尚武"传统 ·· 039
 第一节　中国社会"尚武"的历史渊源 ································· 039
 第二节　传统社会中乡村"尚武"的原因 ····························· 044
 小　结 ··· 057

第二章　武术隐权力的获得 ··· 059
 第一节　借助"亮拳"慑服他人 ··· 059
 第二节　利用"表演"扩大影响 ··· 061
 第三节　通过"业缘"建立人脉 ··· 064
 小　结 ··· 066

第三章　武术精英"三要素" ······ 068
- 第一节　武功出众：武术精英生成的先决条件 ······ 068
- 第二节　道德高尚：武术精英生成的必要基础 ······ 076
- 第三节　社会担当：武术精英生成的关键环节 ······ 083
- 小　结 ······ 090

中篇　武术精英在传统乡村自治中的责任担当

第四章　维护社会稳定 ······ 096
- 第一节　净化道德环境 ······ 097
- 第二节　维持生活秩序 ······ 104
- 第三节　管理帮会组织 ······ 113
- 小　结 ······ 121

第五章　自保家园 ······ 122
- 第一节　"个体行动"中仗剑行侠 ······ 123
- 第二节　"集体行动"中身先士卒 ······ 128
- 小　结 ······ 137

第六章　调控人际纠纷 ······ 138
- 第一节　调解纠纷 ······ 139
- 第二节　控制纠纷 ······ 148
- 小　结 ······ 156

下篇　武术精英在当代县域治理中的时代使命

第七章　弘扬优良武德，践行社会主义核心价值观 ······ 162
- 第一节　孝悌之道 ······ 164
- 第二节　忠义之举 ······ 168
- 第三节　礼信之德 ······ 174
- 第四节　廉耻之心 ······ 177

小　结 ……………………………………………………………… 181
第八章　推广武术运动，促进全民健康 ………………………… 183
　　第一节　坚守师徒传承，保证武术可持续发展 ………………… 184
　　第二节　普及大众武术，提高群众健康水平 …………………… 189
　　第三节　推广学校武术，促进学生健康成长 …………………… 196
　　小　结 ……………………………………………………………… 206

结　语 …………………………………………………………………… 208

参考文献 ………………………………………………………………… 212

绪　论

一、研究的缘起与意义

中国的乡村自治有着悠久的组织传统与文化表达，历来被古代王朝奉为治国圭臬。传统社会，中国"皇权止于县"[1]与"士绅有为"[2]的乡治模式，以及国家军事力量"外紧内松"[3]的时局应对策略等，都为民间自治传统的运作与绵延提供了广阔的自主空间。传统国家官僚体制的统治权力从未直接深入乡村社会，县以下的乡村一直处于"乡绅自治"的状态[4]。"乡村自治"是一种中国特有的制度文化，是皇权体制与农耕文化的有机结合。它经历千年而不衰，其完备的体制和制度形式直到帝制晚期（清朝末年）几乎无任何实质性的变化，从来没有因为改朝换代而中断或废止过。即使在不同朝代的面貌有所不同，但始终都可以辨认出来[5]。也就是说，中国的"乡村自治"尽管随着种种历史事件而发生着或大或小的变化、改造，但是其本质却丝毫都没有改变过，始终以其惯性力量在国家乡村治理中发挥着重要作用。然而，由于帝国末期出现了严重的"国家政权内卷化"[6]的局面，所以，不管是清末推行的"乡镇自治"，还是民国时期实行的"新县制"，均没能完成对乡村基层社会的整合，政府也无力实现国家政权的现代化及官僚化。

中华人民共和国成立后，开始了一个由革命党向执政党转化的历程——一个

---

[1] 宋云海. 中国皇权文化 [M]. 上海：上海三联书店，2014：3-13.
[2] 费孝通，吴晗，等. 皇权与神权 [M]. 长沙：岳麓书社，2011：1-8.
[3] 杨念群. 儒学地域化的近代形态：三大知识群体互动的比较研究 [M]. 北京：生活·读书·新知三联书店，2011：22-25.
[4] 周庆智. 县政治理：权威、资源、秩序 [M]. 北京：中国社会科学出版社，2014：15.
[5] 托克维尔. 旧制度与大革命 [M]. 冯棠，译. 北京：商务印书馆，2012：18.
[6] "国家政权内卷化"即国家对乡村社会的政治控制能力低于其经济榨取的能力。参见：杜赞奇. 文化、权力与国家：1900—1942年的华北农村 [M]. 王福明，译. 南京：江苏人民出版社，1994：68.

巨大的集权形式覆盖而来①。乡村治理模式也实现了由"乡政治理模式"到"人民公社治理模式"再到"乡政村治治理模式"的转变②。当然，在当今新农村建设风潮下，传统乡村自治的社会基础已经发生了巨大变化，为了适应利益群体的多样性和社会的多元化，进而系统解决"三农问题"，党和国家领导人适时提出了全新的"县域治理"方略，并将其视为国家治理的基础和基石。由此可见，"县域治理"的现代理念与"乡村自治"的传统思想是一脉相承的。也就是说，"县域治理的诸多建制和功能并非'凭空而来'，在许多方面，它是传统的加强和延续"③。

  传统社会漫长的乡村自治传统使村民形成了凡事依赖社会精英的心理特征。精英治理不但简单高效，而且决策与管理成本较低，具有一定的历史合理性与现实客观性，在促进乡村社会发展、维护村庄生活秩序等方面表现出了强大的生命力。然而，目前有关社会精英的研究却忽略了对乡村社会中另一类"能人"——"武术精英"的研究和探讨。在乡村自治和县域治理中，虽然政府很大程度上依赖于"社会精英"，但是"社会精英"管理职责的顺利实施在很多情况下又离不开"武术精英"的大力支持。某些情况下，"社会精英"在治理过程中"不得不求助于处于体制外的武师及其主导的拳会……（因为）这些组织及其首领（精英）从社会生活的各个侧面主导或影响着当地民众"④。村落治理中，有武术精英的存在并发挥重要作用，就可以大大减少国家干预的必要，从而降低国家治理成本，提高国家治理效率。由此可见，不论在传统乡村自治还是当今县域治理的社会精英研究中我们都无法回避对"武术精英"的考察。

  中国是一个农业大国，国家人口中绝大多数是从事农业生产的农民，重视农业生产的传统源远流长并延续至今。所以，"从基层上看去，中国社会是乡土性的"⑤，而"乡土社区的单位就是乡村"⑥，人们就是在这样的村落中聚族而居、繁衍生息。这一个个具体而生动的村落，自然承载并见证了几千年农耕文明的辉煌与没落。村落，星罗棋布地分布在中国这片广袤无际的大地上，每时每刻都在上演着生动活泼的社会变迁剧目，越来越成为当代中国社会进程的重要呈现。故

---

① 麦克法夸尔，费正清. 剑桥中华人民共和国史：上卷［M］. 北京：中国社会科学出版社，1990：3.
② 祁勇，赵德兴. 中国乡村治理模式研究［M］. 济南：山东人民出版社，2014：41.
③ 祁勇，赵德兴. 中国乡村治理模式研究［M］. 济南：山东人民出版社，2014：338.
④ 程歗. 社区精英群的联合和行动——对梨园屯一段口述史料的解说［J］. 历史研究，2011（1）：3-16.
⑤ 费孝通. 乡土中国［M］. 南京：江苏文艺出版社，2007：5.
⑥ 费孝通. 乡土中国［M］. 南京：江苏文艺出版社，2007：8.

此，在"乡土性"的"乡村"生活背景下，以"村落"及其变迁为切入点来理解武术及其文化事项、阐释武术精英的历史作用及其当代价值是一条有效可行的途径。与此同时，通过乡村武术精英的视角来研究村落生活，更是对当代村落研究体系的丰富和拓展，与施坚雅的"市场体系理论"①、杜赞奇（Prasenjit Duara）的"文化网络概念"② 等汉学家村落研究视角有着异曲同工之妙。

二、文献综述

村落"社区"的概念正式进入学科领域，始于1887年斐迪南·滕尼斯发表《共同体与社会》③ 之后，专指"血缘共同体""地缘共同体"和"精神共同体"三者的合一，强调"共同的文化精神意识和社区成员的归属感、认同感"④。在中国，社区则更多被界定为"地域"的范畴之列，等同于一个个的村落⑤。而中国村落的研究则肇始于19世纪末美国学者明恩溥（Arthur H. Smith）的《中国乡村生活》⑥ 一书。此后，中国传统的村落文化开始引起西方社会学和人类学专家学者的兴趣，并进入了他们的研究视野。目前全球范围内在中国研究方面具有较大影响力的研究机构已经达到119个，其中涉及中国农村研究的达到28个⑦。诸多西方学者以西方社会学的调查方法和研究范式对中国村落社会进行了不同程度的探讨研究。例如，杜赞奇的《文化、权力与国家：1900—1942年的华北农村》（1988）、萧凤霞（Helen F. Siu）的《华南的代理人和受害者》（1989）、张仲礼的《中国绅士：关于其在十九世纪中国社会中作用的研究》（1991）、墨宁（Melanie Manion）的《中国农村的选举联系》（1996）、柯丹青（Daniel Kelliher）的《中国国内关于村民自治的争论》（1997）、戴慕珍（Jean C. Oi）的《选举与权力：中国村庄的决策主导者》（2000）、欧博文（Kevin O'Brien）的《村民、

---

① 施坚雅. 中国农村的市场和社会结构 [M]. 史建云，徐秀丽，译. 北京：中国社会科学出版社，1998.
② 杜赞奇. 文化、权力与国家：1900—1942年的华北农村 [M]. 王福明，译. 南京：江苏人民出版社，2003.
③ 斐迪南·滕尼斯. 共同体与社会 [M]. 林荣远，译. 北京：商务印书馆，1999.
④ 许斌. 复兴：20世纪80年代以来的中国村落社区研究 [J]. 北京科技大学学报（社会科学版），2009，25（1）：1-5.
⑤ 文军，吴越菲. 流失"村民"的村落：传统村落的转型及其乡村性反思——基于15个典型村落的经验研究 [J]. 社会学研究，2017，32（4）：22-45，242-243.
⑥ 明恩溥. 中国乡村生活 [M]. 陈午晴，唐军，译. 北京：中华书局，2006.
⑦ 袁方成. 提升与扩展：20世纪90年代以来当代海外中国农村研究述评 [J]. 中国农村观察，2008（2）：75-80.

选举及公民权》(2001) 等①。

  19世纪末明恩溥的中国村落研究不仅引发了西方学者对中国农村的强烈兴趣，而且还"直接催生了中国本土学者对于中国村落研究的热情"②。在这批研究中国乡村的早期学者中，最有影响力的莫过于梁漱溟、吴文藻、费孝通三位大家了。其中，梁漱溟先生的社会政治思想主要体现于1937年由邹平乡村书店出版的《乡村建设理论》一书之中。全书由甲部认识问题和乙部解决问题构成，甲部主要是从历史学的角度以文化社会学的分析方法来观察、分析中国社会结构及文化传统性质，是乡村建设理论的依据和乡村教育思想的基础；而乙部，则主要阐述乡村建设必须依靠教化手段，通过社会组织的重建和现代科学生产及生活知识的灌输，来解决中国的政治问题和促进农业经济的复苏与振兴，使中国逐步过渡到真正以民为主的现代国家③。从乡村治理的角度来看，实际上梁氏正是要通过在广大乡村培育地方自治力量的方式，进而实现乡村自治。但由于当时社会条件的制约，梁氏的乡村建设也只能在原有的制度框架内实行浅层次的改革，并未触及农村的土地所有制，所以最终未能取得成功④。另一位"社区研究"的先驱就是吴文藻，他认为，中国化的"社区研究"就是要研究中国国情，即通过调查中国各地区的村社和城市的状况，提出改进中国社会结构的参考意见⑤。同时，他提出了三种具体的研究方法，一是以了解社会结构为目的专门作为模型调查的"静态研究法"；二是以了解社会历程为目的的专作变异调查的"动态研究法"；三是以了解社会组织与变迁的静态与动态同时并进的"综合研究法"⑥。然

---

① 杜赞奇. 文化、权力与国家：1900—1942年的华北农村 [M]. 王福明，译. 南京：江苏人民出版社，1988；萧凤霞. 华南的代理人和受害者 [M]. 北京：中华书局，1989；张仲礼. 中国绅士：关于其在十九世纪中国社会中作用的研究 [M]. 李荣昌，译. 上海：上海社会科学院出版社，1991；柯丹青. 中国国内关于村民自治的争论 [J]. 中国学刊，1997（37）：63-86；戴慕珍. 选举与权力：中国村庄的决策主导者 [C] //中国农村村民委员会选举学术研讨会论文集. 武汉：华中师范大学中国农村问题研究中心，2000；欧博文. 村民、选举及公民权 [C] //香港第二届中国大陆村级组织建设学术讨论会. 香港：香港第二届中国大陆村级组织建设学术讨论会，2001. 转引自：王志强. 当前中国农民政治参与研究综述 [J]. 中国农村观察，2004（4）：62-66.
② 吴灿，胡彬彬. 我国村落文化研究的现状与反思 [N]. 光明日报，2016-05-18（14）.
③ 梁漱溟. 乡村建设理论 [M]. 上海：上海人民出版社，2006.
④ 辛秋水. 传统文化与现代文明相对接——新乡村建设的理论与实践 [M]. 合肥：合肥工业大学出版社，2010：14.
⑤ 蒋梓骅. 行动与历史：吴文藻与费孝通在社会学本土化取向上的间距 [J]. 北京工业大学学报（社会科学版），2018，18（1）：21-28.
⑥ 吴文藻. 论社会学中国化 [M]. 北京：商务印书馆，2010.

而，由于特殊的历史原因，吴先生当年所提出的研究设想直到今天依旧没能完全实现。第三位在村落社区研究领域卓有成效的专家便是费孝通。其著作《江村经济》一直被公认为"通过小村落窥视中国社会"的经典之作①。该研究是费孝通先生对自己家乡附近一个叫做江村的典型农村经济体的统计报告。时至今日，这种通过对某个或某几个类似的村落进行田野调查，以"窥视中国这个大社会，并对社区研究方法提供一个范例"②的研究方法，仍然具有广泛的学术市场。尽管诸多专家学者分别从社会学、人类学和民俗学等领域对中国村落社区进行了广泛而深入的探讨与研究，然而，在最初的研究中，调查者的研究习惯往往是把一个村落看成一个似乎与外界无关的空间，这样做对于了解作为个案乡村的内部结构与规律当然是大有裨益的，不过这仅是研究的开始而已。在对村落的内部现象了解之后，就会发现它并不是孤立的，正如王铭铭在《村落视野中的文化与权力：闽台三村五论》一书中所描述的美法村一样，该村与其他的地域是连在一起的，其联系的纽带或是婚姻的地方传统，或是地方仪式，或是市场，而且还不可避免地受到国家政权等外部力量的影响。可见，以某个村落为个案的研究成果并不是孤立的只能说明某村某地的生活现状，而是与周围地域乃至整个社会相互关联的，这种研究完全可以用来说明大社会的历史。本研究也正是在这种思路或方法的指导下，选取了几个典型的武术村落进行田野调查，并试图通过这几个类似的村落来窥视整个社会中武术精英活动轨迹的一般规律和典型特征，进而为当代县域治理中如何充分发挥武术精英的社会作用提供必要的借鉴与参考。

其实，20世纪以来，中国村落中土生土长的"乡土武术"早已引起海内外诸多学者的研究兴趣。美国学者裴宜理在2007年出版的专著《华北的叛乱者与革命者（1845—1945）》中，曾将华北广大村落的武术人分为两类，一类是"掠夺者"，另一类是与之相对应的"防御者"。她在完成对皖北农村的考察之后，认为"掠夺者以他们的长处即劳动力过剩从比较富裕的邻人那里抢夺生存资源。相对而言，防御性策略通常被那些既拥有某些物资，同时又担心失去物质的人所使用。防御者以剩余资源来保护自己的财产，以防止掠夺者的威胁"③。在

---

①张静．燕京社会学派因何独特？——以费孝通《江村经济》为例［J］．社会学研究，2017，32（1）：24-30，242-243；郭大水．《江村经济》对中国社会学的历史性贡献［J］．西北师大学报（社会科学版），2017，54（1）：21-27；黄志辉．《江村经济》与《禄村农田》：民族志的政治经济学［J］．思想战线，2018（2）：51-60．
②王铭铭．村落视野中的文化与权力：闽台三村五论［M］．北京：生活·读书·新知三联书店，1997：98．
③裴宜理．华北的叛乱者与革命者（1845—1945）［M］．池子华，刘平，译．北京：商务印书馆，2007：11．

这里，裴氏从人的自然属性和功利性出发简单地将村落中的武术人分为两类，要么成为掠夺者，要么成为被动的防御者。之所以如此，是由于她完全忽略了中国传统伦理道德对普通大众的教化作用，忽视了中国"道德至上"的社会传统。更没有体察到，在那些武术人中，还有一部分人是品质优良、道德高尚者，这类习武之人，就是穷困潦倒，甚至是一无所有，也不会去做那些违反伦理道德之事①。不仅如此，这些武术人还能充分利用自己的武功和道德力量去影响、约束和控制那些不安分的扰民者②。这些人，就是我所谓的"武术精英"，他们品质与行为都充分彰显了武术教化的重要作用。

"精英"，是指社会中处于优越地位的社会群体的一个概念③。"精英"最早本来是指质地特别精良的商品，后来被政治学家和社会学家所借用，并在19世纪后期的欧洲和20世纪30年代的英、美各国开始流行起来④。如今，"精英"已经成为一个政治理论和社会理论中的常用术语。西方学术界对"社会精英"的研究已经比较成熟，马克斯·韦伯从"经济实力""政治权力"和"社会威望"三个维度来划分精英，认为精英社会地位和政治权力来源于他们的经济实力和社会威望⑤。然而，这些来自西方的精英理论主要以一种"二元对立"的视角（精英/大众）来解释和剖析社会结构层面，并且充斥着极强的权力话语，并不完全符合中国的实际情况，在解释中国社会问题时往往呈现出了较多的不适之处和一定的局限性。例如，地方精英划分标准的多样化（按照经济实力、政治权利以及社会威望等划分），对中国社会来讲是否恰当？再如，在传统中国，由于皇权不下县，因而在县以下的乡村控制中实际上存在许多政治权力的薄弱地带，而地方士绅实际上成为国家政权在地方上的代言人，构成了以士绅为主、地方政府为辅的治理模式。这种传统士绅群体的"非正式权力"⑥，在地方行政上承担着

---

① 唐韶军，戴国斌. 生存·生活·生命：论武术教化三境界 [J]. 北京体育大学学报，2016，39（5）：72-78.
② 王岗. 对学校武术教育的历史回眸与当代发展的思考 [J]. 北京体育大学学报，2016，39（6）：90-95；李守培，郭玉成. 中国传统武术身心伦理的文化形成 [J]. 体育科学，2017，37（4）：39-47.
③ Bruce Hearn, Roger Strange, Jenifer Piesse. Social Elites on the Board and Executive Pay in Developing Countries: Evidence from Africa [J]. Journal of World Business, 2017, 52 (2): 230-243.
④ Brownlee, Jamie. Elite Power and Educational Reform: An Historiographical Analysis of Canada and the United States [J]. Paedagogica Historica, 2013, 49 (2): 194-216.
⑤ 郑乐平. 经济·社会·宗教：马克斯·韦伯文选 [M]. 上海：上海社会科学院出版社，1997：105-110.
⑥ 瞿同祖. 清代地方政府 [M]. 修订译本. 范忠信，何鹏，晏锋，译. 北京：法律出版社，2011：266.

决策咨询、民众代言、官民调停等诸多功能①。那么，在传统士绅阶层消亡后，社会精英阶层是否依旧可以笼统归为地方精英群体呢？然而，不管学者们的质疑如何，有一点是可以肯定的，那就是"精英"始终是对社会阶层进行分析的理论模型。

美国学者姜士彬（David Johnson）、罗斯基（Evelyn Rowski）、黎安友（Andrew Nathan）等提出了中国阶层划分的三个标准为"教育""法权"和"经济地位"。认为，这些阶层的两极分别是受过良好教育、具有特权并处于主导地位的精英和目不识丁、处于依附地位的普通人，而在这两极之间则是受过一点教育但程度各异的人群②。美国汉学家孔飞力（Alden Kuhn）则在其研究中使用"名流"或"绅士"这一社群概念来指称中国的"社会精英"③，认为"地方名流"在乡村和集镇社会中行使着不可忽视的权力。美国汉学家张仲礼先生在其著《中国绅士》中认为中国的社会精英是指"具有公认的政治、经济和社会特权……并有着特殊的生活方式"④的社会群体。美国学者裴宜理在其博士论文《华北的叛乱者与革命者》中曾用"乡村豪杰"（village aspirants）指称乡村社会的精英，"这些人通常不是受到教育、可以升官发财的缙绅地主的后代，而是比较富裕的自耕农的子弟，他们向上流动的渠道似乎被堵死了……但又雄心勃勃……是行侠仗义的豪杰"⑤。而美国学者杜赞奇在其《文化、权力与国家：1900—1942年的华北农村》一书中则直接使用了"乡村精英"的称号，认为乡村精英通过融合儒家和大众宗教思想在乡村治理中建立起了自己的政治权威⑥。但遗憾的是，杜氏并没有对"乡村精英"的概念和内涵做出具体的表述。而国内学者对乡村精英的概念似乎都更认同意大利社会学家 V.帕累托的界定为：精英是具有

---

①陈寒非.人生史、权威与习惯法的成长——评高其才教授"乡土法杰"系列［J］.民间法，2014，13（1）：64-76.
②王迪.大众文化研究与近代中国社会——对近年美国有关研究的述评［J］.历史学研究，1999（5）：174-186.
③孔飞力.中华帝国晚期的叛乱及其敌人［M］.谢亮生，杨品泉，谢思炜，译.北京：中国社会科学出版社，1990：5-11.
④张仲礼.中国绅士：关于其在十九世纪中国社会中作用的研究［M］.上海：上海社会科学院出版社，1991：导言1.
⑤裴宜理.华北的叛乱者与革命者（1845—1945）［M］.池子华，刘平，译.北京：商务印书馆，2007：79-80.
⑥杜赞奇.文化、权力与国家：1900—1942年的华北农村［M］.王福明，译.南京：江苏人民出版社，2003：107-108.

特殊才能、在某个方面或某项活动中表现出杰出能力的人所组成的整体①。比如，高其才教授在其著作中，就曾用"乡土法杰"来指称"地方精英"，认为他们一般都知晓法律风俗，熟悉乡土规范，广泛参与村落纠纷调解，热心于社区公共事务，说话办事十分有效②。再如，贺雪峰教授在其论著中常用"大社员""村民代表"等指代"村庄精英"，强调他们在组织动员村民参加集体行动，社会生活中发挥模范带头效应，协调村民之间的矛盾纠纷等方面都具有积极作用③。

从以上对"社会精英"概念、内涵的表述及划分标准来看，虽然具体内容不一，但其基本思想却是一致的，都是以财富和受教育程度为标准。然而这些"精英"或"名流"的概念却忽略了中国传统社会中另一类"能人"——武艺高强者。在那个"谁的拳头硬谁就是大哥"的动荡社会里，这些武术能人（武术精英）凭借自身的高超武功，能把一般人不敢做或者办不成的事轻松地完成。而且，这类人还常常在家族或村落的集体行动中发挥主导作用，也因此常常得到村民的赞许或尊敬。程歗先生曾根据山东大学的学者及其本人对华北农村生活的调查，将"社会精英"界定为三类：①参加过科举考试（或预备科考）但没有入仕的下层绅士，包括资深童生、文武秀才、赋闲举人及同书院体制相联系的贡生、监生等；②基层正式体制内的半官职人员，正式体制外的各种民间组织（无论合法与否）的首领；③其他的社会地位和社会角色都相当复杂的村镇"能人"和"强人"。从具体内容来分析，这三类精英中都包含有习拳弄棒的武术人。也就是说，在广大民众的内心深处，"实力和任侠的评判准则超越了资产和文化程度的准则"④，在实力和任侠的评判准则下，他们已经完全把武术能人当成了"社会精英"。而"精英"形象也在潜意识中成为了武术能人的另一种身份认同，他们时时处处都以"社会精英"的标准来规范自己的言行。由此可见，在中国

---

①Chun-Chih Chiu, James T. Lin. Novel Hybrid Approach With Elite Group Optimal Computing Budget Allocation for the Stochastic Multimodal Problem [J]. Neurocomputing, 2017, 260 (10)：449-465；Depeng Kong, Tianqing Chang, Wenjun Dai, Quandong Wang, Haoze Sun. An Improved Artificial Bee Colony Algorithm Based on Elite Group Guidance and Combined Breadth-Depth Search Strategy [J]. Information Sciences, 2018, 442-443 (5)：54-71.

②高其才. 桂瑶头人盘振武 [M]. 北京：中国政法大学出版社，2013；高其才. 洞庭乡人何培金 [M]. 北京：中国政法大学出版社，2013；高其才. 浙中村夫王玉龙 [M]. 北京：中国政法大学出版社，2013.

③贺雪峰. 新乡土中国 [M]. 修订版. 北京：北京大学出版社，2013：193；贺雪峰. 乡村建设中提高农民组织化程度的思考 [J]. 探索，2017 (2)：41-46，2.

④程歗. 社区精英群的联合和行动——对梨园屯一段口述史料的解说 [J]. 历史研究，2011 (1)：3-16.

基层的乡土社会，精英呈现出一种复杂化和多元化的趋势，不仅仅存在于上层社会，而是在不同的社会层级都可能存在。即使是身处社会底层的武术人也极有可能成为当地具有影响力的社会精英①。

20世纪80年代以来，随着中国乡村的巨大变革，农村的社会结构、经济状况、生活方式、人口流动等都发生了巨大的变化，使得学术界在"武术精英"的研究中开拓出了更多的领域。例如，以路遥、程歗等为代表的一批历史学家，都曾在"义和团运动"的历史背景下，从发起者、参与者和主导者的视角全面探讨了武术组织在村落集体行动中的动员机制、社会作用和历史意义，借此揭示了村落的社会结构、风俗习惯、历史变迁等深层次的村落文化②。著名历史社会学家黄宗智则着重从社会学视角，通过研究乡绅、乡保、武术精英等民间权威人士在处理民事诉讼与民间纠纷时发挥的重要调解作用，来了解包括国家政权、民间精英、普通百姓在内的乡村"社会结构"，提出在国家与村落之间还存在着另外一个范围广阔的"第三领域"③。另外，以张士闪教授为代表的山东大学民俗研究团队，长期以来一直致力于从民俗学视角对习武风气浓厚的广大乡村进行田野调查，旨在通过对武术精英的研究深描当地丰富多彩的"民间叙事"④。尽管以上研究已经突破了武术研究仅限于武术单一拳种的纵深研究模式，初步形成了多学科交叉的横向联合研究模式，而且研究成果也颇为丰富，但终因自身学科特点而在研究方法与成果展示上多呈现为"通过武术研究村落"的特点，而"通过村落研究武术"的论著颇显不足。

随着近几年一批武术学者深入村落对村落武术进行田野调查的普遍展开，

---

① 王美娟."以武立命"：武术教化之道——评唐韶军《生存·生活·生命：论武术教化三境界》[J].山东体育学院学报，2017，33（4）：117-118.
② 路遥.义和团运动发展阶段中的民间秘密教门[J].历史研究，2002（5）：53-65，191；路遥.义和团的兴起与平原战斗[J].文史知识，2000（9）：12-22；路遥."义和拳教"钩沉[J].近代史研究，1991（2）：101-126；路遥.冠县梨园屯教案与义和拳运动[J].历史研究，1986（5）：77-90；程歗.社区精英群的联合和行动——对梨园屯一口述史料的解说[J].历史研究，2001（1）：3-16，189；程歗.拳民意识与民俗信仰[J].中国社会科学，1991（3）：155-172；程歗，张鸣.晚清乡村社会的洋教观——对教案的一种文化心理解释[J].历史研究，1995（5）：108-116.
③ 黄宗智.华北的小农经济与社会变迁[M].北京：中华书局，2000；黄宗智.清代以来民事法律的表达与实践（三卷本）[M].北京：法律出版社，2014.
④ 张士闪.从梅花桩拳派义和拳运动中的民俗因素[J].民俗研究，1994（4）：54-62，67；张士闪.灵的皈依与身的证验——河北永年县故城村梅花拳调查[J].民俗研究，2012（2）：55-69；张士闪.礼俗互动与中国社会研究[J].民俗研究，2016（6）：14-24，157；张兴华.乡村梅花拳的公益观念与生活实践——冀南广宗县北杨庄梅花拳调查[J].民俗研究，2015（6）：48-56；雷明月.作为村落传统的梅花拳[D].济南：山东大学，2016.

"在村落中研究武术"的研究范式正在逐渐得到学界的广泛关注与认同。韩同春是较早利用田野调查法在村落研究武术的研究者之一，他在对河北广宗县核桃园乡杨庄村田野调查的基础上，以日常生活和节庆活动为切入点，研究了武术事项在村落生活中的必要性和重要性[1]。稍后，马爱民在深入乡村进行广泛调研的基础上撰写了《梅花拳在中原地区的崛起与民间村落社会的传习》一文，首先通过对民间结社组织的考察，研究了武术组织的特殊社会结构；其次通过对乡村精英的访谈分析了武术精英在村落生活中的独特作用；最后通过对民间教门的深入调研探析了习武人群中祖师信仰的普遍性[2]。紧随其后，王明建在其博士论文的撰写过程中，曾多次奔赴河南"陈家沟"、贵州"鲍屯村"和山西"东街村"等村落进行田野调查，从社会分层、民俗文化、村落变迁等视角详细论述了传统武术在现代社会的境遇及其所面临的挑战与机遇[3]。在其后续研究中也涉及了传统武术精英在现代经济社会中的调试与转型[4]。唐韶军、戴国斌、王美娟等也曾先后撰文《克服"搭便车"困境——梅花拳在义和团运动中社会动员机制之研究》《梅花拳何以成为"义和拳运动"的主导力量》和《社会组织和民间信仰：梅花拳不仅仅是一种拳》，分别从社会学、民俗学视角深描了武术组织及其领导者——武术精英在村落生活中丰富的社会实践活动，以此阐述了村落集体行动中比较常见的武术组织形式和武术动员机制[5]。龚茂富则以民国时期青羊宫花会"打金章"为个案，深入民间田野，研究了民俗生活中的武术形态与样式以及武术精英充分利用民俗活动所进行的"权力实践"[6]。

以上各类研究，从不同的视角对村落中的武术进行了多方位的表述，论点可以说是形形色色、各有千秋。尽管在研究旨趣上不尽相同，但在将村落视为"理

---

[1] 韩同春. 河北广宗县梅花拳武术文化传统的田野考察[J]. 邢台职业技术学院学报, 2008 (6): 32-34.
[2] 马爱民. 梅花拳在中原地区的崛起与民间村落社会的传习[J]. 少林与太极, 2009 (1): 6-17, 28.
[3] 王明建. 武术发展的社会生态与社会动因——以村落武术为研究个案[D]. 上海：上海体育学院, 2013.
[4] 王明建. 村落武术的文化人类学研究[J]. 上海体育学院学报, 2016, 40 (3): 68-72; 王明建. 拳种与村落：武术人类学研究的实践空间[J]. 成都体育学院学报, 2016, 42 (1): 51-54.
[5] 唐韶军. 克服"搭便车"困境——梅花拳在义和团运动中社会动员机制之研究[J]. 鲁东大学学报（自然科学版）, 2014, 30 (1): 87-91; 唐韶军, 戴国斌. 梅花拳何以成为"义和拳运动"的主导力量[J]. 民俗研究, 2013 (6): 107-114; 唐韶军, 王美娟. 社会组织和民间信仰：梅花拳不仅仅是一种拳[J]. 民俗研究, 2017 (4): 150-157.
[6] 龚茂富. 民俗生活中民间武术的权力实践与狂欢精神——基于民国青羊宫花会"打金章"的历史人类学考察[J]. 成都体育学院学报, 2017, 43 (1): 75-80.

解武术"① "传承武术"② "改革武术"③ 的切入点上却基本达成了共识。从整个武术领域来看，虽然对村落武术的研究还尚处于探索和尝试阶段，但已初步呈现出了"通过村落来研究武术"的研究范式，为中国武术研究做出了一定的贡献。

三、相关概念的界定

（一）武术精英

好汉，强人，能人……虽然都是对传统社会武功高强者的称号，但这些都与我所研究的"武术精英"有所差别。本研究中的"武术精英"是指那种思想成熟且具有高尚德行的武术高手，他们的品格不仅要依仗人性中所固有的善良本性，还需要有一定理性认识及长期磨炼和修养。所以，本文认为，"武术精英"必须同时具备以下三个特点。首先，武功高强。要想成为武术精英而不是文化精英、经济精英等其他的社会精英，就必须有高强的武功。如果武功不高或干脆不会武功，就无法担当武术精英的职责、行使武术精英的权力。其次，道德高尚。以儒家思想为核心的中国传统文化中，德行和人品成为一种评价人的最重要的指标，甚至到了"泛道德化"的程度。社会各行各业都讲究"以德为先""以德为重"。所以，只有道德高尚的习武者才能在社会生活中取得信誉、树立威信。最后，当然也是最关键的环节，那就是要有社会担当。具体而言，"武术精英"应该积极主动地参与到各种社会公共事务当中，凭借自己的特殊身份（武术人）和特殊能力（武功高强）为国分忧、为民解难、为社会担责。

（二）隐权力

"隐权力"是吴钩先生提出的一个概念，是一种"缺乏合法性、躲在幕后操作、能量巨大的非正式权力，它不是来自正式授权，而是通常由人情关系、个人影响力、个人所掌握的'加害—造福'能力等因素自我繁殖出来的"④。也就是说，

---

① 谭广鑫. 巫武合流：武术秘密结社组织中的巫术影响研究 [J]. 体育科学，2017，37（2）：87-97.
② 杨建营. 武术拳种的历史形成及体系化传承研究 [J]. 体育科学，2018，38（1）：34-41；李金龙，宿凤玲，张晨昕. 传统武术文化传承中师之规范及其传承价值审视 [J]. 武汉体育学院学报，2018，52（3）：55-60.
③ 武超，吕韶钧. 由"武舞"至"拳种"：论历史进程中传统武术套路所呈现出的阶段性特征及其动因分析 [J]. 天津体育学院学报，2016，31（1）：63-68.
④ 吴钩. 隐权力2——中国传统社会的运行游戏 [M]. 上海：复旦大学出版社，2011：自序1.

"隐权力"与马克斯·韦伯（Max Weber）所讲的"科层化权威"（bureaucratic authorities）即政府的"行政权力"是有很大的区别的。政府部门有执法权，在此基础之上的"行政权力"有国家暴力在其背后作支持，因此，"行政权力"不需要威望、信誉、面子等社会关系来作为权力的基础，而是以国家垄断的合法暴力。而"隐权力"则不同，它的权威不是来自官方的任命，而是来自传统文化的规范及对"能人"的形象建造[①]。"隐权力"背后没有国家暴力的支持，且拥有权力者所做的工作又往往都是日常生活中的琐事，规范性低，很难讲得清楚权力的边界，因此在那些难以精确使用暴力的地带，社会能人、村庄精英等就要靠国家权力以外的"隐权力"来表现权威。

在社会生活中，总有一些村落公认的"能人"或"头面人物"，他们虽然不是政府官员，但是却能凭借自己在社会上的威望行使话语权，拥有一种组织、动员、激励及强制的力量。武术精英就是这样一类人群，他们既武功高强令人生畏，又德高望重使人敬仰，同时还热心公众事务让人尊重。所以，完全具备了自我繁殖出"隐权力"的相关条件。实践证明，武术精英在本村落社区确实具有一种不怒自威的"隐权力"，他们的权威"往往体现为人际间的相互关系，而不一定代表乡村社会中制度化的正统价值"[②]。在儒家"贵和"礼法思想的长期浸染下，生活在传统社会的中国人普遍形成了"息讼"观念，村民在遇到矛盾与纠纷时，往往习惯于找地方精英出面调解而不是到官府告状，而在这些地方精英当中武术精英占了很大一部分，这主要是因为村民对武术精英充满了信任，认为武术精英足以凭借自身的威望来镇住邪恶，甚至达到化解矛盾、息事宁人的目的[③]。程歗教授在《社区精英群的联合和行动》一文中曾明确表述："武德和武功都高超的拳师（本文所谓的武术精英），从不轻易出手。他们相信自己的社会联系比拳棒更能奏效"[④]。其文中所说的"社会联系"，其实正是一种"隐权力"的存在基础。按照马克斯·韦伯的说法，本研究所谓的"隐权力"其实就是一种超乎于常人的特质——"卡里斯玛"（charisma），即"某些人因为具有了这个

[①] 王铭铭. 村落视野中的文化与权力：闽台三村五论 [M]. 北京：生活·读书·新知三联书店，1997：80-81.
[②] 杜赞奇. 文化、权力与国家：1900—1942年的华北农村 [M]. 王福明，译. 南京：江苏人民出版社，2003：127.
[③] 唐韶军，戴国斌. 生存·生活·生命：论武术教化三境界 [J]. 北京体育大学学报，2016，39（5）：72-78.
[④] 程歗. 社区精英群的联合和行动——对梨园屯一段口述史料的解说 [M] //程歗. 文化、社会网络与集体行动：以晚清教案和义和团为中心. 成都：巴蜀书社，2009：31.

特质而被认为是超凡的，禀赋着超自然以及超人的，或至少是特殊的力量和品质"①。这种"隐权力"还类似于法国著名社会心理学家古斯塔夫·勒庞所命名的"领袖的名望"："它来源于社会对自己的塑造和自己积极主动的努力和奋斗。"② 由此可见，武术精英正是通过苦练武功、勤修道德、勇于担当等武术活动实现了自身人格特质的升华，最终具备了这种超凡脱俗的"隐权力"。然而，自古以来"权力"与"责任"又是密不可分的，"任何权力的使用，都是在使用者一定的责任意识中进行的"③。"隐权力"也同样如此，它确实是一种受人尊敬的权威，但同时它反过来又激发了权力者（武术精英）的责任意识，使武术精英能够自觉地在这种责任意识中处理人际关系。故此，无论何时、何事、何处，武术精英都拥有一种"纾解人间不平"的正义感、一种"天下兴亡，匹夫有责"的社会担当和一种"舍生取义"的奉献精神。正是这种强烈的责任意识反过来强化和巩固了"隐权力"的力度，确保了武术精英能够更有效地在乡村治理过程中发挥应有的作用。

（三）面子

从社会心理学的角度来看，所谓"面子"是指，个人在社会上因有所成就而获得的社会地位或声望④。"面子"必须通过人际互动和交往活动才能存在，而武术精英的每一次能力展示（比武或表演）正好构成了"面子"的生存空间，成为他们挣"面子"的一次人际互动。然而，要想在自己的生活圈里获得足够的"面子"，那就必须得"有两下子"，能拿得出令周围人羡慕的、像样的武功。武功越高，获得的"面子"就越大，如果武功太差，甚至是让人不屑一顾，那么就不会从别人那里挣得"面子"，而且有时还会"丢面子"。所以，武术精英要想在日常里获得"面子"，首先就必须要在日常生活中做好"面子"。做"面子"的功夫叫做"面子功夫"，属于一种"印象整饰"⑤ 的行为，是个人为了让别人对自己产生某些特定印象，而有意或无意做给别人看的行为。鲁迅先生曾

---

① 马克斯·韦伯. 韦伯作品集II：经济与历史支配的类型 [M]. 康乐, 译. 桂林：广西师范大学出版社, 2004：353.
② 古斯塔夫·勒庞. 乌合之众 [M]. 戴光年, 译. 北京：新世界出版社, 2010：114.
③ 谢文郁. 权利政治与责任政治 [J]. 文史哲, 2016 (1)：46-48.
④ Hsien Chin Hu. The Chinese Concept of "Face" [J]. American Anthropogy, 1944 (46)：45-64.
⑤ Schneider, D. J. Tactical Self-Presentation after Success and Failure [J]. Journal of Personality and Social Psychology, 1969 (13)：262-268.

说:"面子……是中国精神的纲领……它像是很有好几种的,每一种身份,就有一种面子,也就是我们所谓的脸。而这脸是有一条界线的,如果你做的事落到这条线的下面去了,即失了面子,也叫做丢脸……但倘使做了超出这线以上的事,就叫有面子,或曰露脸。"① 正如明恩溥所说,"一旦对'面子'有了正确理解,它就是一把钥匙,可以打开中国人许多重要素质这把号码锁"②。

如果将"面子"置于微观的人际互动中去考察,就会发现,"面子"在保持人际和谐、维持村落秩序和发挥社会隐权力等方面具有不可替代的重要作用。所以,从这个意义上来讲,"面子"就不仅仅是村民在村落这个熟人社会中立足的重要根本,而且更是武术精英在人际交往中的一种技巧和策略。武术精英在调解民事纠纷时,如果当事人不给"面子"而拒绝协调,那么武术精英就会觉得自尊受损、威严扫地,很没"面子"。在当事人日后再遇到麻烦时,武术精英将会袖手旁观,不愿给予帮助与支持。当事人也将无法再继续依赖社会关系的网络来帮自己排忧解难,因为他们早已因为违反武术精英的调解意愿、不给武术精英"面子"而使自己陷于无助的状态,饱受孤立和不安的威胁。这个道理,对于发生纠纷的双方来说,心里自然很明白,更何况他们对武术精英又大都敬畏三分,所以,为了避免日后麻烦,他们一般都会遵照"人情留一份,日后好相见"的处事策略,默然接受武术精英的调解意愿。由于"人情"在日常生活中又是一种威信、权力等之间灵活互换的关系③,所以,当事人这样做一个顺水"人情"给武术精英,不仅给足了武术精英"面子",而且还充分肯定了武术精英的民间权威和社会地位。这样一来,就等于武术精英又欠了当事人一份"人情",以后如果当事人再度陷入困境时,就会很容易博得武术精英的同情和道义上的支持。

(四) 差序格局

中国社会学和人类学的奠基人之一费孝通先生,在其著作《乡土中国》中提出了"差序格局"的概念:西方个人主义社会中的个人,像是一枝枝的木柴,他们的社会组织将其绑在一起,成为一捆捆的木柴。而中国社会的结构则好像是

---

① "青少年成长必读经典书系"编委会. 鲁迅杂文精选 [M]. 郑州:河南科学技术出版社,2013:235-236.
② 明恩溥. 中国人的素质 [M]. 秦悦,译. 上海:学林出版社,2001:8.
③ 王铭铭. 村落视野中的文化与权力:闽台三村五论 [M]. 北京:生活·读书·新知三联书店,1997:67.

一块石头丢进水里所生成的水波纹一样，一圈圈推延出去，越推越远、越推越薄。每个人都是他社会影响所推出去的圈子的中心，并跟圈子所推及的波文发生联系①。这个像蜘蛛网的社会网络，有一个中心，就是"自己"。在中国人的人际关系中，每个人从"自己"推出去，越是靠近内圈，关系就越厚越深，越是往外延伸，则相互之间的关系就越薄越浅。这往外推延出去的一轮轮、一波波的差序，就决定了一个人对待周围人的方式（图1）。

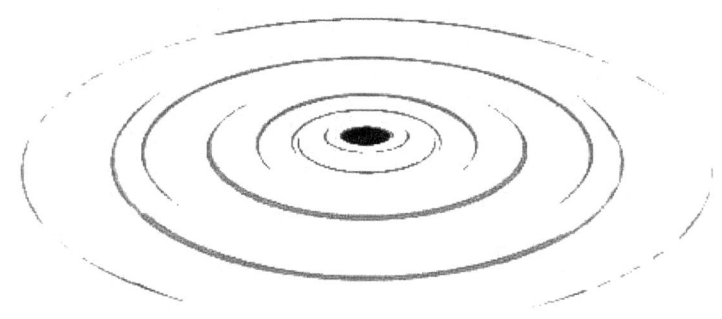

图1 中国社会结构"差序格局"示意

跟普通民众相比，武术人在处理人际关系时，对"差序格局"的坚守与运用可谓有过之而无不及。武术在民间长期以来一直延续着"一家""一帮""一派""一宗""一族"的传统习俗，以及"本门弟子""入室弟子""嫡传弟子"等表明亲疏关系的称谓。这一系列的习俗和称谓都充分显示了武术人在人际关系中极其重视"差序格局"的门派意识。尽管武术界也曾极力宣扬"人不亲，艺亲；艺不亲，刀把子亲"等"天下武林一家亲"的理念，但那毕竟是一种美好的理想、向往或追求。理想和现实之间的差距总是相去甚远，在现实生活中，无论是武术人之间的比试，还是武术门派之间的争斗，都屡见不鲜，甚至成为一种常态。

（五）乡村及乡村自治

由于"乡村"主要是从事农业活动的农民居住和生产的地方，而且农村是

---

①费孝通. 乡土中国 [M]. 北京：北京出版社，2011：29.

"乡村"的主体，乡村地区的绝大部分是农村地区，故"乡村"又通称为"农村"①。在很多学术研究中常见到"乡村"与"农村"同时使用的情况，如著名社会学家费孝通先生和杨懋春先生都曾在其著作中将"乡村社会"与"农村社会"等同起来使用②。此观点认为，"乡村"是相对于城市的、包括村庄的集镇等各种规模不同的居民点的一个总的社会区域③，或是相对于城镇而言的、作为农民生产、生活和娱乐三位一体的空间④。但也有学者提出了不同意见，认为"乡村"与"农村"还是有差异的，主要体现在二者所刻画对象的角度不一样。"农村"是一个产业区域概念，指的是以农业为基本产业的地区，是与工商业相对照而言的，标志着产业布局的区域差别；"乡村"则是一个管理区域概念，指的是乡政权管理的地区，是与城市相对照而言的，标志着社会活动方式的区域差别⑤。从本研究的主题"乡村自治"来看，其所刻画的对象属于国家治理和社会控制的范畴，所以在使用"乡村"概念时，本研究倾向于上述第二种意见，即所谓"乡村"就是指由乡（镇）与村（庄）两种社区构成的社会生活空间。

自先秦以后，中国长期以来都是"组织类型"的社会。一般来讲，组织社会的成本是很高的，要花许多钱，而传统社会生产率低下、经济基础薄弱，不足以为社会治理提供必要的经济支持，朝廷也就负担不起对整个社会的有效组织和控制，所以，"它并没有一竿子插到底"，也就是说，这个社会没有从朝廷一直组织到个人。朝廷委任官员只派到县这一级，正式的行政机构也随之终结到县这一级，即是所谓的"皇权不下县"⑥。在实际的行政管理中，"国家总是通过地方权威而不是企图取代他们治理地方社会，在地方范围内，尤其是在它的基础结构层，地方权威替代了国家所不能完成的局部整合作用"⑦。特别是宋以后，中央集权主要体现在县级以上的官僚政治中，县级以下的乡村社会则呈现出另一番景象，基本是一种乡村自治的状态。即"正规的政权在村落里并不施行任何控制，

---

① 肖唐镖. 乡村建设: 概念分析与新近研究 [J]. 求实, 2004 (1): 88-91.
② 费孝通. 乡土中国 [M]. 北京: 北京出版社, 2011; 杨懋春. 近代中国农村社会之演变 [M]. 台北: 巨流图书公司, 1980.
③ 袁镜身. 中国乡村建设 [M]. 北京: 中国社会科学出版社, 1987: 1.
④ 贺雪峰. 乡村治理研究的三大主题 [J]. 社会科学战线, 2005 (1): 219-224.
⑤ 秦志华. 中国乡村社区组织建设 [M]. 北京: 人民出版社, 1995: 2-3.
⑥ 王学泰. 水浒·江湖: 理解中国社会的另一条线索 [M]. 西安: 陕西人民出版社, 2011: 66.
⑦ 祁勇, 赵德兴. 中国乡村治理模式研究 [M]. 济南: 山东人民出版社, 2014: 97.

它把自己的社会监察功能让给村庙、地方名人、家族的族老"①。在中国乡村考察50年之久的英国传教士麦嘉湖对此现象做了经典的评述,"地方官从不以任何形式干涉村里的事务,只有当税吏在某些规定时间来征收政府土地税的时候,人们才能想起地方官的存在"②。村庄基本是处于自治状态的,这种自治主要是通过非政府官员的社会精英,即乡绅来治理社会、管理人民,即使到了民国时期,"民国政府虽有能力把权力延伸入村,但无公职人员掌握实权,而必须通过村内的人来控制自然村"③。这样,从县衙到村民家门口就出现了一块巨大的治理空间,对这一空间的治理,只能倚重地方势力(社会精英)的密切配合才能够顺利完成。这种半官方的统治,曾被美国汉学家施坚雅称为"非正式统治"④,同样是美国汉学家的孔飞力则称为"绅士统治"⑤,中国著名社会学家、人类学家费孝通先生称为"无为而治"⑥。在这一乡村治理过程中,各类乡村精英都在不同时期和不同区域发挥了不同的重要作用。"学界一直对如何来描述中国传统乡村秩序有着不同的见解,但基本意见是乡村自治则无疑义"⑦,即县级以下的乡村社会基本上由地方精英(或乡村经营)来完成维持秩序、维护治安、调解纠纷、征收赋税、推行教化等一系列治理任务。

中国自帝制以来,县以下一直采取这种半官方的自治统治,国家将基层社会的统治委托于乡村精英,精英们以个人为中心形成地缘、血缘和业缘等关系来控制乡村社会,而乡村精英管理职能的顺利实施又离不开"武术精英"的大力支持⑧。而在乡村社会普遍崇尚武力的民风民俗下,村落精英中的武术精英占了很

---

① 王铭铭. 村落视野中的文化与权力:闽台三村五论 [M]. 北京:生活·读书·新知三联书店,1997:88.
② 麦嘉湖. 中国人的生活方式 [M]. 秦传安,译. 北京:电子工业出版社,2012:258.
③ 邵雍. 秘密社会与中国革命 [M]. 北京:商务印书馆,2010:225.
④ 施坚雅. 中国农村的市场和社会结构 [M]. 北京:中国社会科学出版社,1998.
⑤ 孔飞力. 中华帝国晚期的叛乱及其敌人:1796—1864年的军事化与社会结构 [M]. 谢亮生,译. 北京:中国社会科学出版社,1990.
⑥ 费孝通. 乡土中国 [M]. 北京:生活·读书·新知三联书店,1985:60-70. 费孝通在论述乡土中国的权力结构中,曾经提到以下三个概念:一是"横暴权力",就是利用暴力进行自上而下的没有民主性的、威吓性统治的力量;二是"同意权力",就是指在社会中经由默认、契约、退让而形成的力量;三是"教化权力",即通过文化的传承和传统的限制所造成的社会支配和力量。因为传统的农业经济,不足以提供"横暴型"政治所需要的大量资源,因此,封建帝王通常采用"无为而治"来治理天下,让乡土社会自己用社区的契约和教化进行社会平衡。
⑦ 贺雪峰. 中国农村社会转型及其困境 [J]. 东岳论丛,2006(2):54-61.
⑧ 程歗. 社区精英群的联合和行动——对梨园屯一段口述史料的解说 [J]. 历史研究,2011(1):3-16.

大的比例,以至于国家如果不发掘乃至动用诸如"武术精英"之类的新型自治资源的话,国家自身的巩固就会成为一个大问题。在如此历史背景和现实条件下,"武术精英"就成为传统乡村自治中一支主导力量和生力军,在一定程度上促成了乡村社会自治空间的长期存在,并为乡村自治传统的运作与绵延提供了稳定而持久的惯性力量。

(六) 县域及县域治理

县域,是一种行政区划型的区域,是以县城为中心,以乡镇为纽带,以农村为腹地的地理空间。我国县的建制始于春秋时期,因秦国推进郡县制而得到巩固和发展。一个县就是一个基本完整的社会,正所谓"麻雀虽小五脏俱全"。两千多年来,县一直是我国国家结构的基本单元,稳定存在至今,素有"郡县治,天下安"的说法。县域不仅是一个行政区位的范畴,还包含有基层公民间的文化联系、惯例认同和心理归属等文化和心理内涵,而这些"文化和心理内涵"又都是维系基层整合与发展所必需的传统、地方性知识和观念[1]。在我们党的组织结构和国家政权结构中,县域一直都是承上启下的关键环节,是保障民生、维护稳定、发展经济、促进国家长治久安的重要基础[2]。

县域治理不光在帝制时代一直存在着,而且在新制度下也一直延续着。"它的地位、功能、制度及权力构建方式,保持了内在的连续性,只是它的治理原则被灌注了某些'现代性'"[3]。比如,用"新乡贤"取代"乡绅",用统一的规章制度取代地方特权,用统一的政府代替松散的自行其是的权力形式等。只有把县域治理的当代与历史连在一起,我们才能够有效解释县域治理现代化的当前与未来发展方向。当代县级政权所承担的责任越来越大,需要为人民解决的事情也越来越多,特别是在当今全面建成小康社会、全面深化改革、全面依法治国、全面从严治党进程中起着重要作用[4]。习近平总书记立足于中国国情和中国乡村的实情,提出了当代县域治理的新理念。这一社会治理的新理念既来源于党中央对中国改革开放30多年来实践经验的总结,也来源于习近平总书记对中国传统文

---

[1] 周庆智. 县政治理:权威、资源、秩序 [M]. 北京:中国社会科学出版社,2014:357-358.
[2] 习近平. 习近平谈治国理政:第2卷 [M]. 北京:外文出版社,2017:140.
[3] 周庆智. 县政治理:权威、资源、秩序 [M]. 北京:中国社会科学出版社,2014:12.
[4] 习近平. 习近平谈治国理政:第2卷 [M]. 北京:外文出版社,2017:140.

化的学习、提炼和总结①。当代县域治理是一种国家所提倡的"新农村建设"的理想思路,同时也是推进国家治理体系和治理能力现代化的重要一环,"标志着我国乡村治理进入了一个新的历史时期"②。"习近平把县域治理最大的特点形象地概括为既'接天线'又'接地气'。即:对上,要贯彻党的路线方针政策,落实中央和省市的工作部署;对下,要领导乡镇、社区,促进发展、服务民生"③。由于中国绝大多数县都是农业县,所谓的县域治理,实际上就是乡村治理。乡村治理好了,所属的县就治理好了。而挖掘传统社会的乡村自治经验,为当代县域治理服务正是本研究所要关注的重点内容和关键环节。

(七)传统社会与当代社会

关于历史分期的问题,顾颉刚先生早在民国时就有明确的表达,"任何一个历史事件都可以作为某个历史时期的开端"④。由于本文研究的主题为乡村治理,所以"传统"与"当代"的历史分期应该着重考虑国家性质、农民地位、权力关系、治理格局等诸多社会因素。鉴于此,本研究将"传统社会"定义为,1949年中华人民共和国成立之前的社会。具体依据为:1949年以前,我国国家政治权力一般都未伸展到乡村社区一级⑤。尽管自清末新政之后,国家权力开始加强向农村社会的渗透,试图改变传统农村的治理格局,强化权力对农村的整合,但清政府和国民政府都没能彻底实现权力的下沉⑥。大部分农村事务的管理基本上还是非官方的社会系统来承担。而1949年中华人民共和国的成立,使中国的社会性质发生了彻底的改变,直接造成了农村社会关系、社会结构的根本改变。此后随着国家权力逐步深入乡村社会,传统乡村治理的治理结构与运作逻辑开始改变,中国农村政治从此也开始成为中国现代化进程中的一个重要问题⑦。尽管中

---

① 叶自成. "原点"之思:历史、典籍中的执政思想源泉——传统文化精华与习近平治国理念 [J]. 人民论坛·学术前沿, 2014 (1): 48-58.
② 杨嵘均. 乡村治理结构调适与转型 [M]. 南京:南京师范大学出版社, 2014:39.
③ 姚茜, 程宏毅. 习近平强调县域治理 告诉你县委书记如何当 [EB/OL]. [2015-08-28]. http://cpc. people. com. cn/xuexi/n/2015/0828/c385474-27527624. html.
④ 顾颉刚. 当代中国史学 [M]. 沈阳:辽宁教育出版社, 1998:77.
⑤ 戴玉琴. 新中国成立以来农村治理模式变迁的路径、影响和走向 [J]. 毛泽东邓小平理论研究, 2009 (4):53-56, 85.
⑥ 傅衣凌. 中国传统社会:多元的结构 [J]. 中国社会经济史研究, 1988 (3):1-7.
⑦ 吴莹. 新中国成立七十年来的城镇化与城乡关系:历程、变迁与反思 [J]. 社会学评论, 2019, 7 (6):82-95.

华人民共和国成立70年来，在不同历史阶段，在不同地区，农村基层社会治理的方式和效果各不相同，但是共产党作为执政党，对农村基层社会的积极治理和努力使村民过上幸福生活的目标始终没变①。所以，不管从本文的研究主题——传统乡村自治，还是从本文的研究目的与现实意义来看，以1949年中华人民共和国成立作为传统社会和当代社会历史分期的节点都是比较合理的。

（八）熟人社会

费孝通先生指出，乡村社会"是一个'熟人'的社会，没有陌生人的社会"②。这一论断目前已基本得到了广泛的认同，以至于"熟人社会"与"传统社会"已基本上成为两个可以任意互换的概念。传统社会是农耕文明的产物，农民终日要跟土地打交道，世世代代都与土地捆绑在一起，依靠土里的庄稼生存，死后还要把肉体归还土地，正所谓生于斯、长于斯、死于斯，农民的生存、发展、事业和社会关系等都在他们所居住的地方。土地的不可移动性带来的是村民人口极低的流动性，"人口变动基本等同于生老病死的自然展开"③。即使是自然灾害或战争所造成的人口减少或大规模迁徙等人口动荡，也基本上可以被个人阅历和集体记忆消化掉。所以，在相对固定的村界范围内，在村民面对面的社会互动里，在日复一日年复一年的重复中，熟悉便得以产生和维系，成为了传统社会的一个典型特征。具体讲来，熟悉就是生活在村落中的人们的信息是透明的，相互之间都知根知底，熟悉还表现在村民对自己生活环境的了如指掌，如对惯例、规则、风俗、习惯的"随心所欲而不逾矩"。正因为彼此熟悉，人们在社会交往中才看重道德，关注人品，讲情面，要面子。而这些交往策略也被武术精英充分吸纳，并通过"面子"与"隐权力"的灵活转换，在乡村自治过程中发挥着积极有效的社会作用。总之，从社会治理，特别是农村建设的角度来讲，"熟人"就成为联结传统社会与现代社会的纽带，既是传统乡村自治发挥作用的历史条件，也是当代县域治理顺利实现的现实基础，更是武术精英在村落治理中能够有效实施武术"隐权力"的必要前提。

---

①张卫波．从党的初心使命看新中国成立70年来的农村基层社会治理［J］．青海社会科学，2019（6）：16-23．
②费孝通．乡土中国［M］．南京：江苏文艺出版社，2007：9．
③王德福．乡土中国在认识［M］．北京：北京大学出版社，2015：13．

四、研究对象

（一）武术精英

本课题属于武术研究，但它又不是对武术拳种、器械和功法的技理研究，不是对武术起源发展的史学探讨，也不是对武术与传统文化的剖析，更不是对武术价值的生理学论证和社会学深描，总之，本课题不是对武术本身的探究，而是对"武术人"的关注与思考。然而，习武之人又是千差万别、多种多样。有的把习武当成一种生活方式，平平常常与普通老百姓没有什么差别；有的把武功当成是一种炫耀的资本，常因恃武凌弱、欺压百姓而成为刁民或莠民，甚至是违法乱纪的不法分子；有的把武术当成一种职业，走镖护院，以维持生计；有的疾恶如仇、行侠仗义，成为"平不平"的侠客式人物。诸如此类，不胜枚举。而本课题所要研究的武术精英是习武人群中的佼佼者，他们除了德艺双馨之外，还有一种强烈的社会担当，通过积极参与各种社会活动来实现自身的人生价值和生命意义。

需要说明的是，"精英"一词是一个在学术领域被广泛应用的社会学、政治学概念，对乡村社会的广大基层民众来讲则比较陌生，由此而来的"武术精英"更是一个乡村百姓不习惯使用的陌生概念。相反，他们却习惯于从概念外延的角度用"武术能人""武举""镖师""拳师""大师""掌门人"等"民间说法"来表达概念内涵所反映的"武术精英"属性。由于本研究的论证资料中有很大一部分来源于乡村的田野调查，为了契合普通民众的生活场景和表达习惯，更为了呈现研究资料的真实性和研究成果的原创性，故此在某些特殊场合也使用了"武术能人"之类的"民间说法"来替代"武术精英"的概念。

（二）村庄

本课题乍一看是在研究武术精英，但武术精英又不是一个静止的个体，而是一个有着丰富生活、复杂关系的社会人。而社会人的生活又是一个完整的有机体，如果没有长时间的融入武术精英的社会关系、真正地参与武术精英日常生活（包括拳场训练），只是作为一种观察者或者局外人的身份参与观察，那的确不敢说"所听、所见、所记"就是美国学者吉尔兹（Clifford Geertz）所谓的真实的

"地方性知识"①,最多仅是些文化碎片或者表层呈现。为了能够深入到武术精英社会生活的文化深层,把握乡村的运作机制、梳理乡村的文化肌理就显得尤为必要。中国乡土社会的基本单位就是村庄,实际上正是这些村庄的发展变化构成了中国农村社会变迁的主要内容。因此要研究武术精英在传统乡村自治和当代县域治理中的作用,我们就要对典型村庄进行深入研究和多方位观察。通过对这些村庄的田野调查,可极大丰富武术精英的研究维度,让武术精英在社会治理中所发挥的作用更全面、更生动、更具体地呈现在读者面前。

五、难点与重点

(一) 研究的难点

在中国社会,习武人口众多,其思想意识、性格情绪乃至整个群体的实际力量,都在社会运动中起着举足轻重的作用,即使在日常生活中,武术人的意识、武术人处理事情的方式都不乏具体的可感受性。然而,由于他们大都是识字不多、或干脆就是不识字的文盲,既无法记录自我群体的生活历程,也无法表达自我群体的思想情感,再加之散布于广袤乡村的武术人又很少引起历史学家、社会学家、文学家等知识分子的关注,故此他们的思想行为缺少了典籍的记载和理性的论证,最终成为了"失语的一族"②。而且,许多与本研究密切相关的问题也没有现成的结论可以采撷,都需要笔者自己去探索研究。有些问题虽曾有人研究,但出发点不同,也很难从中得到借鉴。

诚然,我们可以通过儒家经典、诸子百家来考察统治阶级与主流社会思想意识的多元性;也可以通过历史记载(正史)来得知统治者的权力运作情况,了解他们如何对社会实施有效控制的;甚至还可以依据汗牛充栋的诗词文集,窥测文人士大夫等社会精英人物的思想意识和性格特性。但是,我们如何了解武术人这个人数众多的群体呢?如何在重文轻武的社会大传统下判别文化精英以外的武术精英独特的性格情绪和思想意识呢?这确实是个难题!因为他们不仅缺少机会表达自己,而且即便是表达了,也很少有能力记录下来,从而成为后世研究他们的可靠资料。

---

① 吉尔兹. 地方性知识 [M]. 王海龙, 张家瑄, 译. 北京: 中央编译出版社, 2004.
② 邵雍. 秘密社会与中国革命 [M]. 北京: 商务印书馆, 2010: 序1.

所以，在研究和评价"武术精英"的历史价值和当代作用时，本人明显感到文献资料的缺乏和论证依据的不足，有一种杞宋无征之憾。故此，能否通过阅读文献、田野调查、访谈、口述等方法挖掘、发现足够的第一手资料就成为本研究的最大难点。

（二）研究的重点

作为一项武术研究，本课题并没有拘泥于对武术本体——"术"的探讨，而是上升为一种对武术主体——"人"（武术精英）的研究。这里的"人"既不是机械物理学意义上的"人"，也不是生物解剖学意义上的"人"，而是属于社会、民族、个体之间的，处于关系之中的"人"[①]。从这个意义上来说，本研究中的"武术精英"，就是这样一群处于乡村日常生活中的、有着各种关系的"社会人"。据此，研究重点为：武术教化的内容、手段、目的等德艺培养机制，以及武术精英在村落治理中发挥作用的条件、途径、效果等实践过程。具体来讲，武术精英将自己对武术的理解、对人生的领悟融入乡土社会生活之中，在个体与个体、个体与群体、个体与社会之间搭建起一个相互关联的网络，通过这个关系网，就使我们近距离地感触到了武术精英在乡村自治中所采取的治理策略，以及在当代县域治理中所能发挥的作用。武术精英的价值观、人生观、世界观、行为方式、思维模式等都事无巨细地体现在中国乡村社会秩序语境中。由此可见，对武术精英的研究，不仅是针对武术人的人类学研究，还是关于村落日常生活的社会学考察，更是对民间乡土风情的民俗学探讨。

六、研究思路与具体方法

（一）研究思路

本研究的总体思路是，在研读大量文献资料和进行充实田野调查的基础上，对民间"武术精英"在历史上的社会作用和当代社会的时代使命进行深描。

首先，通过文献资料法，在研读武术教化、武术能人、村落精英、乡村自治、民间权威等相关资料的基础上，形成"武术精英在传统乡村自治中发挥着重

[①] GAO Qicai, LUO Chang. Role of Rural Regulations in Environmental Protection and Green Development——Findings from Wendou Village in Guizhou Province [J]. The Journal of Human Rights, 2016, 15 (4): 330-339.

要作用"的研究假设。

然后,有针对性地选择田野调查点,带着研究假设走进田野,对武术精英在乡村生活中的日常呈现进行翔实的田野调查,以印证研究假设的正确性。

最后,通过对武术精英在传统乡村自治中所发挥作用的论证分析,探讨中国传统文化与当代文明之间的有机对接,实现借鉴传统智慧与促进当代发展的有效融合,积极肯定武术文化在当代县域治理中所发挥的民风民俗教化作用,明确提出武术精英在当代县域治理中能够发挥的社会作用和应该担当的时代使命。

(二)研究方法

首先利用"文献资料法"得出研究假设,再利用"田野调查法"和"口述史法"对研究假设进行考证,试图在武术领域验证"田野工作有了理论的根据才有科学的意义,理论有了事实的基础才不至于空泛"[①]的人类学、社会学研究模式。

1. 文献资料法

为了快速、准确、全面地找到所需文献,课题组首先确定了本研究所涉及的范围(武术和村落)、明确了"搜索"的方向(人物志、地方志和乡村生活)。在范围和方向划定之后,马上开始了"滚雪球"式的资料研读。先找几篇与本研究高度相关的文献,在阅读中了解与此关联的其他内容及从这些文献所列的参考资料中发现新的研究线索,再进一步扩大查找对象,如此循环往复。这些文献资料主要包括民俗学中关于乡村的研究资料、社会学中关于乡村自治与县域治理的资料、人类学中关于乡村精英和地方权威的文献、历史学中关于在村落发生的历史事件的记载,以及武术资料中关于武术教化、武术能人的相关记载等公开出版或发行的文献资料。在广泛阅读文献的基础上,从"武术精英""乡村生活"和"县域治理"三个维度对其中的人物和事件进行了解和创新性的思维加工,并把重构后的"叙事"作为论据谨慎地应用到本研究的相关章节之中。

2. 田野调查法

不管是在茫茫人海中以一个个武术人作为研究对象,还是在成千上万的村庄中选取几个进行参与观察,这都在一定程度上说明,本研究确是一项立足于"田

[①] 赵承信. 社会调查与社区研究 [M]//北京大学社会学与人类学研究所. 社区与功能——派克、布朗社会学文集及学记. 北京:北京大学出版社,2002:396.

野调查"的论证研究。故此,本研究共选取全国 10 省 20 县区 26 个田野调查点进行了实地调研(表 1)。其中,有习武风尚浓厚的著名"全国武术之乡",如江苏沛县、湖南东安县和新化县、河北青县、山东定陶区和莱州市(县级)等;也有不是"武术之乡"的普通县区,如山东的淄川区和金乡县;有乡村自治传统源远流长的村落,如河北广宗县、平乡县、威县、武强县等;也有道德教化传统影响深远的地区,如山东省淄博市博山区、广东省深圳市龙岗区等;有著名拳种的发源地,如螳螂拳发源地山东莱阳市(县级)、太极拳发源地河南温县、形意拳发源地山西太谷县等;除了中东部地区以外,还有北方的辽宁黑山县、南方的福建闽清县、西部的贵州习水县;也有少数民族聚居地区,如山东省淄川区的刘家营蒙古村。总之,在选择田野调查点时,既兼顾了武术流派的多样性,又考虑到了地域分布的广泛性;既关注了县域的传统惯性,也考虑到了县域的现代趋势。力图通过参与观察、访谈等形式探寻武术精英在传统乡村自治中的作用、发现武术精英在当代县域治理中的典型事迹,最大限度地深入村落社会,了解村落文化表层背后所蕴含的武术智慧及乡村武术精英所感悟和践行的生命真谛。总之,本研究在田野调查点的选取上遵循一个重要原则,那就该点既要有"浓厚的习武风气",同时还要有"良好的自治传统",二者缺一不可。

表 1 田野调查点一览

序号	省份	县区	调研时间	调研人员
1		淄川区刘家营蒙古村	2017 年 4 月 8 日	唐韶军
2		博山区东顶村	2018 年 2 月 22 日	唐韶军
3		莱州市(县级)大李家村	2018 年 6 月 28 日	翟德萍
4	山东	莱阳市(县级)姜疃村	2018 年 6 月 28 日	李圣
5		莱阳市(县级)东城阳村	2019 年 12 月 21 日	唐韶军
6		金乡县人清真村	2019 年 11 月 15—16 日	唐韶军
7		定陶区	2019 年 11 月 17 日	唐韶军
8		平乡县后马庄	2017 年 2 月 11—12 日 2017 年 7 月 24—29 日	唐韶军 唐韶军,李洋
9	河北	平乡县八辛庄	2017 年 7 月 23 日	郑先常
10		广宗县前魏村	2016 年 2 月 16 日 2016 年 7 月 24 日	唐文兵,段丽梅, 唐文兵

续表

序号	省份	县区	调研时间	调研人员
11	河北	广宗县南街村	2017年2月4—5日	唐文兵，郑先常
12		广宗县东召村	2017年5月1日	唐文兵
13		广宗县北杨庄	2018年4月7—8日	唐文兵
14		威县沙柳寨村	2017年7月18日	李洋
15		武强县大王庄	2017年5月2日	郑先常
16		沧州青县	2019年11月19日	唐韶军，李洋
17	河南	温县陈家沟	2018年6月16日	唐韶军，郑先常
18		温县赵堡镇	2018年6月28日	唐韶军，郑先常
19	贵州	习水县土城镇	2016年12月6日 2017年4月18—19日	唐韶军，刘健 唐韶军，唐文兵等
20	福建	闽清县山墩村	2018年7月2—3日	唐文兵
21	广东	龙岗区鹤湖新居	2018年7月25日	唐韶军
22	辽宁	黑山县	2019年11月11—12日	李洋
23	江苏	沛县	2019年11月21—22日	唐韶军
24	湖南	东安县	2019年11月24日	唐韶军，唐文兵
25		新化县	2019年11月25日	唐韶军，唐文兵
26	山西	太谷县	2019年11月26日	段丽梅

  田野调查期间，发掘整理了隐匿于民间的各种武术资料。武术拳派作为主要在基层社会存在和活动的民间组织，有诸多难以被古代文人士大夫窥测和为历史文献加载的鲜活内容。这些内容常被拳民们称为"内部资料"，主要包括："宝卷""秘籍""拳谱""家谱""拳民日记""拜师帖与回帖""门规戒律""碑文""匾额"等①。目前，这类"内部资料"已经越来越引起了国内外学者的好奇和关注，被认为是"具有通常无法问津的'秘密性格'"②。本研究也尝试将这些珍贵资料作为反映乡村武术精英生成和发展脉络的重要论据，纳入课题研究过程。同时，深入到乡村武术精英之中，观察他们的社会生活轨迹、分析他们在

---

①这些资料大多为"珍本""孤本"，拥有者多将其作为收藏品保存，绝不会轻易送人，甚至不允许随便拍照。
②程歗，曹新宇. 20世纪规模最大的中国民间教门田野调查——评路遥《山东民间秘密教门》[J]. 清史研究，2002（4）：112-121.

乡村治理中的日常呈现。

3. 口述史法

现在越来越多的学者在历史研究中开始热衷于口述史的运用。英国学者保尔·汤普逊在其著作《过去的声音——口述史》① 中，将口述信息比喻为过去的或历史的声音。这种声音不仅来自政治领袖、文化精英，而且也可以从下等人、无特权者和失败者的口中说出来。从事口述访谈的研究者也不再是被动地从文献中"读"历史，而是主动地按照一定的研究主题，到田野中通过反复对话去"听"历史。历史的真实性和复杂性就会在这个过程中逐渐被去伪存真地展现出来。因此，深入到民间普通民众中通过聊家常、拉呱、听故事的口述形式来研究武术、探讨武术精英的人生史，就具有了其他研究方法所不可替代的重要作用。

当然，口述资料也有其不准确、甚至是虚构的一面。因为，口述者所述说的内容不仅受到自身记忆因素的影响，而且还会自觉不自觉地为自己叙事的情感、价值观尺度、表述动机等深层的心理因素所制约。也就是说，任何口述史都可能存在对史实的有意无意的重塑。在武术精英的调研中，这一特点更为突出。比如，当追寻到某一拳派的"师祖"时，其本门弟子都会对"祖师"的传奇故事津津乐道，即使明知是虚构的，他们也会固执地信以为真。其目的无非就是想借此扩大"祖师"的影响力、提高自豪感、增强自信心。这些故事似乎是文化人类学家们很感兴趣的民间叙事文学，但是，对于史学研究者来说，他们主要不是从文化学的视角来关心故事的结构及其在传播中的完善过程，而是着重于历史来解析这些传奇。这样一来，那些纯属传说的叙事也就有了史料价值，即它们对于叙事史而言自然属于"无根史料"，但在作为武术组织母体的乡土文化、民间习俗领域，它们又相当真实地反映了本门弟子生动的心理世界。所以，本文力图通过文献资料与当地知情人的口述史料相结合的"互证"方式，厘清拳派传说人物和历史人物关联，厘清历史人物中传奇因素与史实资料的区别，最终，实现文本"接近历史真实的叙述"②。为此，本研究选取了33位口述对象（表2）。

---

① 保尔·汤普逊. 过去的声音——口述史[M]. 覃方明，渠东，张旅平，译. 沈阳：辽宁教育出版社，2000.
② 程歗. 20世纪规模最大的中国大陆民间教门田野调查——评路遥《山东民间秘密教门》[M]//程歗. 文化、社会网络与集体行动：以晚清教案和义和团为中心. 成都：巴蜀书社，2009：56.

表 2 被访谈人信息一览（排序不分先后）

序号	口述人简介	访谈时间	访谈地点	访谈人
1	李玉琢（1948—），男，河北广宗县前魏村人，梅花拳第13代传人，梅花拳国家级非物质文化遗产传承人	2016年2月16日（8：30—9：10）	前魏村梅花拳亮拳现场	唐文兵
2	王林竹（1951—），男，河北广宗县前魏村村民	2016年7月22日（9：00—9：30）	前魏村梅拳圣地	段丽梅
3	张俊华（1947—），男，河北广宗县南街村村民	2017年2月5日（18：00—18：20）	南街村醮棚内	郑先常
4	燕子杰（1936—），男，山东大学教授，梅花拳第17代传人	2016年12月29日（10：00—11：40）	济南燕子杰家中	唐韶军
5	薛文军（1958—），男，上海杨浦区人，梅花拳第18代传人	2017年9月26日（8：00—9：00）	上海杨浦公园梅花拳拳场	唐韶军
6	张玉宝（1947—），男，河北广宗县南街村村民，广宗道教协会会长	2016年2月16日（8：00—8：20）	南街村打醮现场	郑先常
7	王尚信（1948—），男，河北广宗县北杨庄村民	2018年4月7日（10：00—10：30）	王尚信家中	唐文兵
8	邢银超（1954—），男，河北广宗县北杨庄村民	2018年4月8日（11：00—11：20）	邢银超家中	唐文兵
9	张士闪（1964—），男，山东大学教授，山东大学民俗研究所所长，梅花拳第18代传人	2017年12月20日（11：00—11：40）	山东大学民俗研究所会议室	唐韶军
10	苏美兰（1964—），女，山东淄川区刘家营蒙古村人	2017年4月8日（9：00—10：20）	刘家营村村委会	唐韶军
11	王立稳（1962—），男，河北广宗县南街村村民	2016年2月15日（11：00—11：30）	南街村打醮现场	唐文兵
12	李玉普（1950—），男，河北广宗县前魏村人，梅花拳第13代传人	2016年2月15日（15：45—16：20）	前魏村李玉普家中	李洋

续表

序号	口述人简介	访谈时间	访谈地点	访谈人
13	韩建中（1941—），男，北京人，中国人民公安大学高级教官	2018年3月3日（11：00—11：25）	河北邢台市平乡县"首届平乡梅花拳文化发展研讨会"现场	唐韶军
14	陈志善（1936—），男，河北广宗县南街村人，广宗县水利局退休干部	2017年2月5日（10：10—10：40）	打醮现场	郑先常
15	王连深（1952—），男，河北广宗县前魏村村民	2016年7月24日（10：00—10：20）	前魏村王连深家门口	唐文兵
16	罗明先（1924—），男，贵州习水县土城镇村民，袍哥"执法老幺"	2016年12月6日（14：30—15：00）2017年4月18日（14：30—15：20）	土城镇老街袍哥堂口	唐韶军
17	田建文（1974—），男，河北平乡县后马庄村民，梅花拳第14代传人，"国家非物质文化遗产梅花拳保护传承基地"负责人	2017年2月11日（10：00—11：30）	后马庄梅花拳传承基地	唐韶军
18	张兰娥（1951—），女，河北广宗县前魏村村民	2016年7月24日（15：00—15：30）	前魏村村口	唐文兵
19	韩超（1968—），男，北京市武术运动协会梅花桩研究会会长，梅花拳第18代传人	2017年3月9日（9：00—9：40）	北京市武术运动协会梅花桩研究会	唐韶军
20	邱丕相（1943—），男，上海体育学院教授，中国武术九段	2018年3月24日（17：00—17：20）	上海体育学院教授办公室	李洋
21	许鲁设（1948—），男，福建闽清县山墩村村民	2018年7月3日（16：00—16：30）	村口"尚武"小广场	唐韶军
22	陈维梅（1943—），女，山东博山区东顶村村民	2018年2月22日（11：00—12：00）	陈维梅家中	唐韶军
23	李明治（1966—），男，山东莱州市（县级）沙河镇大李家村人，"莱州中华武校"校长	2018年6月28日（10：00—11：40）	"莱州中华武校"校长办公室	翟德萍

续表

序号	口述人简介	访谈时间	访谈地点	访谈人
24	陈明德（1953—），男，河南温县陈家沟村民	2018年6月16日（9：00—10：00）	陈明德家中	郑先常
25	林栋柱（1957—），男，山东莱阳市（县级）姜疃村人，七星螳螂拳第8代传人	2018年6月28日（10：00—11：20）	林栋柱家中	李圣
26	孙志斌（1978—），男，山东莱阳市（县级）东城阳村人，太极螳螂拳第9代传人	2019年12月21日（9：30—11：00）	贝斯特韦斯特烟台大酒店会客室	唐韶军
27	沙长安（1965—），男，山东金乡县清真村人，陈式太极拳小架第11代传人	2019年11月15日（9：30—10：30）	沙长安家中	唐韶军
28	王洪龙（1977—），男，山东金乡县人，长春形意门第11代传人，烟台形意国术馆馆长	2020年6月15日（14：30—15：30）	烟台形意国术馆	唐韶军
29	李英渠（1965—），男，山东金乡县人，金乡县教体局党委书记、局长李英渠	2019年11月16日（10：00—10：40）	金乡县体教局接待室	唐韶军
30	孟宪堂（1935—），男，山东青岛市北区居民，孙膑拳非物质文化遗产传承人	2020年5月1日（9：00—10：00）	青岛市北区榉林山公园	唐韶军
31	刘连峻（1961—），男，河北青县人，八极拳研究会副会长、麒麟拳第14代掌门人	2019年11月19日（13：00—14：00）	青县盘古文武学校，校长办公室	李洋
32	高宝东（1941—），男，山西太谷县人，车氏形意拳第4代传人	2019年11月26日（10：00—10：40）	太谷县车毅斋武馆	段丽梅
33	曹广超（1975—），男，山东定陶区人，梅花拳第16代传人	2019年11月17日（15：30—16：30）	定陶区中学	唐韶军

其中有对武术文化有深刻体悟的武术专家教授，如邱丕相、燕子杰、韩建忠等；有对传统乡村自治有深入研究的民俗学学者，如张士闪教授等；有武术非物

质文化遗产传承人,如李玉琢、孟宪堂等;有当地著名拳师,如薛文军、李玉普、林栋柱、许鲁设、王尚信、邢银超等;有各门派嫡传精英人物,如孙志斌、田建文、王洪龙、高宝东、曹广超等;有作为县人大代表的武术精英,如李明治、沙长安、罗明先等;有不会武功但对本村历史脉络、重大事件、关键人物等比较熟悉的普通村民,如王竹林、张俊华、陈志善、王连深等;有参与当代县域治理的村委会领导,如陈维梅、张兰娥等;有民间教派的关键人物,如张玉宝、韩超等,还有县教体局、武术协会的负责人,如李英渠、刘连峻等。

七、研究特色和创新之处

(一) 本文特色

本研究在研读相关文献和进行田野调查的基础上,通过相关口述史或口承传统(如传说、传闻、访谈等)对"武术精英"这类特殊人群的生活经历和社会作用进行了较为深入的研究。其研究特色主要体现为一条主线,两个维度,一个空间。

1. 一条主线

一条主线,就是以"武术精英"为贯穿始终的研究主体,实现了武术研究中由武术本体——"术"到武术主体——"人"的研究转向。通过对"人"个体身心经历的深描来关注"武术精英"这一特殊人群的主体性和能动性。

2. 两个维度

两个维度,就是"传统"与"当代"。第一,通过深描传统乡村自治中武术精英的日常呈现,挖掘整理传统社会治理的武术经验和武术智慧。第二,在认真学习党的十八届三中全会以来各种治国理政新思路、新理念的基础上,结合武术精英群体在传统乡村自治中的治理经验和治理智慧,探讨当代县域治理中武术精英能够有所作为的路径和效果。

3. 一个空间

一个空间,就是"社会治理"这个大空间。不管是传统的治理经验还是当代的治理智慧,也不管是普通社会精英的治理策略还是武术精英的治理实践等,都可以拿来放到"社会治理"这个大空间中,揉碎了、打破了,然后进行重组、叠加，相互借鉴，共同完善社会治理的执政理念和指导思想，最终助力于社会主义新农村建设，推动中华民族伟大复兴之"中国梦"的顺利实现。

(二) 创新之处

学术创新，意指学术研究要创造出新的东西，或发明出新的研究范式和研究新方法，或孕育出新的学术思想和独到见解，或发掘出新材料和新论据，一言以蔽之曰，学术创新就是创造新知。以此作为参照，本研究尝试在"学术思想""研究方法"和"研究领域"三个方面有所创新。

1. "学术思想"的探讨

本研究贯穿始终的学术思想就是，武术活动不仅仅是一种技术的传承，也不仅仅是一种道德品质的培养和行为习惯的养成，而更是一种武术人的社会化过程。即通过某种社会实践活动（如参与社会治理）把社会的各种观念制度和行为方式内化到武术人身上，从而形成他们独特的个性心理结构。据此，在武术研究领域提出了两个新观点，第一，武术精英参与乡村社会治理是实现武术人社会化的一种有效途径；第二，乡村的社会治理自古至今都离不开武术精英的参与和协助。

2. "研究方法"的突破

本研究在体育学、民俗学和社会学多学科交叉的基础上，运用文献资料、田野调查和口述史等方法，努力实现历史文献与口述史料的互证、田野调查与文献资料的互补、专家访谈与田野调查的交融，力争全方位、多角度、立体化地呈现出武术精英在乡村社会治理中的独特作用。具体而言，从以往的诸多研究成果来看，在其对"社会精英"的认定中大都把武术人忽略在外，即便偶有研究者，一般也是仅限于对武术精英文字著作或习武历程的单一分析，诸如分析他们著作的技术体系、理论框架、练功方法、技击要点，探讨他们思想演进、技术进展及功过是非的历史评价等。而本文把研究视域从体育学扩展到社会学和民俗学，把研究内容拓展到典型人物及其文字著作的背后，从人物本身转向那些他们赖以生存的社会环境，对武术精英的群体人格和社会活动过程做了较深入的探讨与分析。

3. "研究领域"的拓展

第一，从武术研究领域来看，本研究的研究主体有别于以往的研究。纵观以往的村落武术研究成果，大都是通过村落对武术拳种、武术现状、武术传承等武术本体范畴的研究。而本研究则是把武术人及其参与社会活动的实践过程作为研究对象，实现了由武术本体到武术主体的研究转向。明确提出并使用了"武术精英"的概念，尝试通过武术精英在传统乡村自治和当代县域治理中所发挥的各种作用来探讨他们的人生观，价值观和世界观。以期为当代武术人的品格塑造、道德教化、精神培养等提供有益的借鉴，为当代社会的武术教育设定一个高标准的德育目标，倡导武术人在当代县域治理中充分实现自身的社会价值及人生意义。这种从"人"而非"技术"的视角来重新审视村落武术的研究，必将有助于提高民间习武人群的文化自觉，解决武术人对村落文化的实际需求。最终，通过展示村落武术文化的独特魅力，为建设社会主义文化强国、提高国家文化软实力服务。

  第二，从村落研究领域来看，本研究源于村庄又超越村庄。中国的社会学和人类学以村庄研究起步，同时又始终怀着超越村庄的现实关怀与学术抱负。费老以《乡土中国》通过类型比较的方式完成了对中国农村的社会学解释。当代学者们则主要通过两种方式超越村庄，一种是物理意义上的超越，即提升研究层次，将研究对象从村庄提升到乡镇、地域，有些研究甚至以"中国"作为表述对象；另一种是理论意义上的超越，"他们关心的是在中国村庄中同西方社会科学经典理论的对话"[①]。而本研究则是通过乡村武术精英这一特殊人群超越了村与村之间的地理界限与文化差异。自古以来，武术人（特别是武术精英）都是一个流动性群体，他们的流动性，不仅表现为人员的流动，更体现为功夫、道德、精神、品性、威望等个人信息与武术文化的广泛传播。也就是说，一个村庄的武术精英，往往是附近十里八乡的名人，而且，他越是有能力，其影响范围就越是广泛。武术精英正是凭借这种特殊人群的流动性，游走在不同的村庄之间。他们通过身体的流动和信息的流动将周围各个村庄关联起来，在反复不断地实践中形成一种地方性知识，最终在区域共同利益或集体行动中发挥重要作用。从此种意义上说，本研究是一项利用西方社会学"精英理论"对乡村武术精英"流动性"的研究，所以，本研究在"村落研究领域"方面，既在"物理意义"上又在"理论意义"上实现了对村庄的超越。

  由于笔者理论修养和学识水平的限制，必然还有许多不够完备甚至不能自圆

[①] 贺雪峰. 新乡土中国 [M]. 修订版. 北京：北京大学出版社，2013：53-54.

其说的地方。但终究在对村落的有限调研中，在对人类学、社会学、民俗学研究方法的有限理解中，在对武术的有限感悟中，以自己有限的能力完成了此文。同时，也希望此文能够成为一个与众多学者、武术爱好者相互交流、共同提高的媒介。

上篇

武术精英的生成

武术精英研究：从传统乡村自治和当代县域治理的视角

"精英"本身的特点就是"少量"之意，本义是形容质地特别精良的商品，后来被政治学家和社会学家们所借用，专指社会中处于优越地位的少数人组成的群体①。据此，"武术精英"也可以说是习武人群中的佼佼者。"精英"一词是政治理论和社会理论中的一个常用概念，虽然已经成为一个在学术领域被广大学者普遍使用的学术名词，但是在广袤的民间社会却很少被基层大众所熟知和使用，他们往往习惯使用"能人"或"头面人物"来替代精英的指称②。就本研究而言，由于大量论证资料都来源于村落田野调查，为了契合普通民众的生活场景和表达习惯，更为了呈现研究资料的真实性和研究成果的原创性，故此在某些特殊场合有时也使用"武术能人"替代"武术精英"的称呼。村落社会生活中，那些精英式的"能人"或"头面人物"，看似没有什么权力，但是却能凭借自己的威望行使话语权。而这种威望实质上就是一种异乎于常人的特质，在勒庞那里被命名为"领袖的名望"（leadership prestige）③，而在韦伯那里则称为"卡里斯玛"（charisma）④，二者均认为具有这种"特质"的人，一般都禀赋着某种特殊的，甚至是超自然以及超人的力量和品质。这种超强的能力，既来源于积极主动的自我努力和奋斗（内在的个体因素），也来源于社会对自身的不断塑造（外在的社会影响）⑤。就个体因素来讲，要想成为武术精英就必须同时具备三个要素（或品质）。一是"武功高强"。对于一个习武者来讲，武功不够高、不能技压群雄，是无论如何不会具有震慑力的。二是"道德高尚"。在一个"泛道德化"的民间社会和一个"以德为先"的武林社会，没有优良的武德就不会得到老百姓的敬畏，只有那些德高望重者才能成为武术精英。三是"社会担当"。有很多武术人，把武术当成是一种修身养性的手段来"修"、来"炼"，虽然武功很高，但却与世无争、不关心国家命运、不关注社会发展、不关怀百姓疾苦，事不关己高

---

① Bruce Hearn, Roger Strange, Jenifer Piesse. Social Elites on the Board and Executive Pay in Developing Countries: Evidence from Africa [J]. Journal of World Business, 2017, 52（2）：230-243.
② 王铭铭. 村落视野中的文化与权力：闽台三村五论 [M]. 北京：生活·读书·新知三联书店，1997：80-81.
③ 古斯塔夫·勒庞. 乌合之众 [M]. 戴光年，译. 北京：新世界出版社，2010：114.
④ 马克斯·韦伯. 韦伯作品集Ⅱ：经济与历史支配的类型 [M]. 康乐，译. 桂林：广西师范大学出版社，2004：353.
⑤ 唐韶军，王美娟. 社会组织和民间信仰——梅花拳不仅仅是一种拳 [J]. 民俗研究，2017（4）：150-157.

高挂起。像这种没有责任担当的武术人，即使德艺双馨，也不能称为武术精英。所以，一个习武者要想成为一名武术精英，除了必须苦练武功、勤修武德之外，还要培养一种"天下兴亡，匹夫有责"的责任感和担当意识。不可否认，众多习武人中很少有人能达到这种"既德艺双馨又敢于担当"的精英境界，但精英品质作为习武人群的理想人格，却对武林社会产生了普遍的"化民成俗"之教化作用，对武术人的价值选择和精神生活起到了长久的导向作用，在武术传承、武术教化和社会治理等方面都具有独特的历史价值和时代意义。

从社会影响来看，全社会自上而下的尚武传统对武术精英具有潜移默化的形塑作用，也可以这么说，人民大众的尚武情结对武术精英的生成起到了推波助澜的促进作用。首先，生存需要尚武。无论从自然环境还是社会环境来分析，都有大量研究资料证明中国劳动人民在传统社会的生存条件是相当恶劣的。在自然环境方面，水灾、旱灾、虫灾等灾难频发的记载在中国史书中屡见不鲜，"自公元前1766年（商汤十八年）至公元1937年，共计3703年间，共达5258次，平均约每六个月强即罹灾一次"①，"几乎到了无年不灾、无年不荒"②的程度，"人民总是要为生存而苦苦挣扎"③，"为争夺匮乏资源而经常发生冲突"④，当无物可争，无物可夺时，为了生存甚至出现了"人相食"的人间惨剧⑤。在自然灾害发生的时候，通过暴力手段来夺取资源或防止资源流失就成为一种必不可少的有效手段。所以，崇尚强壮、力量、胆量等跟武力有关的精神就成为老百姓能够生存下去的优良基因。在社会环境方面，中国拥有一部历史悠久而又多姿多彩的农民造反史，其中既有改朝换代的大规模武装战争，也有局部的叛乱和小规模的"派系斗争"⑥。而传统社会国家控制能力又相对较弱，不能够保障人民的人身安全，此时，私人防卫形式应运而生，自卫成为生存的必要。于是尚武自然成为一种生存需求，"他们不尚武就难以生存"⑦。其次，生活需要尚武。诚然，传统社会的谋生途径有多种，有人靠种地为生，有人靠文笔为业，也有人靠手艺为生，但是

---

① 邓拓. 中国救荒史 [M]. 上海：上海书店，1984：51.
② 沈一民. 清南略考实 [M]. 哈尔滨：黑龙江大学出版社，2009：94.
③ E. A. 罗斯. 变化中的中国人 [M]. 李上，译. 北京：电子工业大学出版社，2018：58.
④ 裴宜理. 华北的叛乱者与革命者（1845—1945）[M]. 池子华，刘平，译. 北京：商务印书馆，2007：61.
⑤ 计六奇. 明季北略·卷五 [M]. 北京：中华书局，1984：106.
⑥ 狄德满. 华北的暴力和恐慌：义和团运动前夕基督教传播和社会冲突 [M]. 崔华杰，译. 南京：江苏人民出版社，2011：72.
⑦ 王学泰. 游民文化与中国社会 [M]. 北京：同心出版社，2007：254.

对于那些身无技能，只有"一膀子力气"的人来讲，练得一身好武功，在"武行"里谋份儿职业也算是一件正经事。所以说"武术在民间还曾是一种职业，如打抱不平的游侠剑客、保镖护院的镖头教头、江湖卖艺的艺人、教拳谋生的拳师等"①。在一些历史文献中甚至还能找到关于保镖职业收入的记载：他们"每月护送盐车不下百辆，每车索钱二百文"②。而且，武行同样要面对普遍存在的同行竞争问题，武功越高抵御行业风险的能力就越强。所以，不管是要在武行中找份儿工作，还是要在武行中保住自己的"饭碗"，都必须得尚武。最后，维持乡村秩序需要尚武。在国家管理权力渗透不到或法制不健全的乡村社会，往往是"谁的拳头硬谁就是大哥"，有时在处理社会冲突和矛盾纠纷时全凭武力说话，久而久之逐渐形成了一种"谁强谁有理"的集体无意识。这种集体无意识在现实生活中的表现就是对武力的崇拜，练好武功不光可以"不受欺负"，而且还可以提升自己在乡村中的社会地位，进而提高生活质量，甚至是像武术精英那样体现出生命的意义和价值。

---

① 王岗，刘帅兵. 中国武术师徒传承与学院教育的差异性比较 [J]. 武汉体育学院学报，2013，47（4）：55-61，56.
② 裴宜理. 华北的叛乱者与革命者（1845—1945）[M]. 池子华，刘平，译. 北京：商务印书馆，2007：73.

第一章　中国的"尚武"传统

中华民族自古至今一直都是一个拥有尚武精神的民族。梁启超从历史中得出结论，"中国民族之武，其最初之天性也"①。自黄帝以来，华夏民族就是靠武力征服蛮夷，并在这块广博的土地上生息繁衍，此后的历代王朝也都是依靠武力开疆拓土、保家卫国、一统天下，始终坚定不移地将"武"视为"国之大事"。虽然在历史上，有的王朝出于自身统治的需求，也曾出现过"重文轻武"的特殊时期，但从"大历史观"②和"长时段理论"③的视角来分析，中华民族始终都是一个具有尚武传统、自强不息的民族。

第一节　中国社会"尚武"的历史渊源

华夏文明起源于黄河流域的农耕文明，总体上偏于内敛和保守，但是每当面临民族危亡的关头，中华民族自强不息的"尚武"精神总是会不由自主地迸发而出，激励着无数仁人志士勇往直前、奋力拼搏，这是中华民族上下五千年虽历经沧桑却不中断的一个重要原因。中华民族的"尚武"之风，可追溯到上古时期的神话记载。神话作为一种古老的精神文化形态，蕴含着一个民族的基本精

---

①梁启超. 中国之武士道 [M]. 北京：中国档案出版社，2006：自序 2.
②"大历史观"是黄仁宇一生中从事学术研究的总结与传统史学不同，"大历史观"主张从整体上观察历史，把人类置于更大的背景下，从更宏观的角度来考察人类整体的历史。参见：张永理. 黄仁宇大历史观析论 [J]. 江西社会科学，2001（10）：50-54.
③20 世纪法国年鉴学派的代表人物布罗代尔（Fernand Braudel, 1902—1985）所提出的历史时段理论影响巨大。他的理论着眼于探讨历史发展的多重因素。布罗代尔指出，一般的历史事件，只是喧嚣一时的新闻，犹如流火飞萤一样，转瞬即逝。这是历史发展的"短时段"。社会经济的发展情况决定了较长时期历史发展面貌，这是历史发展的"中时段"。而对于历史发展影响最大的是社会结构（布罗代尔称为"网络构造"）——包括地理、社会组织、经济、社会心理等，亦即"长时段"（Lalongueduree）。"长时段"实际上是对于历史发展起着决定作用的、长时期有影响的因素。参见：晁福林. 论中国古史的氏族时代——应用长时段理论的一个考察 [J]. 历史研究，2001（1）：105-115, 191.

神，承载着一个民族一脉相承的文化基因。中华民族的很多神话都深蕴着崇尚武力和赞美勇敢的主题思想，"盘古开天地""炎黄争帝""后羿射日""夸父逐日""刑天舞干戚"等，都是先人崇力尚武的直接反映。

一、国之"尚武"：经久不衰

远古时期，各部落之间常常因为争夺生存资源，如土地、水源、人口等动用武力进行血腥仇杀。进入阶级社会以后，奴隶主贵族为了保护自己的既得利益、巩固统治地位，更是通过武力对内镇压奴隶们的反抗，对外防御外族的侵略或征服边缘地区。由于生存资源有限，氏族、部落之间常常会出现对有限资源的武力争夺或暴力冲突，部族首领也常借助"巡狩"① 来进行军事征伐活动。三皇五帝时期就曾出现过以炫耀武力为目的"巡狩"活动，如《史记·五帝本纪》中就曾记载，黄帝在"巡狩"过程中，通过武力征服了不服从的部族，并趁机在釜山（今河北徐水境内）大会诸侯，建立都邑②。

夏商周三代都曾拥有大规模的武装力量，"统治阶级将武力、征伐视为生存的保证，在其深层文化心态上，呈现一种勇敢和冒险精神，反映在代表着当时艺术水平顶峰的青铜器制作上也呈现出一种'狞厉的美'"③。统治阶级为了彰显武力、强化王权，还专门设有"巡狩制度"。虽然在其内容和形式上与三皇五帝时期有所差异，但是"以武力为后盾，对叛服不定的族邦予以征伐，进而确立其权威"④ 的尚武传统却始终未变，甚至还有所强化。所以，"巡狩制度"就成为夏商周时期建立王权、管理国家的必要举措。对于不服的方国，国君往往都要亲自制订征伐方略、征调军事力量，帅军征伐⑤。总之，"巡狩"贯穿于夏商周早期国家的始终，是三代复合式国家结构下政治生活的常态，"尚武"精神也借此在全社会传承不息。

春秋战国是诸侯争霸、群雄逐鹿的动荡时期，在这种战乱时代，武力自然成为最有利的生存武器，尚武精神更是在全社会各阶层中得到了强化与推崇。即使是儒、墨、道、法等诸子百家也都特别关注武力及军事战争，其围绕当时的时代

---

① "巡守"亦作"巡狩"，谓天子出行，视察邦国州郡。古时皇帝五年一巡守，以视察诸侯所守的地方。
② 司马迁. 史记·第 01 册·卷一至卷七 [M]. 北京：中华书局，1959：3.
③ 钱立勇. 先秦时期的尚武精神 [J]. 华夏文化，2004（3）：26-27.
④ 谢乃和. 先秦君主如何巡狩地方 [J]. 人民论坛，2017（19）：140-142.
⑤ 李发. 殷卜辞所见"夷方"与帝辛时期的夷商战争 [J]. 历史研究，2014（5）：4-27，189.

精神所进行的百家争鸣中就有很多诸如"王道""霸道""合纵""连横"等军事思想，这都是尚武意识和尚武精神的具象化表现。就连孔子都提倡"有文事者必有武备"①，在"六艺"教育中也十分看重射、御、礼、乐四项与战争密切相关的教学内容，并且自己身体力行，践行尚武精神，以至于"劲能拓国门之关"②。因此，尚武可以说也是孔子的一贯思想。在诸侯割据、列国纷争的战争年代，各诸侯国不管是处于自保还是掠夺的目的，都不得不征兵备战、注重国民尚武精神的培养。管仲治理齐国时，就曾规定各地地方官有向国家推荐武勇人才的职责，否则就以失职追究责任。商鞅在秦国变法时以法律的形式明确规定，爵位大小高低与待遇的好坏都与个人的武勇程度密切相关。赵武灵王甚至通过移风易俗来培育国民的尚武精神：

"今吾将胡服骑射，以教百姓，而世议寡人，奈何？"肥义曰："臣闻疑事无功，疑行无名。王既定负遗俗之虑，殆无顾天下之议矣……则王何疑焉。"王曰："吾不疑胡服也，吾恐天下笑我也。狂夫之乐，智者哀焉；愚者所笑，贤者察焉。世有顺我者，胡服之功未可知也……"于是遂胡服矣。(《史记·赵世家》)③

"胡服骑射"表面上看，是赵武灵王实施战略转变的一次军事改革，而实际上则是赵国增强国民尚武精神的一项重要举措。可见，先秦时期中华民族极具开放和张扬性格为民族主体精神注入了尚武的文化内涵，这种"尚武"精神直接左右着后世君主的治国策略，在执政理念、社会治理、抵御外侵等方面，逐渐形成了"明犯强汉者，虽远必诛"④的自信、成熟和健全的民族精神。

总之，尚武精神，中华民族古已有之。"自黄帝开国"即"初见萌芽"，春秋战国时期"尚武思想"蔚然已成，并对后世产生了深远的影响。秦朝之所以能够称霸诸侯、统一六国，汉唐雄风之所以能够持续数百年而长盛不衰，大宋之

---

① 司马迁. 史记·第06册·卷四三至卷六〇 [M]. 北京：中华书局，1959：1905.
② 《吕氏春秋》中记载孔子之劲，能举国门之关，而不肯以力闻。这个举国门之关，在《列子·说符篇》里面，变成了拓国门之关。国门之关究竟是什么？有的说是支撑都城城门的大圆木，有的说是类似隋唐演义中，雄阔海力举的那种千斤闸。举也罢，拓也罢，都是孔子凭借一己之力，就能打开都城城门。参见：司马迁. 史记·第06册·卷四三至卷六〇 [M]. 北京：中华书局，1959：1909.
③ 司马迁. 史记·全十册·第06册·卷四三至卷六〇 [M]. 裴骃，集解. 北京：中华书局，1959：1806-1807.
④ 班固. 汉书·全十一册·第09册·卷五八至卷七〇 [M]. 颜师古，注. 北京：中华书局，1962：3015.

所以涌现出狄青、岳飞、文天祥等诸多名将或民族英雄，明朝之所以立国276年间、创下了"八大盛世"①之文治武功，清朝之所以能够建立"洪业"②巩固对"天下"的统治，民国时期的"国术馆"之所以能够遍布于各省市县的广泛地区，究其原因，都可归因于"尚武"精神在国家层面的具体操作和集中体现，而创始于唐代（702年）、兴盛于明清两代、废止于清末（1901年）、绵延一千二百年的"武举制"，更使"尚武"精神成为一种经久不衰的国家制度传统。

二、民之"尚武"：根深蒂固

先秦时期中华民族极具开放和张扬的性格为民族主体精神注入了尚武的文化内涵，这种"尚武"精神在影响后世君主的治国策略的同时，更是潜移默化地影响着广大民众的生活方式和价值追求，也在民间社会形成了一种根深蒂固的"尚武"传统。正如明代大思想家和文学家李贽所称："古者男子出行不离佩剑，远行不离弓矢，日逐不离觿玦"③。时至今日，仍有很多村落把"尚武"当成是一种引以自豪的风尚，并在村庄显要位置彰显着"尚武"标志（图2）。

图2 福建省福州市闽清县山墩村"尚武"石碑④

①八大盛世为：洪武之治、永乐盛世、仁宣之治、成化新风、弘治中兴、嘉靖中兴、隆庆新政、万历中兴。参见：张廷玉. 明史 [M]. 北京：中华书局，1974：1-57，69-106，107-126，161-198，215-292.
②魏斐德. 洪业 [M]. 陈苏镇，薄小莹，译. 南京：江苏人民出版社，2003：14.
③李贽. 焚书·读史·无所不佩 [M]. 夏剑钦，校点. 长沙：岳麓书社，1990：217.
④图片来源：课题组成员2018年7月2日拍摄于福建省福州市闽清县山墩村。

然而，在对文献资料耙梳的过程中，也发现了一些关于村民"尚武好斗性"和"安分守己性"的争论。一方面，村民被描绘成"宿命的""懒散的"和"安分守己的"；另一方面，他们又被描绘成"好斗的""崇尚武力的""无法无天的"。这两种截然相反的描述其实也并不矛盾，农民同时要处理"自然界"和"人类社会"的两种生存压力。在面对自然时，村民们往往是充满了敬畏，知道无法抗拒、也就不去想予以控制，这时他们就会表现出温顺与服从的心态；而当面对社会中的人时，为了争夺生存资源、获取生活利益，原本温顺的居民往往就会显示出激烈的竞争意识和强烈的好斗性。如《鹿邑县志》对村民的宿命和安于现状是这样描述的：

"农苦而不勤播种，既旱涝，皆听命于天。境内旧有沟渠百数十道，皆导积潦归于川者。近多湮塞，或犁为田。每值盛夏，雨集下隰，半为泽国，自拯无术，唯束手嗟叹而已。高壤易旱，掘地丈许可以得泉，然语以灌溉之利，亦率惮于图始，无肯为者。"①

广大村民畏惧自然，不敢也无心与之抗争，所以他们在现实生活中往往采取保守的态度就不难理解了。但是，当面对于来自社会的作用时，我们就会发现一副完全不是被动的场景。很多地方志和史料中都提及本地村民崇尚武力、好勇斗狠的习性：

"农民用可怜的积蓄来储备武器，如长矛、刀剑，甚至是枪支，以便在不断发生的冲突中巩固自己的地位。"②

"无赖子弟……行则带刀剑，结死党为侠游，轻死而易斗……耕农之家亦必蓄刀枪，甚者蓄火器。"③

"同治年间，回匪纵横，渭源屡失屡复。是时乡民多练团拒贼，前后数十载战，肝脑涂地。"④

---

①光绪鹿邑县志：第9卷[M].于沧澜，马家彦，修.蒋师辙，纂.台北：成文出版社，1906：1-5.
②钟泰，宗能征.亳州志：第2卷[M].合肥：黄山书社，2014：28-29.
③豫章，洪贵三.凤台县志：第4卷[M].合肥：黄山书社，1998：5.
④陈鸿宝.渭源县志：第8卷[M].台北：成文出版社，1970：207.

>"土地荒芜,民惰而好斗,习于抢劫,百千为群,各有首领,日有伤害。"①

以上这些史料充分说明,习武练拳在广大民间已经成为一种普遍存在的习俗,正如美国汉学家周锡瑞所说,"练拳在乡村地区特别普遍,它不仅是年轻人的一种消遣,同时也是不安定的乡里看家护院的方式……这些习俗,作为农民文化的一部分而存在"②。

由此可见,在广袤的乡村民间,老百姓崇尚武力的传统既由来已久又根深蒂固。然而,老百姓在社会生活中所体现出来的这种尚武精神,并不像国家的尚武精神那样,依靠国家政策或社会制度的硬性输灌,而是全凭社会成员在艰苦生活环境下的生存动机和"他们在相应的文化环境中形成的坚定不移的某种理念"③。也正因如此,老百姓在日常生活中表现出来的"尚武"精神才具有了自觉性和持久性。

第二节 传统社会中乡村"尚武"的原因

村落社会居民的活动性质和范围决定于、受制于他们所处的社会环境和传统。在法制不健全、文明程度不高的传统社会中,普通老百姓的切身利益很难得到及时、有效的保护。此时,村民为了争夺紧缺资源引发矛盾和纠纷进而动武就在所难免。处理这些矛盾和纠纷的方式有时又不太注重"讲道理",而是更倾向于武力解决。尽管乡村社会惯有"君子动嘴不动手""有理走遍天下,无理寸步难行"的格言,但是那只不过是人们的一种美好"理想",或者说是一种一厢情愿的想象罢了。理想和现实之间的差距还是相当大的。对广大基层百姓来讲,依靠自身的力量(武力)来维护自我利益才是最直接、最有效的方式,所以他们只相信拳头的力量。正如王学泰先生对"草根社会"深入研究之后所总结的那样,在广袤的民间社会,平民百姓"尚武"具有重要意义,"他们如不'尚武'就难以生存"④。

---

①魏源. 魏源集(上)[M]. 北京:中华书局,1976:56.
②周锡瑞. 义和团运动的起源[M]. 张俊义,王栋,译. 南京:江苏人民出版社,2005:56.
③李元. 尚武精神与华夏文化的起源[J]. 学习与探索,1993(4):128-133.
④王学泰. 游民文化与中国社会[M]. 北京:同心出版社,2007:254.

一、战胜生存环境需要"尚武"

首先，中国传统社会，特别是古代社会是一个灾荒频发的社会，曾被西方学者称之为"饥荒的国度"（the Land of Famine）。水灾、旱灾、虫灾等灾难频发的记载在中国史书中不绝于缕，"几乎到了无年不灾、无年不荒"① 的程度。邓拓在《中国救荒史》中记载：

> "我国历史上，水、旱、蝗、雹、风、疫、地震、霜、雪等灾害，自西历纪元前一七六六年（商汤十八年）至纪元后一九三七年止，共计三七〇三年间，共达五二五八次，平均约每六个月强即罹灾一次。"②

随着灾难研究的不断深入，更多的地方志被逐渐纳入研究视野，中国社会灾荒的具体数字还在不断地增长。但仅就现有的数字，也足以说明中国民众长期生活在一个灾难频发的生存环境。每当灾荒持续时间较长时，很多地方都会出现食树皮、吃草根的现象，随之而来的就是相聚为盗，甚至是公然抢劫。然而，当无物可盗、无物可抢之时，人们要想继续生存下去，那就自然会出现"人相食"的人间惨剧。在中国的历史文献中不乏这样的详细记载：

> "臣乡延安府，自去岁一年无雨，草木枯焦……民争采山间蓬草而食……蓬尽矣，则剥树皮而食……树皮又尽矣，则又掘山中石块而食……不数日则腹胀下坠而死。民有不甘于食石而死者，始相聚为盗……更可异者……炊人骨以为薪，煮人肉以为食……"③

这是明崇祯初年陕西受灾情况的写照，同样也是备受灾难肆虐的整个华北，乃至大部分中国乡村灾荒状况下的真实写照。可想而知，在这样的艰难生存环境中，人们的生存意识极易回到简单原始的"丛林法则"，只有强者才能在那种弱肉强食、优胜劣汰的生存环境中顽强地生存下来。所以，表现为强壮、力量、胆量、武力、甚至是有些野蛮的尚武精神，就成为基层民众战胜生存环境的优良基因。

---

① 沈一民. 清南略考实 [M]. 哈尔滨：黑龙江大学出版社，2009：94.
② 邓拓. 中国救荒史 [M]. 上海：上海书店，1984：51.
③ 计六奇. 明季北略·卷五 [M]. 北京：中华书局，1984：106.

再者，传统社会还存在着各种暴力性的派系斗争，"派系斗争"是指"两个竞争性且具有相似结构的社群之间的有组织暴力"①。这种武力冲突可能是发生在不同近亲血缘亲族之间的"家族仇杀"，可能是发生在较大群体社群或者村庄之间的"集体械斗"，也可能是发生在拥有不同宗教信仰民众之间的"教派争斗"等。习俗、传统、个人观念及日常生活细节的差异与不同，都潜在导致了多样性的衡量标准，以致给双方造成了偏见或仇恨，使他们常常在一些日常琐事上也会产生争执与对抗。最终，矛盾逐渐上升和激化的结果必然是武力冲突的爆发。武力冲突一旦发生，先不必说在冲突中获胜需要占据武力优势，就是想在冲突中幸免于难、保有性命也是必须要有武力储备的。在这种环境之下，尚不尚武已经不是能不能战胜对方的问题，而是能不能生存下来的问题。一位西方天主教传教士安治泰（Johann Baptist Anzer，1851—1903）主教曾经对中国的这一生存环境做过生动的描述。他根据自己在山东曹县的所见所闻指出：

（曹县居民），"个人恩怨延传之七八代。据说婴儿在出世时要攥握匕首，当长大成人后，作为担负为家人复仇的象征。"②

由此可见，民间尚武的需求是如此的强烈，几乎成为生存的先决性条件，不尚武、没有防御能力者，很可能在持续不断的武力冲突中丧失宝贵的性命。性命一旦丢了，那一切都将无从谈起。

最后，中国拥有一部历史悠久而又多姿多彩的农民造反史，其中既有农民起义（叛乱、造反）而改朝换代的大规模武装战争，也有局部的、小规模盗匪横行的社会动荡。改朝换代的农民起义不是经常发生，但是遭遇盗匪的频繁骚扰却是乡村社会生活中时刻面临的生存问题。山东沼泽地区的土匪，福建沿海地区的海盗，陕西地区的强盗等，都是严重威胁村民生存的潜在风险。而传统社会国家控制能力又相对较弱，不能够及时为各个村落提供有效的保护，"治安措施的废弛使盗匪活动日益猖獗，私人防卫形式应运而生。官兵掠夺成性，更使自卫成为

---

① 狄德满. 华北的暴力和恐慌：义和团运动前夕基督教传播和社会冲突［M］. 崔华杰，译. 南京：江苏人民出版社，2011：72.
② 狄德满. 华北的暴力和恐慌：义和团运动前夕基督教传播和社会冲突［M］. 崔华杰，译. 南京：江苏人民出版社，2011：71.

必要"①。此时，村民只能自己武装自己，"他们不尚武就难以生存"②。正如清代著名学者兼官员魏源所刻画的那样，"土地荒芜，民惰而好斗，习于抢劫，百千为群，各有首领，日有伤害"③。所以，才常常看到"他们的锄把里别着长刀"④"他们的劳动生产工具与武器有机融合"⑤ 的现象。比如，号称"庄稼拳""庄户拳"的梅花拳，它的兵器很多都来自一辆农用独轮车。拉车绳平时拉车，战时就是"流星锤"；车轮子随时都可以变成一对攻防兼备的"风火轮"；车攀可当作"七节鞭"使用；车把可在瞬间变成"群母枪"；车腿也可当作"小拐"使用；就连修车工具小锛也变成了"一锛三枪"……一辆农用独轮车竟能拆成二十多件兵器（图3）。而且，在性命攸关的时刻，锄头、镰刀、铁锹、铁耙等生产工具都可以立刻变成武术人手中的兵器（图4）。特别是在异族入侵的民族战争年代，这种"尚武"的民间传统甚至激发了很多文人墨客走上了弃文从武、投笔从戎的"武道"。例如，明朝末年，面对清兵对中原的屡次入侵，儒学盛行的山东各地就有很多文人生员都愤然从武，意图一展抱负以拯救明朝于危难之际：

图3 梅花拳的"兵器车"⑥

---

① 裴宜理. 华北的叛乱者与革命者（1845—1945）[M]. 池子华，刘平，译. 北京：商务印书馆，2007：62.
② 王学泰. 游民文化与中国社会 [M]. 北京：同心出版社，2007：254.
③ 魏源. 魏源集：第1卷 [M]. 北京：中华书局，1976：358.
④ 狄德满. 华北的暴力和恐慌：义和团运动前夕基督教传播和社会冲突 [M]. 崔华杰，译. 南京：江苏人民出版社，2011：104.
⑤ 唐韶军. 生存·生活·生命：论武术教化三境界 [M]. 北京：人民体育出版社，2016：95.
⑥ 图片来源：课题组成员2017年8月6日拍摄于河北省邢台市平乡县后马庄"梅花拳传承基地"。

图 4　土家族武术中集多种生产工具为一体的"燕尾斧"①

（博山岳含珍），"好读书，经史子集靡不博览……值明季世乱，慨然曰：'古人云：宁为百夫长，胜作一书生'。乃投笔从军，为材官。"（《续修博山县志》）②

（沾化周谧，廪生），"时当明季，尝自负曰：'大丈夫际乱世，虽不能建功立业，独不能以艺自卫呼'？乃弃文从武。"（《沾化县志》）③

（潍县宋士藻，监生），"初肄业国学，以海内多故，弃儒习武，骑射、勇略独出冠。"（《潍县县志》）④

总之，在广大乡村社会中，全体村民不管是文人还是武人在思想和行为上都充分表现出"武可以百年不用，不可一日不备"⑤的尚武传统。

二、在肢体冲突中自保需要"尚武"

传统乡村往往是"法律很远，拳头很近"的社会，人们在现实生活中常常服从于"丛林法则"，有时很多肢体冲突不采用"武力"的办法就根本无法解决。此时，"谁的拳头硬谁就是大哥""有枪就是草头王"，全凭武力说话。就连

---

①图片来源：湖北民族学院刘尧峰博士2014年8月摄于湘西土家族苗族自治州吉首市。
②中国方志丛书：第1编［M］.台北：成文出版社，1966：953-954.
③中国方志丛书：第1编［M］.台北：成文出版社，1966：461.
④中国方志丛书：第1编［M］.台北：成文出版社，1966：1930.
⑤杨彦明.武探花杨炳与《习武序》［M］.北京：中国文史出版社，2000：53.

瘦骨嶙峋的阿Q也是如此，动不动就要与他人耍耍胳膊。"直至今日有些地方还称依靠力气称霸一方的为'耍胳膊根的'"①。乡村社会里这种"谁强谁有理"②的集体无意识，在现实生活中就表现为对武力的崇拜，特别是对于那些一无所有、只有两膀子力气的贫民来说，他们只有靠力气和武艺为自己生存和发展开辟道路，练就一身好武艺就成为他们保障生存境况、提高生活质量、体现生命意义的有效途径。我在河北广宗县调研时，听当地村民讲述了这样一位梅花拳高手的故事：

> 历史上内黄县是沙碱薄地，不涝即旱，一遇到下大雨，就会遍地汪洋，各村也常常因排水问题引发矛盾。话说一年秋天，一场大雨过后，有邻村村民看到自家的庄稼被淹了，就扒开田堰往大黄滩村地里放水，于是双方便产生了冲突。大黄滩村的王名山前往调解并给邻村人讲道理，但是对方仗着人多势众，根本不予理睬，照样放水。王名山上前制止，却被对方推到水里，再上前制止，又被推下去……无奈之下，王名山使出了梅花拳的"定桩功"。只见他两脚锚地，就像一座铁塔一般鼎立在被挖开的田堰处。对方十几个人都推他不动。于是气急败坏的外村人就拿起手中的钢叉等工具一拥而上。见势不妙，王名山打了一个梅花拳的败势，迅速转身退到水汪中，以引诱对方跟进。对方随即中计，马上紧跟扑了过来。说时迟那时快，王名山由败势转化为顺势，又由顺势转化为大势，使出了梅花拳五势变换无穷的功夫，两只拳头就像两把铁锤上下翻飞，朝着对方的头上、背上、胸部、腰椎一阵狂打，把他们打得一个个趴在水里求饶。（李玉琢口述）

一场将要升级为村际冲突的水源之争就因为一个人的高强武功而被"镇住"，进而不了了之地平息。不得不说，武力在解决村落肢体冲突时是一条直截了当的简捷方式。在中国传教30余年的美国传教士明恩溥经过广泛深入调研后，在其著作《中国的乡村生活》中表述了同样的观点：

> "中国社会的结构极其复杂，人们的行为也极为多样，表面上虽然

---

① 王学泰. 游民文化与中国社会 [M]. 北京：同心出版社，2007：516.
② 王铭铭. 村落视野中的文化与权力：闽台三村五论 [M]. 北京：生活·读书·新知三联书店，1997：57.

看不到直接的对立,但实际上冲突已然存在……一般来说,平时总会有什么地痞对他人进行威胁,似乎时时寻找机会向别人下最后通牒。处于这种考虑,年轻人普遍在武术课程中接受系统的'拳脚'训练,以期在同级中出类拔萃(成为武术精英)。高级的擒拿格斗术和拳脚硬功——如一拳将一英尺厚的砖头从墙上击落下来,在许多情况下都是很有用的功夫。"①

老百姓之所以这么看重武功,就是因为那些身怀武功者除了在肢体冲突中能够自保之外,还能够通过高强的武功打败对方,甚至是震慑对方、让其知难而退,从而达到不战而屈人之兵的最佳效果。所以,尚武就成为乡村社会普遍存在的一种实用性民风民俗。

三、争夺生活资源需要"尚武"

在"靠天吃饭"的传统社会,人们的生活环境是艰辛而不稳定的。当遇到自然灾害而收成欠佳甚至是颗粒无收时,非法攫取资源(从偷窃、走私、绑架到有组织的械斗等武力事件)是随时可见的常事。作为对抗这种劫掠而来的反应,普通老百姓只能采取防御性策略,利用武力保护个人财产和人身的安全,于是,看青(看护庄稼)、护院(家庭保镖)、民兵及堡垒式圩寨等组织和设施就应运而生了②。即使是风调雨顺,村民之间也常常因水源、土地、庄稼、牲畜、钱财等问题引发矛盾冲突,进而演变为一场场的武力争斗。例如,在政府管理能力衰落的情况下,庄稼被偷被抢的威胁是乡村农民时常担惊受怕的事。农民一般都是居住在村子里,而所耕种的很多田地都离居住地较远,这种居住地与耕种地相分离的生活劳作方式就造成了庄稼无人看护,进而被偷割的风险。于是,当收获季节来临时,农户就得挑选家庭成员中胆大、体壮者在夜间到自家田地里看护庄稼,有的富户还定期雇人为其看护庄稼,直到开始动手收割。这种行为被称为"看青"。而在收割庄稼时,为了确保收割活动中不发生偷盗庄稼之事,农户也得请人看护,叫做"看边"。毋庸置疑,无论是"看青"者还是"看边"者,都是雇主精挑细选而得,挑选的标准当然就是有足够的能力保护好庄稼。而这种能

---

① 明恩溥. 中国的乡村生活 [M]. 陈午晴,唐军,译. 北京:电子工业出版社,2012:145.
② 裴宜理. 华北的叛乱者与革命者(1845—1945)[M]. 池子华,刘平,译. 北京:商务印书馆,2007:11.

力，无非是胆大、力大，最好就是那些既会功夫又能打的武术人。一位天主教传教士曾这样记录传统社会某些贫困地区令人触目惊心的抢劫现象：

> "在田间忙于农活时，他们攻击不加提防的过路人。如果这些过路人只是被留下行李而不是生命，那么应该自视为是多么的幸运了。"①

由这位天主教传教士的所见所闻可知，在当时"把农业劳动和偷盗、抢劫等盗匪活动相联系，甚至也是很有可能的"②。这种状况，在 1895 年 9 月 13 日《北华捷报》中得到了佐证：沂州③西南一些村子里的村民，"在老实巴交的农民外衣下惯以开展抢劫营生，他们的锄把里别着长刀，当一些落单的路人成为合适的目标时，这些长刀便派上了用场"④。

不光居民已经习惯了对稀缺资源的争夺，就是村落与村落之间也时常因争夺资源而发生矛盾冲突，而且这种冲突是经常性的，甚至是在一个县之中"每天都发生这样的械斗"⑤，冲突的结果便是以传统的村际械斗为表现形式：

> 福建泉州安溪县的美法村与同美村时常因相互争夺生活资源而发生矛盾与纠纷，久而久之，双方就产生了怀疑和敌意。1959 年临丰收时，同美村人怀疑美法村人偷窃了他们的生产工具，于是采取了"以其人之道还治其人之身"的策略，发动全村人员到美法村偷割稻谷。矛盾突起，两个村落便展开了一场大规模的武力械斗。⑥

而在资源贫瘠、旱涝频发的华北平原，村际之间因为争夺生活资源而大打出手动武的现象更是常见，美国传教士明恩溥是这样记载的：

---

① 韩甯镐. 圣言会福者瑟神甫：其生平和著作兼论鲁南传教史 [M]. 兖州：天主教会出版所，1920：217-218.
② 狄德满. 华北的暴力和恐慌：义和团运动前夕基督教传播和社会冲突 [M]. 崔华杰，译. 南京：江苏人民出版社，2011：104.
③ 沂州，中国古州名，因沂河而得名。清朝升为沂州府，最大的范围包括今临沂市全部、日照、沂源、新泰，以及临朐和安丘南部、苏北等地。
④ 狄德满. 华北的暴力和恐慌：义和团运动前夕基督教传播和社会冲突 [M]. 崔华杰，译. 南京：江苏人民出版社，2011：94.
⑤ 麦嘉湖. 中国人的生活方式 [M]. 秦传安，译. 北京：电子工业出版社，2012：258.
⑥ 王铭铭. 村落视野中的文化与权力：闽台三村五论 [M]. 北京：生活·读书·新知三联书店，1997：56-57.

> 一个很晚的月夜，几个 A 村村民看到 B 村两个年轻人在砍自己村的枣树。在打过招呼之后，两个 B 村年轻人被赶着逃回了家。这几个 A 村村民恶意造谣说，B 村两个年轻人砍伐了祖坟的松树。尽管已经很晚了，A 村一群人还是很快集合出发，到一里开外的 B 村要求赔偿……接着就是一场恶战，几个人被打晕过去，在他们昏死之时发出几声痛苦的叫喊声之后，武斗又继续进行。直到被攻打的一方退到自己的村庄之后才停止。双方都有数人受伤，有的还很严重。一个老头被扁担打碎了头骨，晕迷着被抬回家，一两个星期后才苏醒过来。①

这种械斗很容易使我们产生村民无视法律的印象，认为在传统社会村民一个个都是无法无天的法外之人。其实，传统社会所谓的乡村自治也是建立在国家法治的基础之上的，传统社会也有法律，如《唐律》《宋刑统》《清律》等，但是它们都甚少有民法的部分，所以村民之间的很多纠纷都是由民间自理。政府主要负担刑法的部分。唯有民间无法处理的重大民事纠纷，才会闹上衙门，由政府机关进行行政仲裁。在中国传教 50 年、对中国风土民情有全面深入了解的英国传教士麦嘉湖（John MacGowan）② 在其著作中的记载为我们准确理解这一现象提供了帮助：

> 两个村可能就在县官的衙门前，但县官根本不理睬眼皮底下的这场械斗，这些粗野好斗的乡民之间每天都发生这样的械斗。这些人似乎是逍遥于法律之外，但事实上并非如此。他们都知道，他们完全可以气势汹汹、大呼小叫，并把他们的武器弄得叮当作响，但是，如果他们试图针对任何人犯下任何公然的犯罪行为，法律的铁拳就会立刻落在他们身上……法律依然始终盯着他们，因为绝对可以肯定，就在蜂拥围观的人群外面，穿着打扮像任何一个普通人的地保正漫不经心地站在那里，随时准备出面干涉，把他们拖到大牢里去。③

---

① 明恩溥. 中国的乡村生活［M］. 陈午晴, 唐军, 译. 北京: 电子工业出版社, 2012: 118.
② John MacGowan（1835—1922），中文名麦嘉湖，英国伦敦会传教士，出生于北爱尔兰，毕业于伦敦英国长老会神学院，1860 年 3 月来华。在华传教 50 年，广泛接触各类社会阶层，热心参与当地的社会生活和社会改革，对中国风土民情有全面而深入的了解。著有《中国史》《中国民间故事》等著作。
③ 麦嘉湖. 中国人的生活方式［M］. 秦传安, 译. 北京: 电子工业出版社, 2012: 258, 227. 本书最初是以单篇文章的形式陆续发表于《北华捷报》上，1909 年收集成册。

由此可见，此时政府之所以不管他们，就是因为他们还没有"犯下任何公然的罪行"。一旦他们违反了刑法，触及了政府该管的底线，政府便会毫不手软地予以打击。

总之，个人或村际间为争夺贫乏资源如庄稼、畜生、林地、水源等而引发的矛盾，很容易演变为家族之间的武力冲突或村庄之间的械斗，甚至"演变成为他们的一种生活方式"①。而在这些武斗或械斗中，懂武术、会武功的武术人就显得尤为重要了，不光在发生武力冲突时，他们可以利用武功击败对手，而且就是"不动手"他们也往往能够通过长期累积起来的"隐权力"震慑对方，使其畏惧而屈服，知难而退。

四、寻求谋生途径需要"尚武"

自古至今，不论是从传统的开门授徒、看家护院、走镖护镖、获得功名，还是从当代的开办武术馆校、参加官方武术组织、担当武术教练或教师、获得学位等诸多方面来看，武术都是民间习武者一条重要的谋生途径。也就是说，武术是一种能够让人维持正常生活，或生活得更好一点的"营生"，所以"靠武术吃饭"的人自古至今都是大有人在的②。武术作为一种职业，最早见于《管子·小匡》中的"四民分业定居论"思想：

> 桓公曰："定民之居，成民之事奈何？"管子对曰："士农工商四民者，国之石民也，不可使杂处，杂处则其言咙，其事乱。是故圣王之处士必于闲燕，处农必就田野，处士必就官府，处商必就市井。今夫士群萃而州处闲燕。则父与父言义，子与子言孝，其事君者言敬，长者言爱，幼者言弟，旦暮从事于此，以教其子弟。少而习焉，其心安焉，不见异物而迁焉。是故其父兄之教不肃而成，其子弟之学不劳而能。夫是故士之子常为士。"③

这是管仲首次提出的分工劳作的观点，他把齐国所有的从业者分为"士农工

---

①裴宜理. 华北的叛乱者与革命者（1845—1945）[M]. 池子华，刘平，译. 北京：商务印书馆，2007：89.
②唐芒果，蔡仲林. 武术从业者：武术发展研究的一个新视角 [J]. 成都体育学院学报，2015，41（1）：86-91.
③房玄龄. 管子 [M]. 刘绩，补注. 刘晓艺，校点. 上海：上海古籍出版社，2015：144.

商"四种类别。"士"是四民之首,虽然包括"文士"和"武士",但在当时主要是指军士。对他们的职业教育主要有两方面内容:一是伦理道德教育,包括"义""孝""悌""敬"等;二是武术训练,包括军事知识和实战能力。由此可见,从事武术职业的武士是当时令人向往的职业,既是谋生手段,又是社会地位的象征,极大地促进了民间尚武之风。之后各朝各代也都有"以武选士"的记载,这实际上都是尚武之风的延续。特别是始于唐代的"武举制"①,更是深层次地促进了大众的习武热情,使处于社会底层的习武者完全有可能通过考取武举人、武进士和武状元以改变人生命运、改善家庭生活状况(图5、图6、图7)。传统社会延续近1200年的"武举制",在为统治阶级选拔武用人才的过程中发挥了重要作用,同时也给广大民众提供了一个能以个人武艺技勇进身仕途的机会,这种仕宦之诱,无疑对于整个社会的尚武之风起到了积极作用。据湖北《麻城县志》记载:

 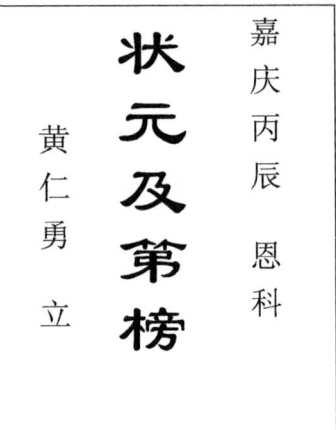

图5 武状元匾额及刻文誊录②

---

① 《辞海》中,对武举制度的定义为:"科举制度中专为选拔武官而设的科目。始于唐代,称为武举,以后历代皆因之,但不定期举行,至明代中期始定武乡试、武会试之制。"参见:辞海[M].缩印本.上海:上海辞书出版社,2000:865.
② 图片来源:课题组成员2018年5月7日拍摄于上海"中国武术博物馆"。

上篇 武术精英的生成

图6 武进士匾（年代：南明；尺寸：191cm×63cm）①

```
东阁大学士兵部右侍郎摄理御营户部事陈洪谧
兵部右侍郎署尚书事郭必昌
通政司刑部右侍郎马思理
兵部武选司员外郎郭必春
武库司升贵州道御史郭炜为

                武 进 士

             隆武元年奉
旨行在会试中式第五十名吴起缨立
```

图7 武进士匾刻文誊录

（湖北麻城市）修习少林、武当及近六种当地拳术的学校和结拜组织（会）遍布全县。这些会社的成员或会友又扩散到大别山的邻近各县。元明清时代形成的几个较大的麻城人聚居地，都创办了自己专门的习武场所（拳场或学校），使他们的家乡获得了全国武术中心的声望。从麻城市武功名获得者的人数来看，也说明了该县"尚武"之风的盛

---

①图片来源：课题组成员2018年5月7日拍摄于上海"中国武术博物馆"。

— 055 —

行：在明代出了61名、清代出了76名武举人，几乎全都来自本县的某所拳术学校。即使是在清末民初动荡时期，火器在乡村泛滥，当地人依然对武术情有独钟，肉搏格斗的热忱反而更加高涨。①

在对比了清代后期山东省武举和文举的比例之后，就会更加坚定我们对民间武举盛行的判断。

清代后期，山东省的武、文举比例为0.57∶1，而鲁西北德州、东昌的比例是1.22∶1，鲁西南济宁、曹州则高达2.38∶1。②

为了能够生活得更好，或者更好地实现人生价值，以武入仕就成为了民间尚武传统中不可或缺的元素。

民间习武者，除以上这条自下而上的上升通道外，还有一张更为广泛的横向铺开的谋生网络。如在市井中供人娱乐欣赏的"打把式卖艺"者（图8），发挥安全保障作用的"看家护院""走镖护镖"者（图9），以及协助官府管理、缉拿罪犯的"衙役捕快"等，都是依靠武术才能养家糊口、维持生计之人。之所以说，以武谋生的各种职业是一张网络，那是因为，各种职业之间往往是相互转化的。也就是说，只要是会武术，武术职业者就可以凭借自身武功在各个武行中自由转换，并不会因此影响"生计"。《江湖丛谈》中，有一段描述就恰到好处地说明了这个观点：

图8 北京"天桥八大怪"艺人之一：掼跤沈三③

---

①湖北省麻城市地方志编纂委员会．麻城县志［M］．北京：红旗出版社，1993：514．
②周锡瑞．义和团运动的起源［M］．南京：江苏人民出版社，1994：50．
③图片来源：课题组成员2017年9月9日拍摄于北京"天桥文化广场"。

图 9　"走镖护镖"场景模拟①

我是镖行的人，在前清时保过镖。如今有了火车、轮船、邮电局，我们镖行的买卖没了，镖行的人，不是立场子教徒弟，便是给有钱的富户看家护院，我是拉场子卖艺……②

由此可见，作为谋生手段的武术在民间生活中具有较大的灵活性、广泛的适应性和较强的普遍性，是众多武术人维持生计或提升自我价值与形象的一条康庄大道。而在习武人群对此趋之若鹜的背后正是民间尚武之风的长盛不衰。

小结

中国有着历史悠久且根深蒂固的尚武传统，尽管历史上的某些朝代（如宋代，特别是南宋）曾在国家层面呈现出"文风萎靡""武备废弛"的虚骄之势，但是在广袤的民间社会，尚武之风不仅没有由此断裂，而且还随着时间的推移不断积淀与强化，最终酝酿成为了一种经久不衰的"乡村传统"。"乡村传统"作为一种乡民、村民等基层大众所代表的生活文化，家喻户晓、深入人心，在"百姓日用而不知"的日常生活中具有不可低估的重要作用。之所以"不可低估"，并不是因为其影响的深度，而是在其发挥作用的广度；也不在其是否有开拓性，而是在其"世世代代、年深月久地沉积在普通民众的意识与行为里的习惯性"③。在这种尚武"习惯性"潜移默化地影响与作用下，乡村社会的权力运作机制一般都会以武力的形式来维系，正如罗威廉（William T. Rowe）所说，这种民间尚

---

①图片来源：课题组成员 2018 年 5 月 7 日拍摄于上海"中国武术博物馆"。
②云游客．江湖丛谈·第二集［M］．北平：北平时言报社，1936：64.
③程歗，张鸣．中国传统社会农民日常意识论纲［M］//程歗．文化、社会网络与集体行动：以晚清教案和义和团为中心．成都：巴蜀书社，2009：141.

武的传统，强化了"将武力、暴力视为人类生存中一种自然要素的习惯"①。很显然，会武术、有力气、懂功夫等武勇特征对维系自身地位、声望和荣誉就具有了潜在的或实际的社会意义。所以，"尚武"也就成为村民用来战胜生存环境、适应村落生活、寻求谋生途径的一种精神依托和心理依赖。

---

① 罗威廉. 红雨：一个中国县域七个世纪的暴力史 [M]. 李里峰, 译. 北京：中国人民大学出版社, 2013：3.

第二章 武术隐权力的获得

在传统乡村社会,由于村民长期受到儒家"以和为贵"礼法思想的浸染,大都认为打官司是一件很丢脸的事,于是普遍形成了"无讼""贱讼""息讼"的社会传统。每当遇到邻里纠纷时,一般不是到政府部门告状,而是习惯于找村里的"头面人物"出面调解①。而在这些"头面人物"中,武术精英占了很大的比例。他们往往会因此成为村落的司法中心,"当地老百姓越来越愿意找他们(而不是县衙门)申冤"②。这些武术精英虽然不是政府官员,可是却能凭借自身威望在村里行使"话语权"。借用吴钩先生提出的概念,这种"话语权"就叫"隐权力"③。它主要是通过个人能力、人情关系和社会影响力等因素累积而成,是一种虽缺乏合法性但却能产生有效执行力的非正式权力。对乡村武术精英来讲,这种武术隐权力的获得主要通过以下三条途径而实现。

第一节 借助"亮拳" 慑服他人

"趁商贾墟市之场,约期聚众,在大庭广众面前,公开比赛表演"④ 的民俗活动称为"亮拳"。"亮拳"活动突出一个"亮"字,即清清楚楚、明明白白地将自己的功夫展示给别人看,并以此来炫耀武力。传统乡村社会充满着丰富多彩的民俗节日和各式各样的"花会",它们约定俗成、世代相传,逐渐成为一种传统,意味着欢乐、喜庆、温馨和幸福。乡村社会的习武人群也总会利用这种村民

---

① 唐韶军,戴国斌.生存·生活·生命:论武术教化三境界 [J].北京体育大学学报,2016,39 (5):72-78.
② 罗威廉.红雨:一个中国县域七个世纪的暴力史 [M].李里峰,译.北京:中国人民大学出版社,2013:132.
③ 吴钩.隐权力2——中国传统社会的运行游戏 [M].上海:复旦大学出版社,2011:1.
④ 戴玄之.义和团研究 [M].北京:北京大学出版社,2010:17.

大规模集聚的机会举行隆重的"亮拳"表演,表面上看是为了"凑热闹"参与节庆活动,而实际上却是为了在乡里乡亲面前"露一手",展示一下自己的深厚武功,好让别人"害怕"自己。更值得关注的是,乡村社会每年还有定期举行的"亮拳"盛会,它也是一种约定成俗的民俗活动。虽然是一种纯粹的武术盛会,但参与的人群却并非只有武术人,而是全体村民共同参与的一项民俗活动。届时,武术人会在武术精英的带领下以村为单位先后登台亮相,进行武术表演。十里八乡的普通村民也会集聚于现场,热情洋溢地观看武术表演、尽情享受节日的喜庆氛围。各村武术队的亮拳(表演)既是一种公开的展示,也是一种暗自较劲的比试,亮拳者更是各显身手,倾其所能用精湛武功折服观众、镇服对手,为自己收获名声和威望而拼尽全力。时至今日,地处冀鲁豫三省交界地带的广大乡村,仍然还保留着"亮拳"的民风民俗。据中国人民公安大学高级教官韩建中先生讲述:

> 在河北、河南、山东三省的交界地带,很多村庄每逢民俗节庆,梅花拳弟子都会借机举行"亮拳"盛会。届时十里八乡的村民都会聚拢而来,"亮拳"现场被围得水泄不通。表演者受"总指挥"的统一安排,依次上场,迫不及待地把自己准备好的功夫展示给在场的观众……
> (韩建中口述)

这种展示,其实就是武术人炫耀武功、展现精英形象的一种"前台"表演。不仅可以吸引大众的瞩目,而且功夫高强者还会得到村民的广泛称赞和传颂(图10)。

图10 "亮拳"现场①

---

①图片来源:课题组成员2017年2月2日拍摄于河北省平乡八辛庄村亮拳现场。

"台上一分钟台下十年功",表演者(武术人)在"台上"炫耀、展示的时间虽然不长,也许只有短短的几分钟,但是他们为了这"前台"的几分钟表演,却要在"后台"(拳场)中进行持之以恒地艰苦训练。只有在"前台"表演时武功出众、威震四方,才能在大庭广众之下表现出武术精英的核心技能,从观众那里获得尊敬或名望,最终提升自己的"隐权力"。也只有具备了这种"隐权力",才会让人产生一种敬畏感,并迫使他人不得不服从强者的意愿①。同时,这也无形中就为武术人的拳场苦练提供了前进动力和奋斗目标,极其有利于武术人自身武功的日益精进。在冀南广宗县前魏村的田野调查中,一问起"谁的武功最好",很多村民随口就会说:

> 李玉琢练得最好、最厉害!亮拳的时候,只要他一上场,全场都给他叫好!俺村里的任何活动,都要由他撑头,只要他一出面,准能镇得住场……俺们村里凡是那些调皮捣蛋的家伙,也大都会个三拳两脚,谁的功夫厉害,他们才听谁的。(王林竹口述)

正因为李玉琢在亮拳活动中展示了高强的武功,提高了在村际间的知名度,并依靠这种社会名望积累了强大的隐权力,所以,每当本村民俗活动需要推选"会首"时,李玉琢都是其中之一。

总之,"亮拳"是一种成本较低但效果显著的成名途径。武术人在亮拳活动中所展现出来的精湛武艺都是他们在十里八乡提升知名度、建立威望的有效途径,而"知名度""威望"等作为一种社会资本优势是其获得"隐权力"的主要来源。在日常生活中,武术精英们足以凭借这种权力来镇住邪恶,甚至达到化解矛盾、息事宁人的目的。

第二节 利用"表演" 扩大影响

迎神赛会、民俗节日,都是乡村社会的主要娱乐活动。节日现场,极具娱乐性的武术表演便顺理成章地承担起了乡村娱乐空间的建构任务,成为节日活动中不可或缺的内容之一。每逢民俗佳节,武术人就会聚集在一处(通常是广场、大道口或者是集市),一边敲锣打鼓,一边演练武艺,吸引着里三层外三层的村民

---

①陈平原.千古文人侠客梦[M].北京:北京大学出版社,2010:76.

驻足观看。此类表演虽然在形式上跟"亮拳"有相似之处，但是其目的却迥然不同，亮拳以慑服他人为主，所以就免不了有暗中较劲、公开比试的成分，而此表演则以展演、娱乐为主。

> 河北深州市院头村菩萨庙的开光典礼之后，便是武术表演。登台表演的一共有八人，小营村两人，院头村两人（其中一人是韩其昌①），还有四人是从武强县和饶阳县请过来的。分别表演了拳术、器械。韩其昌表演的是"五虎神钩断门枪"和"金刚拳"，虽然只是表演，但韩其昌还是像实战一样完成了每招每式，赢得了观众的阵阵喝彩。（韩超口述）

村民会一边其乐融融地"看热闹"，一边窃窃私语地"谈节目"，比如，打听表演者的名姓、住址和人品，询问所练拳种的派别和特色，评价功夫的高低和深浅等。这期间，会不时地为武功高深者拍手叫好、为品德高尚者交口称赞。正是通过这场精彩的表演，韩其昌在深州市名声大振，并获得了"铁臂沱南侠"的美誉，最终成为本村"说话有分量"（拥有"隐权力"）的精英式人物。当然，对那些功夫低浅或品德欠佳者，观众自然会是不屑一顾或嗤之以鼻的态度。如此一来，演练者的名声和威望就在观众的呐喊声、赞叹声、唏嘘声中广泛传播于各个村落之间。

另外，在村落社区，武术表演还是宗教活动或宗教仪式中的重头戏，对渲染"人神共娱"的宗教氛围也起着不可替代的重要作用（图11）。传统社会人们在自然灾害面前往往是无能为力的，村民靠天吃饭的观念较为明显，再加之生活空间相对闭塞，"这就为村落信仰的产生、存在和传承提供了条件"②。逢年过节、初一、十五村民都会摆供品、烧香、磕头，求神保佑。所以，烧香拜佛、求神庇佑的宗教活动就较为普遍。比如，在冀鲁豫三省交界地带的广大农村，"打醮"③和"摆会"④活动就十分盛行。这两种宗教仪式尽管在具体内容和形式表现上各

---

①韩其昌（1895—1988），男，河北省深州市人，梅花拳第16代传人。因其早年功夫闻名乡里，绰号"沱南侠"。
②李生柱. 神像：民间信仰的象征与实践——基于冀南洗马村的田野考察［J］. 民俗研究，2016（6）：144-153.
③"打醮"是道士设坛为人做法事以求福禳灾的一种道教活动。
④"摆会"是一种以佛爷信仰为代表的佛教活动，通过念诵佛经以祈福纳祥。

有不同，但有一项仪式表演都是必不可少的，那就是娱人娱神的武术表演①。不光本村的拳民纷纷登台献艺，邻村十里八乡的武术表演队也会受到邀请前来助兴，"既是让本村人看的，也欢迎外村人来热闹"②。对武术精英来说，这是一个提高社会知名度，甚至是扬名立万的绝佳机会。技艺高超者，往往会在不经意间就成为远近闻名的武术能人。

图11　拳民在祭祖现场"敬香焚表"后演练武术③

"表演的时候，不用通名报姓，只要你练得好，人家都会去打听你是哪个村的，叫什么名字。练得不好，报名字也没人记得住！其他村练梅花拳好的，我们也都知道的……谁练得好谁的功夫就厉害呗。练得好的都是能人，老百姓自然就会去打听他的名号，最终，十里八乡的村民就都认识他了。"（张俊华口述）

武术人之所以在民俗节庆中热衷于"武术表演"，就是希望通过在公共场合与观众的互动，让更多的人知道自己、替自己扬名，以利于自己社会隐权力的不断累积。"武术表演"更是一个武术精英主动把自己推向社会、得到社会认可的社会化过程。

---

①唐韶军，王美娟. 社会组织和民间信仰——梅花拳不仅仅是一种拳［J］. 民俗研究，2017（4）：150-157.
②王铭铭. 村落视野中的文化与权力：闽台三村五论［M］. 北京：生活·读书·新知三联书店，1997：74.
③图片来源：课题组成员2017年7月23日拍摄于河北省平乡县八辛庄祭祖现场。

第三节 通过"业缘"建立人脉

根据辞典里的解释,人脉是"指人各方面的社会关系"①。也就是我们常说的人际关系、人际网络、人缘、社会关系等。它是经由人际交往而形成的一个社会关系脉络。如果说血脉是人的生理生命支持系统的话,那么人脉则是人的社会生命支持系统。"一个好汉三个帮,一个篱笆三个桩""一人成木,二人成林,三人成森林"等俗语都是在说一个人要想做成大事就必定要有极其广泛的人脉网络。没有人脉就是势单力薄,没有人脉就是孤军奋战。人脉不光能够带来好人缘,而且能够带来"隐权力",是"权力不见光运作的美丽外衣"②。武术人的社会流动性特别强,常常因为拜师学艺、以武会友等武术实践活动游走在不同的村庄之间。所以,他们的人脉网络要比一般人广阔得多。在日常生活中,武术人的人脉还是一种权威的象征,是一种潜在的"隐权力",能够使他们在外人看来更具有震慑力和话语权。所以,一个武术精英必定是一个人脉广袤之人。那么,武术精英是如何构建自己的人脉的呢?

一、纵向延伸人脉

首先就是在师父身上下功夫。通过师父的名望或神威为自己脸上"贴金",这是一条"自下而上"的纵向途径。首先要拜名师入高门。"名师出高徒"的思想在社会上根深蒂固、影响深远,逐渐形成了一种"强将手下无弱兵"的共识。同时,师徒又是一个利益的共同体,师父的事就是你的事,你的事师父也不会不管,所以就算别人不顾及你的"面子",也要看师父的脸色行事,也就是说,要顾及上层人际关系,以免造成不利的后果。

> 传统社会,习武的人都喜欢拜名师,名师出高徒嘛!名师确实代表着本拳派的较高水平。跟名师学武,本身起点就高,再加上刻苦训练,一般都能有所成就。不过,拜名师还有一种潜在的作用,那就是借助师父的名气,提高自己的身份和地位。当代社会这种功利性的现象比起传

---

①中国社会科学院语言研究所词典编辑室.现代汉语词典:第5版[M].北京:商务印书馆,2005:1146.
②李辉."人脉":权力暗箱运作的美丽外衣[N].工人日报,2009-11-27(003).

统社会来有过之而无不及。(邱丕相口述)

师父名气越大,你挣的"面子"就越大,由此转化而来的"隐权力"也就越大,在调解矛盾和纠纷时你的话语权就越大。如此一来,师父的光你就沾上了,也就你从师父那里挣得了"面子"。

其次就是广收门徒。这是一条"自上而下"的纵向途径,即通过弟子的势力扩大师父的社会影响力。在崇尚武力的广袤民间,"人多势众"是产生权威的又一社会资本。"双拳难敌四手""二人同心,其利断金""三人一条心,黄土变成金""一箭易断,十箭难折"……从这些民间谚语就可以看出,老百姓对"人多势众"既倾心向往又敬畏惧怕的心态。所以,在传统社会,子孙满堂、家丁兴旺的家户总会让其他村民不敢小觑。所以,师父总是喜欢自己门徒众多、前簇后拥。而武术门户又是一个虚拟的大家族,它在"师徒如父子""同门如兄弟"的信条下,能够极其高效地将来自四面八方的弟子以师承关系聚拢在一起,形成一个休戚相关的利益共同体。甚至是,他们对群体内部成员亲如一家,相亲相爱;对群体外部人员,则漠不关心,冷若冰霜。正如英国人类行为学家德斯蒙德·莫利斯所说:

"只要把一个人置于'外群体',成为'他们'之一员,就可以像害虫一样消灭;而如果把一个人置于'内群体',就是'我们'之一员,必须像亲爱的兄弟一样去保卫!"[①]

这些武术群体就是我们常说的武术门户,在门户内部他们互帮互助、紧密团结、一致对外,借此显示"人多势众"的威力,这样会使他们在外人看来更有震慑力,从而更能够保障武术精英"隐权力"的顺利实施。

二、横向扩展人脉

这条途径就是通过"结义"的方式,广交武林名人,借他人之势形成合力以增强自己的名望,这是一条"平行延伸"的横向途径。传统社会,没有血缘和师承关系的习武之人,往往因意气相投而喜欢"结义"进而成为兄弟姐妹以示亲近。结义之后便成为一个有着共同利益的互助团体,并会以共同的信仰和誓

[①] 德斯蒙德·莫利斯. 人类动物园 [M]. 上海:复旦大学出版社,2010:125.

言来竭力约束和维护他们共同的利益关系。可谓一方受难八方支援，这就在无形中增强了每个个体的权势和威严，并使其在社会生活中的"话语权"大大增强。或许人们畏惧的不是某某人，而是在这个人背后令人生畏的其他强大势力。有一个很好的例证，是美国汉学家周锡瑞在《义和团运动的起源》中所记载的：

> 义和团运动前夕，为了抵抗西方传教士及其教民对村落的侵略，河北省威县梨园屯的红拳拳师阎书勤主动联合其他村庄的十七个武术能人结义而成"十八魁"，并积极组织十八村的村民武力护村，有效震慑了外国传教士的嚣张气焰。①

在十八村的全体村民积极行动起来武力护村的过程中，阎书勤之所以让外国传教士望而生畏，并不是因为他自身有多么高的武功，而是因为他背后"十八魁"的震慑力②。得罪一个人，就等于得罪了与这个人有关系的更多的人，以致使自己以后难以在村庄中立足。

由此可见，除了个人自身素质以外，个人的社会关系也是决定一个人社会地位的重要因素之一。在一个讲究人情法则的社会里，必然是关系取向的社会。人们不仅依据个人本身的属性和他能支配的资源来判断其权力的大小，而且还会进一步考虑他所属的关系网络③。某个人的社会关系网络越广泛，网络中有权势的人越多、地位越高、名望越大，他在别人心目中的权力象征就会越大。因此，在乡村社会中，武术精英不仅可以依靠武功高强和德高望重来展示自己的权力象征，而且还可以通过纵横交错的武缘网络来显示他与众不同的权势资本。

小结

在乡村社会，村民敬畏武力的传统和习俗致使武术"隐权力"在自治过程中始终发挥着至关重要的社会作用。武术精英为了获得足够的"隐权力"，不光在拳场刻苦训练、勤修武德，而且还主动利用"亮拳"和"表演"等机会在乡村公共空间面向村民充分炫耀、展示自己的高超武功，借此形成威慑力和知名

---

①周锡瑞. 义和团运动的起源 [M]. 张俊义, 王栋, 译. 南京: 江苏人民出版社, 2005: 142-144.
②程歗. 社区精英群的联合和行动——对梨园屯一段口述史料的解说 [J]. 历史研究, 2001 (1): 3-16, 189.
③黄光国, 胡先缙. 人情与面子: 中国人的权力游戏 [M]. 北京: 中国人民大学出版社, 2010: 22.

度，为"隐权力"的获得积淀了坚实的武术资本。同时，武术精英还巧妙地从"师徒传承"和"以武结义"纵横两个方面有效扩展了自己人脉网络，使自己处于一个纵深广阔的社会关系之中，借此形成人多势众的强势姿态，为"隐权力"的获得积累了丰富的社会资本。而武术资本的坚固和社会资本的深厚正是获得武术"隐权力"的两个先决条件和重要基础。当然，随着国家法制建设的不断完善和民间权力主体的多元化呈现，武术精英在传统社会所拥有的"武术隐权力"逐渐式微，其所能发挥的诸多社会作用也随之不断减少或减弱。然而，武术精英所追求的德艺双馨品质和社会担当精神却始终未曾发生任何改变，仍然以其惯性力量在当代县域治理中发挥着积极有效的社会作用。

第三章 武术精英"三要素"

对于武术人性格、品质的研究一直以来都呈现为两种表述。一种是在某些场合，武术人，特别是武术教育工作者，基于对本专业的喜好和对未来的信心，往往是赞扬武术人具有吃苦耐劳、意志坚强、勇敢正义、锄强扶弱、自强不息等优良品质；另一种是在另一些场合，又有人，特别是对武术不甚了解或持有偏见之人，常常集中抨击武术人的争强好斗、意气用事、粗鲁无礼、文化缺失等种种劣迹。如果说前一种对武术人优点的概括过于笼统，那么后一种对武术人缺点的说法则属于明显的偏颇。从一定意义上说，武术人中既有第一种正能量的品性，又有后一种负面的特性。换而言之，尽管后一种劣根性在很多武术人中普遍存在，但是，前一种优良品性却是只有武术精英才具备的素质。

武术就是要通过练拳习武的实践活动把武术人的种种"劣根"根除，并将其教化成为德艺双馨、服务社会的武术精英。从这种教化的角度来讲，一般的习武者只要在他的拳派内部践行武德武技、维护本拳派利益即可，而武术精英则应当将他对该拳派的关注一层层地往外推，一直推延到整个社会。越是德艺双馨，他所关注和影响的范围越广，甚至将他的责任和使命推行到整个国家，乃至天下。在这里，倘若要把"武术精英"这个定义依据上述各种实际情况来详细加以阐释一番的话，那么就可以把它分成以下三个关键环节：第一是武功出众，第二是道德高尚，第三是社会担当。

第一节 武功出众：武术精英生成的先决条件

行侠必须"仗剑"，没有"剑"（武功）寸步难行；倘若自身性命尚且难保，任何济世雄心都只是一句空话①。武功,除了是"一种维护自身生存的原始本能"②,更是一种震慑他人的有效手段和制造社会权威的直接资本③。所以,要想成为武术精英,首先就必须有这种武功的资本。只有那些"不仅说得过你,而且打得过你"④的武术人才能称得上"武术"精英,进而让人产生一种畏惧感,并迫使他人不得不服从强者的意愿。在中国广大农村传教30多年的美国传教士明恩溥,在他的著作中记载了一个实例,就充分说明了高超武功对一个习武人的重要意义:

> 笔者熟悉这样一个年轻人,他为自己是本村最强壮的人而洋洋自得。有一次他差往远方一个城市,途中偶然经过一个小镇。该镇距他家40里,那里没有人认识他。正巧一群无赖聚集在县衙门前,看他土里土气,就截住他问姓甚名谁、何去何从。他慢吞吞地回答令那些无赖极不满意,于是遭到几个人的围攻。这时他的拳脚功夫派上了用场,尽管有两个人压在他的头项上,他还是设法抓住了其中一个人的踝骨使劲一拧,几乎使这个骨头脱臼。再加上一通拳脚,那些围攻者疼得直叫,赶紧把他放了。第二天,围攻者被迫就此事设宴向这个年轻人赔礼道歉。⑤

可见,武功有时候具有直截了当解决问题的能力。所以,不会武功或者武功不高者是无论如何也成不了"武术"精英的。所以,武功高强乃是成为武术精英的先决条件。那么,武术精英高超的武功又是如何得来的呢?

一、年少立志

中国教化,历来都极其重视立志的重要性,明代王阳明曾说过:"志不立,天下无可成之事,虽百工技艺,未有不本于志者。志不立,如无舵之舟,无衔之

---

① 陈平原.千古文人侠客梦[M].北京:北京大学出版社,2010:76.
② 艾布拉姆森.弗洛伊德的爱欲论——自由及其限度[M].陆杰荣,顾春明,都本伟,等,译.沈阳:辽宁大学出版社,1987:38.
③ 齐格蒙·鲍曼.生活在碎片之中——论后现代道德[M].郁建兴,周俊,周莹,译.上海:学林出版社,2002:162.
④ 这是冀南广宗县和平乡县广大梅花拳村落中拳民经常挂在嘴边的一句话。这里的"打得过",当然含有身体暴力的意思,但是又不完全是动手打架,也包含凭借武术隐权力慑服对方,有点不战而屈人之兵的意味。
⑤ 明恩溥.中国的乡村生活[M].陈午晴,唐军,译.北京:电子工业出版社,2012:145.

马,漂荡奔逸,终亦何所底乎!"① 以此来强调,人生没有志向,天下就没有可成功的事,如果一个人没有志向,那么他的一生就犹如没有舵的船,没有缰绳的马,飘荡放纵,无处可去!即使是各种工匠技艺,也都是依靠志向才能学成的。而武术教化更是强调志向的重要意义,如果"读万卷书行千里"可以算作是文人志向的话,那么"闯荡江湖做侠客"就是武术人的理想追求。可以说,立志做一名拯救世界的"侠客"是一个武术人的信仰和志向,体现着他的眼界和胸襟,自然也决定了他日后武功所能达到的高度。按照陈平原先生的说法,不光武术人,就是普通人也都有一个"侠客梦"。因为人类在自然界和社会生活中不能为所欲为,而且时刻受到命运的摆布和牵制,当人们意识到自己的脆弱与渺小时,便产生了一种被拯救的欲望。神也罢,佛也罢,真主也罢,都是人类被拯救愿望的客体化。然而,那些无所不能的神灵未免过于虚幻,而那些打抱不平的侠客却更贴近人世间的真实。由此可知,侠客崇拜之所以得以形成与发展完善,与世人的这种需求心理关系密切。

　　武术人一旦立志成为一名行侠仗义的"侠客",那么练就一身高超的武功就成为了他们毕生的追求。因为,行侠必须"以武",如果没有武功或武功不高,那么行侠将是一件寸步难行的事。那些在武力冲突中连自己都不能保全的武术人是绝对不可能被称为"侠"的②。可见,在这种"以武行侠"观念的普遍影响下,武术人对高超武功的不懈追求就成为他们实现人生志向的必要途径。对侠客来讲,高超武功的具体表现就是,不光是会练、能打、打得赢,而且要"打得漂亮"③。所谓"打得漂亮",就是要完美地战胜对手,即把对手打倒了,而你还站着,或把对手打得狼狈不堪,而你却毫发无损。如果做不到这一点,就不能称其为武林高手,更不能叫做侠客。程大力教授曾在《完美:再论中国武术与中国艺术》一文中讲了一段两位武术高手比武的真实场景:

> 有一位武术名家与别人比武。……双方经过几个回合的攻防转换之后,对手被打败并抬走,可以说这位武术名家大获全胜了。但是,他却怎么也高兴不起来,因为自己的脸上也被打出了一大块青紫。有人前来

---

① 王守仁. 王阳明全集·卷二十六(续编一·下册)[M]. 上海:上海古籍出版社,1992:974.
② 李贽. 焚书(上中下)[M]. 北京:中华书局,1974:537;凌濛初. 拍案惊奇[M]. 许建中,校点. 郑州:中州古籍出版社,1996:41.
③ 陈平原. 千古文人侠客梦[M]. 增订本. 北京:北京大学出版社,2010:65.

向他庆贺，他却羞愧地摆了摆手，用另一手捂着脸，独自一个人悄然离开了。我明白这其中的道理，用武林行话来说，脸上青紫一大块就叫"花了脸"，跟别人比武"花了脸"还能有脸面吗！①

上文说明，即使是打赢了，但如果自己也被对方打"花了脸"，仍然是"打得不好看"或"赢得不漂亮"，当事人也会觉得这是一件非常丢人的事。

由此可见，"打得漂亮"是武功高强的直接体现和侠客风度的优雅展现，是那些立志成为一名侠客的武术人的终生追求。如果要追求"打得漂亮"，武术人最好要有某种绝技，如腿快如飞，如力大无穷，如身轻如燕，再如有超强的抗击打能力（铁裆，铁布衫，甚至是刀枪不入），还如有强大的攻击能力（铁拳、铁脚、铁头、铁臂、铁腿）等。这种对侠之武艺的追求，就为武术人的习武练功设定了教化目标和方向，使他们在自我塑造武术精英的道路上，为打造高超武艺而乐此不疲。

二、拳场苦练

武术人要想具备高超的武功、实现自己的侠客梦，唯一的途径就是勤修苦练。"练武不怕苦，怕苦不练武""欲得惊人艺，须用苦功换""冬练三九，夏练三伏""深功出巧匠，苦练出真功"等一系列武谚都充分说明了高超的武功是用汗水和时间换来的。要想在武术实践中技压群雄、出奇制胜，习武之人就必须在日常的拳场训练中苦练不辍。

武术又称为"功夫"，"功夫"原本是一个时间概念，指做一件事所费的精力和时间。所以，要想练好武功，就必须持之以恒，做到"拳要天天打，功要日日练"。只有练功不间断，才能实现功夫的累积效果，持续不断地提高武功层次。对一个具有远大志向的武术人来说，绝对不会因为任何原因而停止武功锻炼。即使在天寒地冻的"三九天"和烈日炎炎的"三伏天"，他们也会照样坚持武功锻炼，即所谓的"冬练三九，夏练三伏"。习武实践告诉他们，只有经受得了长期练功不辍之苦，才能让已经"上身"的功夫不至于消退，并在原有基础上不断长进。于是，武术人时刻被提醒，"一日不练三日空，三日不练百日空"。

另外，练武之苦，除了表现在这种时间上持续不断的"坚持"之外，还表

---

①程大力. 完美：再论中国武术与中国艺术 [J]. 搏击武术科学，2006，3（8）：1-4.

现在对肌肉酸胀和肢体伤痛之苦的忍耐上。武术是一项攻防技击项目，为了提攻防两端的能力，就既需要把身体打造成无坚不摧的攻击性身体，同时还要把身体锻炼成坚不可摧的防御性身体①。武术除了单练，还有对打与实战练习，如果说单练带来的多是肌肉的酸痛，那么对打实战造成的痛苦往往就是肢体的伤痛。在对打实战中，每一种技术（踢、打、摔、拿等）都要经过亲身体验才能领悟与掌握。其中，抓拿技术主要是攻击对方的反关节和薄弱部位，使其产生无法抗拒的疼痛感，而在踢打摔技术的运用中，双方更是常常相互被打得鼻青脸肿、浑身疼痛。燕子杰老师就曾这样描述过自己当年练拳的情景：

> 我模仿刚才的动作，也向他（李义山）左侧突然迈步打拳。他接手后顺势转身拧步、弓腿弯腰地背起了我……结果我是横着身体从他背上滑落下去的，我落地时李义山又收手不及，结果使我头先戳地，然后身体重重地摔在地上，我顿时觉得骨头都散架了。（燕子杰先生口述）

"头先戳地""骨头散架"的痛苦自然不必多说了。上海杨浦区的薛文军老师也如是说：

> 有一次我的胳膊被擒住了，我当时就疼得跪在了地上，头上直冒汗……第二天，拿筷子夹菜都很困难……可是到了晚上练功的时间，还是强忍着疼痛又去拳场了。（薛文军先生口述）

由此可见，面对这种持之以恒的"坚持"之苦、身体训练的"酸痛"和"伤痛"之苦，有些人凭借着坚强的意志品质坚持下来了，渡过了一个个的"苦难""难关"，最终成就了高超的武功，具备了成为武术精英的首要品质。而更多的人则缺乏顽强的毅力，又怕苦、怕累、怕疼，以至于功夫无法上身，自然也就成不了武术精英。

也正因为练武太苦，武术界才有了"易子而教"的现象。也就是某些拳派常说的"师徒可以为父子，父子不可为师徒"的观点。因为，练习武术确实是个苦差事，有的时候甚至超出了常人的忍受能力，出于"爱子"的天性，很多父亲在教自己孩子练武时大都不舍得让他们遭罪受苦，往往"网开一面"、降

---

① 唐韶军，戴国斌. 生存·生活·生命：论武术教化三境界 [J]. 北京体育大学学报，2016，39（5）：72-78.

低要求，致使他们很难成就上乘的武功，更有甚者因为吃不了苦而半途而废了。所以，很多父亲在"不忍"之余，就干脆把自己孩子送到别人手下进行苦练。

总之，练武之苦不光是一种生理上的身体磨炼，更是要一种精神上的道德教化。通过此种艰难困苦的考验，武术精英不仅能够获得高超的武功，在周围人群中很有威望，而且还能体验到一种"超凡脱俗"的自豪感、神圣感，并在潜意识里油然而生一种"无所不能"的宗教力①。这种"宗教力"使他坚信，在将来的社会生活中已再没有什么艰辛能够阻挡自己前进的步伐，即便偶尔遇到，他也会凭借这种"宗教力"与之抗衡并最终战胜它们②。

三、江湖磨砺

"江湖"首见于《庄子·逍遥游》，"今有五石之瓠，何不虑以为大樽而浮乎江湖"③。最初的本义就是指江河湖海，后来由此而引申出多种含义，其中"江湖"既给人们以舟楫之便利，也给人们行路交通造成了困难，成为人们之间的自然屏障。另外，"江湖"的浩渺广大还给人以宽广和舒适之感。我们从江湖的多重属性和多种含义可以推想，不同的人在使用江湖这个词时，会有不同的心态、不同的感受，并寄托了不同的价值。比如，有文人淡泊名利、宁静致远的"江湖"，有商人日夜奔波、操劳生计的"江湖"，有武人艰辛凶险、历练前行的"江湖"……王学泰先生曾把江湖称作为一个"场"，用当代话语来说，这个"场"其实就是一个"圈"，武术人的江湖就是"武术圈"。武术人在"武术圈"的交流，是通过"走"出来或"闯"出去（所谓的"走江湖"或"闯江湖"）的方式来实现的。武术人在拳场无论如何勤修苦练，最终都与真刀真枪的实战打斗相去甚远，即使所谓的"拆招""喂招"等对练形式，在实战的残酷性、不可

---

①爱弥尔·涂尔干. 宗教生活的基本形式 [M]. 渠东，汲喆，译. 北京：商务印书馆，2011：16，263，418. 涂尔干认为，宗教首先是一种力的体系，而宗教情感则暗示着各种特殊的力的存在。当一个人具有了宗教情感的时候，他就会相信自己正在分享一种支配他的力，这种力同时还能支持他，使他超越自己。因此，在他看来，如果加强这种力量，他就能够更好地把自己武装起来以面对生活中存在的各种考验和困难。就此而言，宗教力不仅仅是宗教情感的具体体现，更是众信徒自我力量的展示。例如，在成年礼过程中，年轻的初成年者必须经历一系列特别严酷的仪式，才能获得仪式赋予他的进入"圣物世界的新品质"，而在此之前，他被拒之门外，而现在正是这些仪式把一股强大的宗教力集中在他身上了。
②唐韶军. 生存·生活·生命：论武术教化三境界 [M]. 北京：人民体育出版社，2016：46.
③庄子. 庄子 [M]. 方勇，译注. 北京：中华书局，2010：12.

预测性面前也是显得无能为力。故此，武术人要想实现武术攻防技术的升华，成就上乘武功的话，那就要在掌握了一定的武技之后，到"武术圈"——"江湖"中反复实践、不断历练。武术人通过这种社会实践活动提升功夫的过程，没有固定的模式或途径，也许是一种"暗中较劲"的公开展示，也许是一种"谁都不服"的比试较量，也许是一种"路见不平一声吼，该出手时就出手"的侠义之举等。

首先是"暗中较劲"的公开展示。武术人在江湖上展示武功的形式一般有两种，一种是亮拳，一种是表演。亮拳和表演虽有其相似之处，但也有不同之点。相似之处表现为，二者都是通过武术套路演练的形式向观众展示自身武功。观众一般是通过表演的形态、气势、神韵、意境等美学范畴来判断一个武术人的武功高低，进而形成对该武术人的价值判断。所以，表面上看，武术人是在自我表演，但是实质上也是一种暗中较劲的比试。只不过比试的方式异化成了速度快慢、腾空高度、稳定技巧、熟练程度、体能体力等观赏性的评比。巧妙地避开了比试双方身体面对面的直接接触，是武术文明化进程中的重要一环。而二者不同之点则主要体现为目的不一样。亮拳的目的很明确，就是要在特殊的场合，通过套路演练的比试，把自己最好、最高的武功展示给观众，并得到观众的认可，最终战胜所有的对手，提高自己的威望。而表演则一般是在节庆现场，通过娱己、娱他、娱神等娱乐形式，与广大民众共同营造一个欢乐祥和的节日气氛，并借助公共空间的信息传播扩大自己的知名度。亮拳也好，表演也罢，对闯荡江湖的武术人来讲，都是一种在大庭广众之下展示自身武功的绝佳方式。所以，武术人为了能够在展示中树立威望、获得名声，都会在"台下"持之以恒地勤修苦练，不断提高自己的专业能力和业务水平。只有这样，才能在特定日期的展演中拿出"像样"的武功。

> 老辈武术人在亮拳时，都是以拳场为单位，谁先上谁后上，谁该上谁不该上，都是非常讲究的，生怕水平不够或稍有闪失而影响了整个拳场的声誉。要想在众人面前时大显身手争"面子"，那就必须在平日里苦练拳路，马虎不得。平时多流汗，到时少丢脸，练拳的那些人都知道这个道理。（张玉宝口述）

由上述关于"争面子""丢脸"的口述内容可以看出，武术人都普遍认为，武功的高低好坏与声望和荣誉密切相关。所以,无论是亮拳还是表演,都有效地促进了武术人习武的主观能动性。

其次是"谁都不服"的比试较量。传统社会,常有私设擂台的武艺比试。组织者多为有钱有势的大户,他们之所以热衷于此举,就是想通过这种比武的形式来为自己网罗武林人才,保护自己的既得利益。而武术人也想通过此种方式崭露头角,提高自己的江湖名望。《长孙笔下的武林宗师》一书就给我们再现了一场擂台比试的真实场景:

> 第一个出场的是院头村的王月桐,对手是武强县的一个拳手。王月桐先发制人,左手在对方眼前一晃,紧接着右脚就横截踢向对方左小腿的胫骨上,对手反应敏捷,忽然侧身下蹲想抄抱王月桐踢过来的腿,王月桐急忙撤身收腿,刚才看似虚晃的左手由虚变实,直奔对手的面门,一个按掌将对方击倒在地。王月桐连忙上前扶起,嘴里不住地说:"承让,承让!"①

在这次比试中,王月桐既展示出了高超的武功(一掌将对方击倒),又表现出了优良的武德(连忙上前扶起对手),成就了自己德艺双馨的精英品格。由此可见,在比试中不断成长、不断丰满,使自己的武功不断得到实践的检验正是武术人闯荡江湖的主旨所在。

最后是"路见不平拔刀相助"的侠义之举。前文说过,"以武行侠"是一个武术人的志向和理想,当他们学成武艺、迈出师门之后,除了通过拳场的刻苦训练掌握了完备的技击本领之外,还通过武术教化具备了一种独特的侠义品质,比如"艺高人胆大"的自信、"舍我其谁"的担当,以及"锄强扶弱"的正义和"替人出头"的侠义等。这些技能和品质就为武术人的江湖历练提供了坚实的能力储备,他们往往会在走江湖的社会实践中跃跃欲试,"路见不平一声吼,该出手时就出手",并在反复的实战格斗过程中修缮、提高自身武功。

> 崔洪照(1910—1943),莱阳县东诸麓村人,乃太极螳螂拳大师崔寿山先生的长子。崔洪照自幼习武,武术天赋过人,深得父亲衣钵真传。崔洪照最为拿手的是"螳螂拳摘要七段",用此中招法与人交手,

---

① 玉昆子.铁臂侠韩其昌:长孙笔下的武林宗师[M].北京:华夏出版社,2013:58.

无人能近其身。20世纪30年代初,崔洪照跟随父亲闯荡东北,此时正值东北三省沦陷、旅顺被日军占领……在码头上,崔洪照见一个工人背负重箱趔趔趄趄地艰难行走,一不小心,把箱子摔到了地上,一个日本兵背着刺刀赶过来朝这个工人就是几脚,嘴里还哇里哇啦地骂个不停。崔洪照立刻义愤填膺,一个箭步窜过去,随即一记"螳螂腰斩",用挂腿将日本兵打到了海里。①

对武术精英来讲,"见义勇为""仗义行侠"之举,自然是一种正义感和大勇精神的具体体现,然而,从提高武功的角度看,它更是一个在反复实战中不断实践自己所学所练的绝佳机会。

从以上三个方面足以看出,在武术的社会实践活动中,尽管"走江湖"或"闯江湖"的方式多种多样,但通过展示、比试、行侠等具体武术实践,来提高攻防格斗技能、完善技击体系的过程,始终都是一个武术精英成就高超武功不可或缺的重要一环和先决条件。

第二节 道德高尚: 武术精英生成的必要基础

千百年来,中国人深受儒家思想的影响,崇德、尚德的观念一直潜移默化地影响着中国人的思维模式和行为方式。在这种以道德为内核的儒家文化模式浸润、滋养下,中国社会处处充满了浓厚的重德主义色彩。武术人的处世之道更是讲究武德的重要性,"以德为先""以德服人""未曾习武先习德"等道德要求历来都是武术人的口头禅。而且,武德对武术精英的人格取向会有一定的"模铸作用"②,一旦这种模铸达到潜意识的层次,就会形成一定的心理选择机制,从而制约他们的行为模式。这种武德教化的过程一般可分为三个紧密相连的阶段,首先是通过道德要求、门规戒律等对刚入门弟子施以外在的就范压力;然后通过教化作用使外在的约束内化为一种习惯,使其对规范习以为常、不再有任何外在的强迫;最后,再使这种行为习惯成为"超我"或"自觉"的一部分,形成一种

---

① 莱阳螳螂拳文化研究会. 莱阳螳螂拳 [M]. 北京: 华夏文史出版社, 2013: 137.
② 杨念群. 儒学地域化的近代形态: 三大知识群体互动的比较研究 [M]. 北京: 生活·读书·新知三联书店, 2011: 165.

"不照着去做就有羞耻感或罪恶感产生"的压力①。

一、武德约束

门规戒律作为"一种道德教化的基本形式,其基本意蕴就是强调用既定的、权威化的伦理规范来训诫个体,使个体行为契合于先行设定的伦理规则,从而由外而内地塑造人的德性"②。武术各门各派都有自己的门规戒律,虽然有所差异,但也大同而小异,那就是用现成的礼仪规范来约束武术人的各种行为,它是通过强制的方法将习武人放到应该行走的正途之上。因为刚入门的弟子,还不能自觉主动地感悟到武术精英所具备的道德品质和行为规范,所以只能先入为主地把正确的标准(门规戒律)套在他们身上,迫使他们不会走上邪道或扰乱社会秩序。门规戒律类似于社会教化领域中"刑法""政令"的范畴,在社会教化中,要实现移风易俗的教化效果,就要礼乐和刑政相互配合,通行不悖,不仅需要仁义之道,还需要刑政措施③。其中,"礼所规定,多为积极的。法所规定,多为消极的"④。从教化的角度来讲,门规戒律就属于这样一种以被动的、消极的形式表现出来的纪律,福柯称为"造就有用人才的技术"⑤。这种技术在造就有用武术人才(武术精英)的漫长过程中,属于起始阶段,一般都是利用一些硬性规定,强制性地要求武术人"要干什么""不要干什么",不管是否愿意,也不管是否习惯,都必须遵守,一旦违反就必定要受到严厉的惩罚。例如,少林寺大和尚(第29世)贞绪大师在《少林寺拳谱》最后一卷记载了"少林习武戒约"的详细内容:

> 武德遇良师,苦恒出高手。
> 习武先挨打,笑颜迎人欺。
> 宁可受人打,不可先打人。
> 恃技做反事,辜负先师心。

---

①Spirp, M. E. Social Systems, Personality, and Functional Analysis, In B. Kaplan (Ed.), Studying Personality Cross - Culturally [M]. New York: Harper & Row, 1961: 93-127.
②刘铁芳. 生命与教化:现代性道德教化问题审理 [M]. 长沙:湖南大学出版社,2004:197.
③韩丽娟.《礼记》中的礼乐教化美育思想与儒家审美人格的建构 [D]. 济南:山东大学,2012:125.
④冯友兰. 中国哲学史 [M]. 北京:中华书局,1961:414.
⑤福柯. 规训与惩罚 [M]. 刘北成,杨远婴,译. 北京:生活·读书·新知三联书店,2003:237.

少林"戒约"规定：一个习武之人，首先要注意加强道德修养和锤炼吃苦精神，另外还必须做到在与人发生口角甚至发生肢体冲突时，宁可吃点亏，也绝不能先动手打人。更不能因为自己有点武功就胡作非为、打架斗殴、仗武欺人。如果违反了这些戒律，就会辜负了先师对你的辛勤培养和教导。再如，武当武术同样对入门弟子制定了严格的门规和戒律，有所谓的"四不传""五不传""六不传"等之说①。其他武术拳派也都有对新入门弟子进行武德约束的门规戒律，如昆仑派有"九不传"②之说，吴式太极拳有"十不传"③之门规，洪洞通背拳亦有"五戒四则"④，青萍剑还有"剑箴五戒"⑤等。这些"戒律""不传""戒约"等除了折射出"仁者爱人""厚德载物""仁""义""礼""孝""信"等传统道德对武术教化的广泛影响之外，更充分说明这些道德作为一种条款式的约束机制在规范与惩罚新弟子社会行为方面具有"筑基"性的重要意义。从这一层面上来讲，武术规约实质也是对儒学伦理所作的一种生活化诠释，使"儒家一些长期囿于宫廷学林之中的抽象道德伦理观念，从此有了一个较为合理与稳定的基层通道，使之转化为世俗的训诫条规和礼仪"⑥。所以，对武术人来说，必须从入门的第一天起就要开始学习并遵守各种规约，进而将规约深深地刻印在行为习惯之中。

当然，在当代县域治理中，我们在传承武术优秀道德的同时，应该摒弃那些封建迷信、缺乏人性、愚弄弟子的门规戒律，并及时把一些符合社会主义精神文明建设的道德规范转化为新时代的武德戒律，使武术各拳派的戒律规范和道德要求更多地体现出当代社会的人文关怀。

---

① "四不传"：心险好斗者不传，人格低卑者不传，贪酒好色者不传，经鄙卖弄者不传。"五不传"是在"四不传"上又加进"骨柔质钝者不传"。而"六不传"以后，多在"五不传"之上又加进"不忠不孝、不仁不义者不传"等。
② 人品不端者不传，不忠孝者不传，人无恒者不传，不知珍贵者不传，文武不就者不传，借此求财者不传，俗气入骨者不传，市井人不传，拳脚行不传。
③ "十不传"：一不授不忠不孝不义之人，二不传根底不好之人，三不授心术不正之人，四不传鲁莽性烈之人，五不传目中无人之人，六不传知礼无恩之人，七不传反复无常之人，八不传得易失易之人，九不传好事好狠斗勇之人，十不传歹人。
④ 一戒忌妒；二戒争斗；三戒贪色；四戒酗酒。参见：杨祥全.洪洞通背拳[M].北京：人民体育出版社，2012：13.
⑤ 一戒自矜、二戒务名、三戒好与人争胜、四戒好杀、五戒目空一切。
⑥ 杨念群.基层教化的转型：乡约与晚清治道之变迁[M]//杨念群.杨念群自选集.桂林：广西师范大学出版社，2000：268-269.

二、武德教化

"教化"一般是指"在'下'者经过在'上'者的价值施与与导向，致使其内在的人格精神发生深刻变化"①。对武德教化来讲，在"上"者就是"师傅"，在"下"者就是"徒弟"，武德教化就是师傅对徒弟进行的思想道德教育。从中国的教化历史来看，要使在"下"者发生怎样的变化，进而导致怎样的社会良风美俗，儒、墨、法、道诸家各有其不同的观念和理论建树，而在这种多元教化思想的长期争鸣中，儒家思想因契合了统治阶级的政治需要而被确立为治国方略。从汉朝开始，儒学教化便与王权结合，上升为主流教化思想和官方意识形态，并对此后的中国封建社会产生了不可估量的影响。而芸芸众生也在不知不觉中学习、认同并接受了儒家的伦理道德思想，成为自己人生实践的行动指南。最终，上至达官贵人下到平民百姓都无不以儒家伦理教化为一切生活的准绳。武术的道德教化思想就是直接来源于儒家的伦理道德内涵。儒学教化的实质是"礼教"，"礼的仪式系统很重要，它直接关乎人的行为践履，故具有对人直接的、潜移默化的教化作用"②。在儒家看来，仁义道德教化离开了"礼"，便无从实施；同样，"礼"如果离开了人的情质内容，也便成为了空洞的形式和教条。传统乡村社会，大部分村民文化水平偏低，习拳练武者更是一些粗识几字甚至大字不识的人，因此，接受文化教育对于武林中的绝大多数人来说，是一件渴望而不可及的事情。再加之历史上文武分途、重文轻武、文武相轻等因素的影响，武术人就成为了那类既无机会受到任何正规儒家教育又无兴趣接受文人规劝的人群。于是，武术教化就以其独特的内容与方式填补了由此而导致的武术人缺乏儒家思想教育的空白。武术界历来以儒家道德观念作为"武德"的标准，如尊师重道、谦和忍让、见义勇为、自强不息、孝亲爱国等。这一系列的伦理道德要求，不仅符合了拳派、师傅的利益，而且也迎合了统治阶级的口味和社会的需求，故此，武术最终确立了以儒家伦理道德为根基的教化体系。通过武术教化，他们知晓了一些儒学最基本的观念，懂得了什么是"仁义礼智信"，什么叫"温良恭俭让"，什么为"忠孝勇恭廉"。

从教化的角度来看，武德是引导武术人立身处世的道德教材。其内容都是师

---

① 黄书光.中国社会教化的传统与变革［M］.济南：山东教育出版社，2005：1.
② 李景林.教化视域中的儒学［M］.北京：中国社会科学出版社，2013：173.

祖对后世弟子劝导性而非强制性的教诲之词，不光涉及如何练武，更关注了日常生活中如何为人处世。武德教化惯常于通过仪式、仪轨、习俗等多种多样的方式，把自身蕴含的文化信息带入人的存在，进而对武术人的精神生活产生教育引导作用，并最终影响个体的武功锻炼和人格塑造。也就是说，通过具体的生活样式、礼仪形式等武术实践活动将道德规范融入武术人的精神生命之中，并使之内化于心，自觉于行。武术人之所以强调武德的重要性，并不是因为它的内容本身多么合理，具有多大的权威性，也不是因为它是永远不变的真理，配作中国武术人的"万世师表"，而是因为它适应了中国以道德为中心的"泛道德化"的社会现实。

如果说，门规戒律是成文的规范、具有法律效应的话，那么武德就是内心的规范、具有道德效应。即门规戒律是由外在行为的规范进而影响内在德性的修养，而武德教化则是由内而外地影响着门规戒律施行的效果。这种规训与教化，就是被动与主动的关系，表面上看好像是两个方面或层面，但在具体的武术教化中，门规戒律的规训与武德的教化是同时进行的。戒律和武德都具有约束本门弟子、规范社会行为、维护社会秩序的作用。正如习近平总书记在党的十八届四中全会《中共中央关于全面推进依法治国若干重大问题的决定》中所强调，"国家和社会治理需要法律和道德共同发挥作用。必须坚持一手抓法治、一手抓德治……实现法律和道德相辅相成、法治和德治相得益彰。同样道理，要想治理好一个拳派、管理好一帮弟子，也必须既要强调门规戒律的规范作用，又要重视武德的教化作用，有效实现门规戒律和武德教化的相辅相成、外在规范和内在道德相得益彰。

三、武德自觉

如上所述，门规戒律是从外部约束武术人遵守规定，带有强制性，即为一种外化的方式，而武德教化的目的则在于把道德品质转化为一种内在的自觉行为，即为一种内化的方式。如此，在武德教化全面、持久地作用之下，武术精英就实现了由被动遵守门规戒律到自觉践行武德内涵的转化与提升，即武德自觉。此时，"他们凭借的是自我对自我的控制或自我对自我的认识"[1]，正契合了福柯所

---

[1] 冯俊. 后现代性哲学讲演录 [M]. 北京：商务印书馆，2003：437-438.

创造的"自我技术"或"自我管理"①概念，即武术人按照自己的方式，对自己的身体、精神等实施一定的操作，以改变自我，从而达到一种武术精英完美状态的技术。那么，这种技术是如何在习武者身上运作的呢？我认为，这还是得益于武术教化对儒家思想的合理采纳和巧妙借鉴。

首先，"内圣外王"是儒家思想中一种理想人格和政治思维，在君子的自我修养和国家治理中发挥着纲领性的指导作用。它强调的是在既定社会体制下的自身修行，并不对外部社会制度有所诉求，进而去要求制度的建设与改善，而只在意自觉主动地去加强自己的道德修养、完善自己的精神层次。这种"内圣外王"的儒家思想，对广大民众的影响主要表现为：一个人只有通过主动地修养自身，并将自己的道德品质变得高尚了，即做到了"内圣"，他人才会尊敬你、佩服你，愿意遵照你的意愿行事，此时你才能真正做到"外王"。因为，"人绝不会使自己完全屈服于蛮力，而一向是降服于道德的伟大"②。所以，对一个武术精英来讲，虽然他有足够的武力可以征服他人，但它绝不会仅仅依靠武力，而是必须依靠道德来说话。当他的武德达到了相当高的水平之后，必定会受到众人的尊崇与拥戴，处理任何社会事务时，只需一番合乎人情的道理，就可以使天下归心了。武术精英的实力一定是靠道德上的感召力而实现，不仅是习武宗旨的设定和拳派戒律的制定等武术行为都以道德为依据，而且世人对武林事件的定性和武术人物的品评也都无一例外地以武德为标准③。如此一来，武术精英们"将不得不采取行动来有意无意地表达自己（的高尚道德），反之，其他人也会不得不以某种方式（道德评判）接受他所造成的印象"④。出于武术精英对自身"表达"的需求和普通大众对武术精英"评判"的顾忌，严格遵照武德要求去行为处事就成为武术精英的自觉行动。

其次，儒家教化思想还特别注重"内省"这一道德修养过程。儒学认为，不论道德认识或是道德实践，都需要在主观上有积极的思想活动，如此"内省"就是日常生活中必要的修养方法，它要求世人"一日三省吾身"。"内省"也并非是闭门思过，而是就日常所做的事进行自我思想检查，看其是否合乎道德规

---

①詹姆斯·D.马歇尔.米歇尔·福柯：个人自主与教育［M］.于伟，李珊珊，译.北京：北京师范大学出版社，2008：91.
②恩斯特·卡希尔.国家的神话［M］.范进，杨君游，柯锦华，等，译.北京：华夏出版社，1999：272.
③唐韶军.生存·生活·生命：论武术教化三境界［M］.北京：人民体育出版社，2016：61.
④古斯塔夫·伊克海泽.人际关系中的误解［J］.美国社会科学杂志，1949，55（9）：6-7.

范,所以"内省"依靠的是自觉,不自觉也就难于真正进行内在的自我反省。"内省"在心理上会对人产生重要教化效果,如孔子所说:"内省不疚,夫何忧何惧?"①意即内省之后如果问心无愧的话,那就必定会增强道德行为的信心和勇气。儒学教化思想还认为,"内省"并没有复杂条件,随时随地都可进行。比如,可"见贤思齐焉,见不贤而内自省也"②,也可以"三人行必有我师焉,择其善者而从之,其不善者而改之"③。也就是说,见别人品德好、有善行,就要向他看齐,虚心向他学习;见到别人品德不良,甚至道德败坏时,就要进行自我剖析,并引以为戒,防止类似错误和缺点发生在自己身上。同时,"内省"的范围也很广,各方面的行为都有必要依靠内省的方法来提高修养。武术界在对弟子进行道德教化时就很好地继承了"内省"的方法,要求武术人,特别是武术精英在处理社会事务时要"以德为先",在自己的行为与别人发生冲突时要"以德服人",万万不可"仗武欺人"。凡是自己的行为没有能够取得预期的效果,就应该进行自我反省,正所谓"行有不得者,皆反求诸己"④。当来自师傅、门派和社会的外在要求,一旦被武术精英内化为自身的行为规范之后,他们就会时刻以此为标准去检查、反思自己的言行是否恰当、是否符合外在规范的伦理道德和仪礼,并最终将外在的监视转化为内在的自我监管。此时武术精英对武德内涵的遵守已经完全做到了自觉自愿,没有任何强制性的外在成分。武德戒律常可以通过思想教化的方式内化成一种自我活动(selfwork)⑤,即把外在的道德规范或道德目标内化为主体的道德素养,然后再外化为自觉的道德行为,使其自觉主动地利用已经内化于己的伦理道德进行自我控制、自我完善和自我超越。习武者通过武德教化之后,一旦把外在的规范与约束内化为主体的自我监督,原来外在于主体的各种监视、评价就不再是异己的力量,而是内化为主体寻求自我发展的自觉行动。

综上所述,儒家文化的理想是,"大德必得其禄,大德必得其位"⑥。在这种"以德为先""泛道德化"的中国社会,对于精英来说,道德上的任何一个污点

---

① 孔子. 论语 [M]. 杨伯峻,杨逢彬,注释. 长沙:岳麓书社,2000:108.
② 孔子. 论语 [M]. 杨伯峻,杨逢彬,注释. 长沙:岳麓书社,2000:32.
③ 孔子. 论语 [M]. 杨伯峻,杨逢彬,注释. 长沙:岳麓书社,2000:63-64.
④ 孟子. 孟子 [M]. 杨伯峻,杨逢彬,注释. 长沙:岳麓书社,2000:119.
⑤ Bourdieu, P. Wacquant, L. An Invitation to Reflexive Sociology [M]. Chicago: Chicago University Press, 1992:133.
⑥ 南开大学中文系一九七二级工农兵学员.《大学》《中庸》批注 [M]. 北京:中华书局,1976:95.

都是致命的。特别武术精英，无论作为本门本派的领袖人物，还是武林中的权威人物，或是村落生活中的公众人物，都极其注重道德操守。道德上的缺陷比武功上的不足更足以使他身败名裂。所以，以德修身、以德立威、以德服人等道德诉求就成为武术精英的首要品质。为此，武术教化便以儒家道德为基础，采用多种途径建立了较为完备的教化模式，从而保证了教化过程的有效实施。首先被动地接受既定的道德约束，然后在具体武术活动中验证这些门规戒律的必要性与可行性，进而在逐渐形成主动性认识和思想的基础上，将外在灌输的德行内化为自我的品性，最终实现由他律到自律或自觉的转变。

第三节　社会担当：武术精英生成的关键环节

仅仅德艺双馨，还不能称其为武术精英。武术精英要想实至名归，就必须有一个积极参与社会生活的入世心态，并以勇于担当的社会行为赢得大众的认可。也就是说，武术人必须在社会活动中通过互动和交往才能有机会塑造精英品质。武术精英应该是那种在完善自我的同时还孜孜不倦地追求价值实现的武术人，他们心怀大众、兼善天下，具有一种"纾解人间不平"的正义感，一种"天下兴亡匹夫有责"的担当意识，甚至是一种"舍生取义"的奉献精神。这一切行为与思想，都来自他那种"特异而且气息强烈的道德意志与力量"[①]，而这种"道德意志与力量"在武术实践活动中又表现为一种强烈的社会担当意识和行为。

一、纾解人间不平

各类社会群体都会拥有自己所向往的人格理想或道德楷模，不同的社会地位和生活经历决定了他们把什么当作自己的理想与楷模。比如，作为社会主流思想的儒家，对人格的设计是道德全能主义，具体讲来就是所谓的"人皆可以为尧舜"。受此影响，文人士大夫的人格楷模就是"圣君贤相"。而武术精英也有自己的楷模，那就是侠客。侠客，最早见于韩非子《五蠹》，其中把侠客说成是"以武犯禁"[②] 之人，多有贬义或批评的成分。虽然之后也有人颂扬侠客，但直

---

① 龚鹏程. 侠的精神文化史论 [M]. 济南：山东画报出版社，2008：23.
② 韩非. 五蠹 [M]. 北京：人民出版社，1975：26.

到中唐时期侠客依然是"褒贬参半"。只有到了明末，侠客才逐渐成为一种被社会推崇的对象，人们也开始越来越向往侠义精神。从此，侠客便被指称那些武功绝伦、纾解人间不平之人，与此同时，侠义精神也就成为"正义、勇敢、守信、慷慨、为公义而战、自我牺牲等美德的代名词"[①]。然而，这种万众敬仰的侠客毕竟是侠义文学作品（小说、评书、戏曲等）中塑造出来的理想形象，而在现实生活中难寻踪迹。但是，在侠义文学的长期沁润下，大众却往往会不自觉地将这种"理想形象"视为现实生活中的真实存在，进而又将这个"真实的存在"投射到武术精英身上。于是乎，爱管闲事、路见不平拔刀相助的侠义精神，就成为一种被社会广泛认可的武术精英的象征性符号，"欲除人间不平事，方显人间大丈夫"[②]。这一准则，基本上为武侠小说所尊崇，特别是在《水浒传》中，"路见不平一声吼"几乎成了梁山好汉的标志性性格，特别是原名鲁达的花和尚鲁智深，他是一百零八将中最具代表性的一个人，著名水浒传点评大家李贽对其如此评价，"仁人，智人，勇人，圣人，神人，菩萨，罗汉，佛"。这样的评价足以让今天的我们大吃一惊，在我们以往读《水浒传》的印象中，鲁智深不过是一个有着好心肠、却行为鲁莽的好汉罢了。怎么也想不到，像李贽这样著名的思想家竟然会把他比作佛。我认为，这些都得归因于鲁智深拥有一种敢为人间"平不平"的侠义精神。鲁智深像古代的侠客一样有充当社会善良的冲动，好"打抱不平"，见到不平则不能容忍，完全具备了"急公好义、勇于牺牲、有原则、有正义感、能替天行道、纾解人间不平"[③]的侠义精神。所以，金圣叹在水浒人物定级别时，才会把鲁智深定为"上上人物"；也正因此，这个看似平凡的鲁智深才在平民百姓中留下了深刻的印象，成为大众交口赞叹的好汉，成为了武术人争相效仿的榜样。

传统社会中，人世间时时处处都存在着"不平"之事，而老百姓对现实生活中的不公平又无能为力。虽然老百姓在现实中不得不忍气吞声，但是在心理上却始终怀有一种寻求公平正义的渴求和向往，他们总期盼着能有一位文学作品中侠客式的人物出现在现实生活中替老百姓"平不平"。然而，当心目中向往的侠客总是出现不了的情况下，他们也只能把希望寄托在那些有正义感、有力量、有武艺的武术精英身上。而这种来自大众的期望一旦被武术精英所感知和认同，他

[①]唐韶军. 生存·生活·生命：论武术教化三境界 [M]. 北京：人民体育出版社，2016：104.
[②]冯梦龙. 古今小说（上）[M]. 许政扬，校注. 北京：人民文学出版社，1958：230.
[③]龚鹏程. 侠的精神文化史论 [M]. 济南：山东画报出版社，2008：2.

们自然也就会以这种理想的"侠义精神"来指导自己的社会行为，为成就自己的名誉、实现人生的价值、体现生命的意义而自觉自愿地担当起应尽的社会责任。

总之，"侠义"毕竟是一种理想的人格精神，理想与现实之间还是存在很大差距的，于是人们就把对"侠客"人格精神的向往和崇拜，投射到武术精英身上，期待武术精英能够成为"侠客"。当然，武术精英也乐意将人们对自己的角色期待拿来作为完善自我的动力。因为，一个身怀绝技的习武者，即便是技艺绝伦，无敌于天下，如果他没有"平不平"的侠义精神，那么，也算不上是一名真正的武术精英。正如陈平原在《千古文人侠客梦》中所认为的，"真正的侠客从来就不应只是炫耀武力"[1]。武术精英模仿侠客的倾向，在提高武术技法、增强武术功力和提升武术道德等方面具有着建设性的积极意义，它不仅促进了武术精英的个体发展，而且使武术的正能量渗透到了习武人群的日常生活之中。如此一来，这种平不平的日常呈现，就成为了以"精英"自居的武术人的行为导向和人生使命。

二、急人之困

司马迁在《史记·游侠列传》中说，"且缓急，人之所时有也"[2]，从内容来看，尽管讲的是"缓"与"急"，但其实突出的却是"急"。也就是说，每个人都可能碰到麻烦，都有需要别人帮助的时候。司马迁还列举了很多圣人所遇到的"急"，其中就包括孔夫子。既然这样一大堆圣人都经常碰到困难与危险，那么像我们这样的平凡之人就更不用说了。从句法结构的内部关系来看，"急人之困"这一成语是一种"述宾结构"，"急"为述语，"人之困"为宾语。由此可见，"急"在这里用做动词，意思是"为……着急"的意思，"急人之困"就是为别人的困难而着急。如上文所述，武术精英在潜意识里都会有一种"侠义"精神，当他们看到周围的弱者遇到难处时，就会油然生出一种"我不帮你谁帮你"的英雄气魄。湖北麻城县县志（1935年）中就曾记载了这样一位善于"急人之困"的武术精英形象：

---

[1] 陈平原. 千古文人侠客梦 [M]. 北京：北京大学出版社，2010：94.
[2] 司马迁. 史记 [M]. 北京：中华书局，1959：3182.

王松，体现了非常传统的尚武美德，他是一位骑射技艺高超、在战争中赢得了巨大荣耀的男子汉。他在家乡侠义干云、锄强扶弱，看见当地乡愚（村民）受到权势的欺压而处于危难之时，他总是要缓人之急，救人于危难之处。①

所以，在日常生活中能否"急人之困"，也就成为了判断一个习武者能否称得上武术精英的重要标准之一。

虽然，社会上有各级政府管理部门，但是，在村落生活中仍然有很多日常琐事是政府无暇顾及的，这个时候，社会精英的作用就显现出来了，其中武术精英的作用尤为突出。他们常常敢于担当、乐于助人，把帮助别人摆脱困境作为自己"分内"之事。河北省邢台市广宗县东召村人有个远近闻名的武术精英叫景廷宾②，他不光能够凭借"隐权力"镇得住十里八乡的地痞无赖，而且还时刻关心本村村民的生活状况，及时为他们排忧解难，据《广宗文史概览》记载：

东召村东靠老漳河，河水切断了东西方向的交通，乡亲们要过河，就需要绕远道从一座小木桥上通过。而且遇到雨天，更是道路泥泞，行动不便。景廷宾看在眼里、想在心里，决定亲自筹钱款买料，并且和大家一起参加石桥的修建工程。经过两年多的辛勤劳动，一座大石桥终于在村边的漳河上出现了。漳河两岸往来的行人，再也用不着为过河发愁了。③

大石桥建成以后，大家把它命名为"玉石桥"。直到今天桥头上还耸立着修建石桥的纪念碑，在碑文上可以清楚地看到景廷宾的名字。景廷宾作为一个普通民众，本不是"应该为社会公共事务承担管理、组织等实际责任的人"④，但他却自觉自愿地、无私地承担起了维护群众公共利益的职责。那么，他受到世人的尊崇与敬畏及被当作武术精英就是自然而然的事了。

---

① 余晋芳. 麻城县志前编 [M]. 台北：成文出版社，1975：34.
② 景廷宾（1861—1902），号尚卿。直隶广宗县（今属河北邢台）东召村人。清末义和团运动后期的农民起义领袖，第11代梅花拳传人，清末梅花拳宗师，武举人。
③ 政协广宗县委员会. 广宗文史概览·文史资料专集（7）[M]. 邯郸：邯郸市利华印务有限公司，2014：191.
④ 张仲礼. 中国绅士：关于其在十九世纪中国社会中作用的研究 [M]. 李荣昌，译. 上海：上海社会科学院出版社，1991：54.

总之，对武术精英来讲，"急人之困"既是解救他人厄困，也是人生价值的一种自我实现。而且，武术精英的名望、权威等生成"隐权力"的社会资本，也都是在其好善乐施、急人之困、愿意替别人出头的武术实践活动中不断累积起来的。

三、以武报国

顾炎武曾大声疾呼"保天下者，匹夫之贱与有责焉耳矣"①，后来梁启超将其简化为"天下兴亡，匹夫有责"②，从此"天下兴亡，匹夫有责"就成为一种中华民族自强不息精神的具体体现，激励着无数中华儿女在国家社会危难面前敢于担当、勇于奉献，甚至为了国家利益不惜牺牲自己的宝贵生命。而自强不息的民族精神也正是武术教化反复强调的重要内容，其中"以武报国"的精神和气魄在各拳派的教化内容和教化目标中都占据着重要位置。比如，通过对形意拳门内辈分排序"华、邦、惟、武、尚、社、会、统、强、宁"的内容分析来看，其练武宗旨就是"保家卫国"③；再如，永春白鹤拳在拳谱中就明确提出，练习此拳的目的之一，就是要"征战沙场，建立社稷""患难相扶，成国立家"④；梅花拳更是把习武宗旨提到了治国平天下的高度，即"治四海如磐石之安，登万民于仁寿之域""时而达也，可以卫君卫国"⑤；而"为民族振威……为国家建设做较大的贡献"⑥也写进了少林寺的"武德新规"之中。诸如此类，不胜枚举。它们都把"以武报国"的志向，用规约、纲领的形式融入了武术锻炼的整个过程之中。在这种家国、忠孝等儒家伦理思想的长期教化之下，武术精英很自然地就把"以武报国"当成了自身价值的最大体现和生命意义的最高追求。

传统社会里，武术精英"以武报国"的形式多种多样。有的在保护忠臣良将、国之栋梁的侠义行动中践行"以武报国"。忠良志士常常为了维护国家、民族利益得罪人而被仇家追杀，此时，作为一个武术精英，常常会不请自到，日夜守候在其门前，时刻准备打走刺客或劝退匪人。如果忠良志士要告老还乡，那么

---

① 顾炎武. 日知录集释 [M]. 黄汝成，集释. 栾保群，吕宗力，校点. 上海：上海古籍出版社，2014：594.
② 梁启超. 饮冰室文集点校：第四集 [M]. 吴松，等，点校. 昆明：云南教育出版社，2001：2407.
③ 徐皓峰，徐骏峰. 武人琴音 [M]. 韩瑜，口述. 北京：人民文学出版社，2014：193.
④ 洪正福，林荫生，苏瀛汉. 永春白鹤拳 [M]. 北京：人民体育出版社，1989：13-14.
⑤ 杨彦明. 武探花杨炳与《习武序》[M]. 北京：中国文史出版社，2004：55.
⑥ 德虔. 少林武术大全 [M]. 北京：北京体育学院学报出版社，1990：39-40.

武术精英还会义务护送。

  清朝御史安维峻在甲午战争失败后,曾上疏朝廷力陈议和的弊端,并强硬要求严惩国贼,然而却遭到了朝廷的贬斥,被革职戍边。此消息一出,当地社会的武术精英出于义愤,毅然担负起了护送的义举,以防安维峻在途中遇到不测。①

国家栋梁对一个民族和国家的前途或命运至关重要,对美风美俗的社会教化影响深远,所以,武术精英一有机会就舍身相助。这既是儒家所提倡的"大勇"思想的具体表现,也是武林中报偿体系的重要一环②。

还有的武术精英在传拳授艺的强民强军活动中践行"以武报国"。一般来讲,武功都得来不易,不肯轻易传人,但是,在国家和民族利益面前,为提高国人体质,武术精英往往会不计个人得失,公开传拳授艺。

  1909年在河北创办的"军人会"、1910年在上海创办的"精武体育会"、1911年在天津创办的"中华武术会"、1912年在天津创办的"中华武士会"及1928年在南京成立的"中央国术馆"等,诸多武术精英都曾在"振起国民尚武精神""强种救国,御侮图存"的宗旨下为推动武术在全国的发展、增强国民体质做出了极大的贡献③。

由上述历史资料可知,在国家遭受危难之际,武术救国成为一种时代的潮流,武术精英们纷纷以各种形式传拳授艺,以图增强尚武精神、强壮国民体质。

"以武报国"的第三种形式就是,武术精英在国家危难之际总能够奋不顾身地站到武装卫国的最前沿。或代表民族利益挺身走上擂台,凭武功绝技勇挫洋人、扬我国威、壮我精神,如霍元甲、王子平、蔡龙云等以民族利益为重的武术精英(图12);或独来独往、神出鬼没,凭借高超武功斩杀侵略者,如程派八卦掌创始人程延华、形意拳高手李存义与尚云祥等武术精英都曾用这种"单打独斗"的方式狠狠地打击了外国侵略者的嚣张气焰;

---

①吴万善. 甲午战争期间的"铁汉"御史安维峻[J]. 西北民族学院学报(哲学社会科学版),1988(3): 44-48.
②唐韶军,戴国斌. 生存·生活·生命:论武术教化三境界[J]. 北京体育大学学报,2016,39(5):72-78.
③唐韶军. 生存·生活·生命:论武术教化三境界[M]. 北京:人民体育出版社,2016:127.

图 12　1943 年蔡龙云击败俄国著名拳师马索洛夫现场塑像①

八国联军进北京时祸害中国人，程延华就领着大砍刀在房上走，见到落单的洋鬼子就蹦下来一刀劈死，转身又上了房。……李存义和尚云祥杀洋人，是杀一场就躲几天……尚师（尚云祥）家中挂枪，他有一把刀，说："这刀吃过鬼子的血"。唐师（唐维禄）对我说过："当年，你尚师傅可是把洋人一场好宰。"②

传统儒家思想曾教化国人"穷则独善其身，达则兼济天下"（《孟子·尽心章句上》，而这句话在这里也正是对武术精英道德使命和价值理想的最高定位。例如，永春白鹤拳拳谱载：练习此拳的目的之一，就是要"征战沙场，建立社稷""患难相扶，成国立家"；而梅花拳派更是把习武宗旨提到了治国平天下的高度，即"治四海如磐石之安，登万民于仁寿之域"，要求习武弟子如果不得志，仅是一个平凡的老百姓，这身高超武艺就可以用来保身保家，如果有机会飞黄腾达身居高位，这身绝世武功就完全可以卫君卫国，正所谓"时而穷也，可以保身保家；时而达也，可以卫君卫国"；从形意拳门内辈分排序"华邦惟武尚社会统强宁"的内容来看，形意拳的练武宗旨也是"保家卫国"，形意拳名家韩伯言在教徒时常说："到咱们门中，学保全性命，还学为国为民。"这些为国为民的入世思想都充分彰显了武术教化中修齐治平的人生价值取向。总之，作为一个

---

①图片来源：课题组成员 2018 年 9 月 8 日拍摄于上海体育学院武术博物馆。
②徐皓峰. 逝去的武林 [M]. 李仲轩，口述. 北京：人民文学出版社，2014：293，325.

武术精英，就应该心怀天下，充分利用自己的武功维护大众的幸福安康，无论何时、何事、何处都要有一种"天下兴亡，匹夫有责"的担当意识和"舍生取义"的奉献精神。

小结

武术精英的生成绝非一蹴而就，不仅要具备武功出众、道德高尚和社会担当三要素，还必须从时间上去争取传统的承认。追究所谓的传统，实际上就是要在遵循中国正统思想的前提下把握住社会价值和道德标准，制造出一套武术精英话语体系，"从长时间中用各种方式渗入各个阶层的人心，从而维持着一个当然的秩序"[①]。具备了上述的条件，武术精英就可以得到地区之内各阶级的广泛敬重，甚至还会被当地政府所倚重，进而成为地区之内各种事件的决策人物。其实，对芸芸习武者来讲，要想成为武术精英都得经历一个不断被淘汰的过程（图13）。

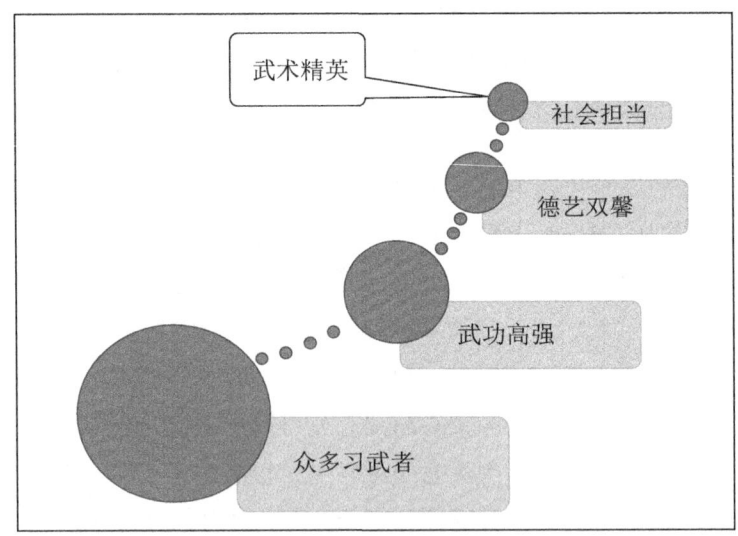

图13 武术精英的生成过程

首先，武术具有广泛适应性，其内容丰富多样，且不受场地器材、年龄性别的限制，任何人只要对武术感兴趣都可以进行尝试性的练习。一般来讲，习武的

---

① 史靖. 神权的本质[M]//费孝通，吴晗. 皇权与绅权. 长沙：岳麓书社，2012：139.

门槛比较低，初学入艺者甚众，数不胜数。各家各派的武功都是一个从简到繁、从易到难循序渐进的系统训练过程，最初级的水平人人都能掌握。然而，在接下来的勤修苦练中，很多人都退却了，或因缺乏"冬练三九夏练三伏"的顽强毅力和吃苦精神，或因学习、工作、生活等社会原因，或因结婚、生子、孝亲等家庭原因。总之，随着时间的延续，坚持苦练不辍者越来越少，最终能够在武功技法上大有所成，成为"武功高强者"的人数也会越来越少。其次，武术还是一个注重德艺双修的教化过程。武功高强者如果忽视了道德的修养，且凭一技之长而为所欲为，那么他必将被整个社会所唾弃，更有甚者沦落为武林败类，成为危害社会的不安定因素。很多"武功高强者"因为道德败坏、品性不佳又在通往武术精英的道路上被淘汰了。最后，儒家"兼善天下"的入世思想对世人影响深远，其影响的具体体现就是勇于"社会担当"。特别是在武林中，很多拳派甚至以"门规""要义"的形式把"社会担当"规定为本门弟子习武练拳的宗旨。然而理想归理想，现实社会那些德艺双馨的武术人中，并不是人人都能真正做到为民着想、为国解忧，其中有很大一部分德艺双馨的武术人依旧是把"修身养性""独善其身"视为习武修德的主流，不喜欢关心政务、不愿参与社会公共事务，有一种"事不关己高高挂起"的心态。当然也有一小部分人，他们以爱护他人、服务社会、关心国家为己任，把自身价值实现与人民安康、社会进步紧密联系在一起，以"社会担当"的实际行动真正践行着"兼善天下"的习武志向。也只有这一小部分人才能成为真正意义上的"武术精英"。

  由此可见，"武术精英"首先是一种心理层次（psychologistic）的概念，是优秀武术人对自己的一种"身份认同感"。他们能够清清楚楚地感受到自己和社会上其他人的明显不同，从而整合自己的行为，将自己表现成一个独特的个体。其次"武术精英"还是一种社会学层次（sociologistic）的概念。当"武术精英"生成之后，就被看作是"社会中的施为者"（agent-in-society），他们在社会秩序中会采取一定的立场，并依照"武术精英"所特有的理路、规则、价值、标准以及他们对事实（factuality）的认识来策划一系列的行动，以达成某种特定的目标。而对于这种作为"社会施为者"的"武术精英"在社会治理中所发挥作用的研究，正是以下章节所要重点阐述的内容。

中篇

武术精英在传统乡村自治中的责任担当

传统社会"皇权止于县"①的乡村治理模式，使国家权力机构对广大乡村的治理不可能"一竿子插到底"②，这就为乡村自治的运作与绵延提供了广阔的自主空间，最终使乡村自治成为一种悠久而深远的组织传统与文化表达。在这种自治惯性力量的作用下，社会秩序的维护、乡村安全的防卫和民间纠纷的调控等社会事务就自然而然地成为了村民自己的事情③。传统社会的乡村自治在很大程度上依赖于乡绅阶层对村落的治理，而乡绅管理职能的顺利实施又往往离不开武术精英的大力支持④。实践证明，在村落治理中有武术精英的存在并发挥重要作用，可以大大降低治理成本、提高治理效率。武术精英之所以能够在传统乡村自治中发挥有效作用，不仅源于他们的高超武功和优良品德，更来源于他们在长期的、持续不断的武术教化下所形成的责任感和担当意识。

首先，武术精英通过"净化道德环境""维持生活秩序"和"管理武术门派"三种途径积极担当起了维护乡村社会稳定的责任。其中，道德作为维护社会稳定的一种有效手段，在传统乡村自治中发挥着至关重要的调控作用，并表现出自己的鲜明特点。在人类社会产生之初，道德就开始发挥着维系社会生活有序和稳定的作用。从某种意义上来讲，任何社会秩序，都表现为一种道德秩序。所以净化道德环境就成为维护社会稳定的首要任务。比如，为了维系社会生活的稳定，儒家提出了"导之以德，齐之以礼"（《论语·为政》）的社会治理理念，特别强调了优良道德对良好社会风气的引领和影响作用。而武术精英正是这样的道德优良之人，他们除了倾心于教化自己的弟子之外，还致力于自身的道德修养和道德实践，对乡村社会的道德风尚起到了积极的引领作用，从而在一定程度上有效地保持了乡村社会生活的有序性和稳定性。同时，在村落生活中，村民间常常发生各种矛盾与纠纷，甚至还有很多带有武力性质的身体冲突，这些混乱现象都在不同程度上扰乱了老百姓正常的生活秩序，破坏了社会的稳定。此时，武术精英们总会站出来主持公道、维护正义，在一定程度上维持着日常生活秩序的稳定。另外，一般的武术人在遇到冲突和矛盾时，惯常于使用武力解决，这就对社

---

①宋云海. 中国皇权文化［M］. 上海：上海三联书店，2014：3-13.
②王学泰. 游民文化与中国社会［M］. 北京：同心出版社，2007：30.
③裴宜理. 华北的叛乱者与革命者（1845—1945）［M］. 池子华，刘平，译. 北京：商务印书馆，2007：95.
④程歗. 社区精英群的联合和行动——对梨园屯一段口述史料的解说［J］. 历史研究，2011（1）：3-16.

会稳定与安宁带来了极大的隐患。所以，就必须对武术人进行严格的管理，使其武术行为规范化、合法化和文明化。为了完成"管理武术人"的这一教化任务，武术精英功不可没。

其次，武术精英通过"个体行动"中的仗剑行侠和"集体行动"中的身先士卒，主动担当起了自保家园的重任。传统社会的乡村自治，不光表现为社会的自我管理，还体现为安全的自我保障。村民在官方没有能力对村落提供有效保护的情况下，便开始将希望转向村落的自我保护。跟普通老百姓相比，武术精英拥有高强的武功、具有丰富的社会阅历、具备指挥他人的意识和才能。所以，一旦自上而下的村落管理方式出现断裂或紊乱，武术精英便自然而然地成为了村庄保卫的承担者。具体来讲，武术精英常常像侠客一样，在扰乱日常生活秩序的事件中不顾个人安危，挺身而出，济弱锄强、除暴安良，全力保护村民的生命和财产安全。然而，当遭遇群盗或群匪劫掠村庄之时，单靠个人侠客般的豪情壮志和自身武功的单打独斗，已经对付不了成群结队的股匪对村落的侵扰了。于是，武术精英就通过血缘、邻缘、武缘、地缘等社会关系，把尽量多的人组织起来，带领他们依靠集体的力量对付来自各种匪盗的危险。武术精英在这类集体行动中，不光发挥着组织、动员等重要作用，而且还在拳脚相加、刀剑相见的反击行动中，临危不惧，身先士卒，凭借着那种"匹夫有责"的责任感，主动承担起了集体行动中领导者的重任。

最后，武术精英能够充分利用自己通过武术活动积累起来的社会威望和"隐权力"有效调控村民之间的人际纠纷。传统社会是一个熟人的社会，也正因为相互熟悉，所以村民在遇到矛盾或发生纠纷时，一般都不愿到官府衙门告状，而是找一位村里的"头面人物"出面来调解与控制①。在这类"头面人物"中，武术精英占了很大的比例，他们往往能够通过社会威望和影响力等个人因素把邻里纠纷轻松化解或控制在萌芽状态，从而达到息事宁人的目的。

---

①费孝通．乡土中国［M］．南京：江苏文艺出版社，2007：62．

第四章　维护社会稳定

人们要生存，就必须按照一定的社会秩序和规范而生活，否则连最简单的生产也不能够维持，而且还会因为连续不断的冲突耗费掉人们的所有精力。在一个不完全公平、安全、可靠的社会里，除了破坏社会秩序的人、无可奈何的受害者和不愿过分关心这种破坏活动的人之外，还有一种积极维持这个秩序的人。这种人又分两种，一是本来就对维持社会规则负有责任的人，二是本没有责任而仍决意要维持这个秩序的人①。前者是统治者，后者就是中国所特有的"武术精英"。而在中国传统社会，作为统治者的地方政府在维持村落社会秩序方面却又往往显得无能为力，正如光绪二十六年六月二十七日（1900年7月23日）申报所云：

> 大吏即有保护之心，亦不过责成地方文武。地方官即有保护之责，亦不过多方告诫。远或数百余里，近或百数十里，安能事事躬亲？且祸变之起，其势必骤，事难逆料，故为地方官者亦殊有鞭长莫及之虑。②

如此一来，县级往下的村落治理就主要依靠当地社会精英领导下的村民自治了③。源于自治惯性力量的作用，乡村安全的防卫、社会秩序的维持就成为了村民自己的事情④。在如此社会大背景下，武术精英的作用和价值就凸显了出来，他们自然而然地就成为了维护村落稳定的担当者。

---

① 龚鹏程. 侠的精神文化史论 [M]. 济南：山东画报出版社，2008：25.
② 路遥. 义和团运动文献资料汇编·中文卷（上）[M]. 济南：山东大学出版社，2012：393.
③ 张仲礼. 中国绅士：关于其在十九世纪中国社会中作用的研究 [M]. 李荣昌，译. 上海：上海社会科学院出版社，1991：54.
④ 裴宜理. 华北的叛乱者与革命者（1845—1945）[M]. 池子华，刘平，译. 北京：商务印书馆，2007：95.

第一节 净化道德环境

"社会控制",又称"社会调控",是指一定社会、阶级或群体,通过各种社会力量,使人们遵从社会规范和行为模式,以建立和维护社会秩序,促进社会发展的活动或过程①。自人类社会进入文明时代,随着社会矛盾的日益复杂和个体自我意识的不断增强,道德在实施社会控制和维护社会稳定方面的作用就越来越显得不可替代。几乎所有的西方道德理论都怀有秩序、和谐的理想,都强调了道德在社会调控方面的重要意义②。古希腊哲学家柏拉图在经典论著《理想国》中曾多次提到了道德的社会作用,认为如果每个社会成员分别遵行正义、勇敢、节制等道德规范,社会就能实现有效的控制,国家和社会的稳定也就能得到积极的维护③。亚里士多德运用辩证的观点,从整体和局部两个方面论证了个人与社会在道德上的统一性,并强调道德调解对社会控制和社会稳定的重要意义。他认为人在达到德性的完备时,就是一切动物中最出色的动物,不但能够遵纪守法,而且还能在社会上弘扬正义④。西方现代著名哲学家和哲学史家弗兰克·梯利也曾指出,人应该服从理性的约束,遵行节制、正义等道德规史家范,只有这样,社会才能得到有效控制,生活才能有序而稳定⑤。而在中国,传统社会的统治阶级历来都很重视道德在社会控制方面所发挥的积极作用,许多政治家、思想家也强调了道德在维系社会稳定中的重要作用。孔子首先从社会教化的角度提出了"道之以德,齐之以礼"⑥的治国理念,不光倡导广大人民要加强道德修养,而且还特别强调为政者更要提高道德品质,用自己的优良道德引领社会形成良好的道德风尚。随后,荀子从人类社会生活的特点出发,阐明了建立道德秩序、优化道德环境的重要意义。《荀子·王制》讲"(人)力不若牛,走不若马,而牛马为用,何也?曰:人能群,彼不能群也"⑦。其意为,人的高贵和力量都来源于道德("义"),人类社会之所以安然有序,就在于它是建立在道德基础之上的"群

---

① 唐凯麟. 伦理学 [M]. 北京:高等教育出版社,2001:193.
② 喻义. 道德与社会稳定 [J]. 道德与文明,1990 (1):2-4.
③ 柏拉图. 理想国 [M]. 王铮,译. 重庆:重庆出版社,2016:100,253,305.
④ 亚里士多德. 政治学 [M]. 吴寿彭,译. 北京:商务印书馆,2013:123-124.
⑤ 梯利. 西方哲学史 [M]. 增补修订版. 伍德,增补. 葛力,译. 北京:商务印书馆,1995:122.
⑥ 孔子. 论语 [M]. 刘兆伟,译注. 北京:人民教育出版社,2015:18,19.
⑦ 荀子. 荀子 [M]. 章诗同,注. 上海:上海人民出版社,1974:85.

居和一"的道德社会。作为儒家思想的代表,以上二者都将道德作为一种治国理念和社会控制策略分别在《为政》和《王治》这样政治性极强的篇章中明确提出,足见道德在国家统治和社会治理中具有至关重要的作用和功能。而且,在先秦各学派中,并非只有儒家才强调道德的社会调控作用,其他学派,如墨家和法家也同样注意到了道德的社会功效。墨子认为,"兼爱"就是一种人的优良品质,并主张将"兼相爱、交相利"① 作为解决天下混乱局面的根本办法。他认为,如果人人相爱相利,那么相互残杀争夺的社会现象就不会发生,社会也就得到了控制,人民的生活状况自然也就安宁了。另外,以管仲为代表的法家一派,则更是鲜明地提出了"礼义廉耻,国之四维,四维不张,国乃灭亡"② 的政治主张,其中"礼义廉耻"就是一种道德行为的具体表现。可见,法家同样将道德视为维系国家长治久安和社会有序稳定的根基。

武术,历来都提倡以和为贵、以德服人、见义勇为、除恶扬善、为国分忧、乐于奉献、自强不息等传统美德和民族精神,并始终如一地通过武德教化不断提高武术人的精神境界。这些美德与精神既是武术人的道德要求和行为准则,也是村落全体民众共同生活经验的历史结晶。中国人所崇拜的武神,也大都是道德人格完善者或具有非凡能力的人死后所生化而成的。因此,通过武术精英在村落社会中倡导武德教化,除了可以有效完善武术人的人格以外,还可以在广大村民中起到潜移默化的道德引领作用,净化村民的思想、提升村民的道德意识,从而在传统乡村自治中发挥"改善村落人际关系、维护共同价值规范、稳定社会秩序"③ 的积极作用。

一、发挥道德楷模的引领作用

民众对武术精英的崇敬归根结底是一种道德层面的羡慕与向往。托马斯·卡莱尔曾指出,崇拜是人性中的一个基本天性,然而崇拜某人,并不是崇拜什么名利权势或其他,而是一直意味着一种道德力量的崇拜④。因此在武术精英所有的能力中,"道德力量是永远列居首位的,而且扮演着优越的角色"⑤。故此,也就

---

① 墨翟. 墨子 [M]. 戴红贤,译注. 太原:书海出版社,2001:73.
② 管仲. 管子 [M]. 长春:时代文艺出版社,2008:2.
③ 杨国枢. 中国人的价值观 [M]. 北京:中国人民大学出版社,2012:136.
④ John Chester Adams. The Riverside Literature Series [M]. Boston: Houghton Mifflin Company, 1998:116.
⑤ 卡希尔. 国家的神话 [M]. 范进,译. 北京:华夏出版社,2003:69.

有了"以德为先"的武术教化标准,即一个道德高尚的武术人,即使武功不怎么高,也照样能够得到世人的尊重和敬爱;而那些武功虽高,但道德败坏、品质恶劣者,则会毫无例外地都被世人所唾弃和憎恨。

> 老辈练武术的都是"以德服人",都把道德品质放在第一位。我们村邢玉栋是北杨庄数一数二的"练家子"。人家不光拳练得好,关键是品德好!他所教的徒弟也是个顶个的好人品,诚实正直。那些流里流气、斜头怪脑、不三不四的人绝对不会出现在他的徒弟中。而且,他周围的人也大都是品德端正……你若要问为什么?那不是明摆着的吗,都跟他学的呗!俗话说得好,"跟着好人学好事,跟着疤癞学成瘤"嘛!
> (邢银超口述)

效仿榜样楷模,模仿典型人格,一直以来就是中国社会教化中一种重要的学习方法。对此,美国学者唐纳德·蒙罗曾这样表述过:

> 中国的学习理论假定人们天生具有从模范身上学习的能力。这种学习是通过自发且无意识地模仿身边的人而完成的。……或自发且带有目的性地复制一个老师、士大夫或古人的态度和行为……对儒教而言,模仿模范不是唯一的学习方式,但它却是目前最有效的方式,也是一种通过展示正面的模范在人们之中进行道德教化的方式。[1]

正如列宁所说,"榜样的力量是无穷的!"邓小平也强调,"身教重于言教。"这些都是对武术精英道德引领作用的高度概括。村落中的武术精英由于具有良好的道德品质和道德行为,极易引起周围村民对他的信任、钦佩、赞誉,最终又发展为效仿,从而充分发挥了其他教化手段不可能替代的德育效能。

二、实施道德教化

在中国"泛道德化"的传统思想深入影响下,道德始终被摆到在"万事之

---

[1] 乔健. 中国精英的谋略行为——一项人类学分析 [M] //王铭铭. 中国人类学评论. 北京:世界图书出版公司北京公司,2011:130.

首"的重要位置①。武术也不例外,对习武人群进行思想道德教育也就成为了各拳派武术精英贯彻始终的教化方略。作为约束、规范、引导武术人道德品质的门规戒律,不光是武术人的行为准则,因为其契合了儒家的道德伦理,所以也同样为广大村民提供了优良的道德标准,成为一种被广泛认同的、完善自我道德的内容体系。武术精英不光是这些门规戒律的积极践行者,而且还通过言传身教的方式教化弟子或影响他人。例如陈式太极拳的《门尊十二严》:

> "端公仁浩忠诚敬正义勇信德",就是要求习武弟子都要做到举止端庄、公正公平、仁慈善良、浩气长存、忠厚老实、诚心诚意、恭敬尊重、正直正派、正义凛然、见义勇为、言行守信、道德优良。②

从以上这些对武术人的道德要求或道德教化内容来看,都属于中华民族的传统美德,不光是武术人的武德追求,而且也是普通大众的道德诉求。不光对本门弟子有道德教化作用,为他们提供了一种"职业道德",而且也对普通大众有道德引导和行为约束的作用,在某种程度上抵制了诸如打架斗殴、吃喝嫖赌、强抢豪夺、作奸犯科、违法乱纪等社会恶习,净化了村落道德秩序,进而对维护社会秩序的正常化起到了潜移默化的积极作用。总之,各拳派的门规戒律和传统社会所提倡的主流思想是一致的,武术精英对门规戒律的率先垂范和宣教,其真正目的是企求在武术群体和既成的社会制度之间建立一种协调、友善的关系,从而对村落的道德秩序进行积极有效地引领与控制,最终服务于村落正常社会秩序的维持。

三、对传统美德的宣扬

武术精英通过"拜师仪式"复杂的操作,在乡村社会强化和宣扬了传统道德的重要地位。"拜师仪式"是弟子得到师父的认可,并成为入室弟子的必要程序③。然而,从道德教化的视域来看,拜师仪式却超越了这种"身份认同",它更表现为一种优良道德品质的宣扬与强化。仪式中的参与者通过特定的身体表达

---

①文崇一. 道德与富贵中国人的价值冲突[M]//杨国枢. 中国人的价值观. 北京:中国人民大学出版社,2012:214.
②陈正雷. 陈式太极拳剑刀[M]. 河南:中州古籍出版社,2002:12.
③岳永逸. 空间、自我与社会桥街头艺人的生成与系谱[M]. 北京:中央编译出版社,2007:52.

和一定的场景安排构成了一个有意义的道德教化情景①，从而使拜师仪式上升为一种"什么是优良道德品质"的宣讲仪式。比如，仪式现场供奉的"天地君亲师"牌位，其实是一种敬畏天地、精忠报国、孝敬父母、尊崇老师等优良品德的昭示（图14）。这些美德，以醒目的形式出现在拜师仪式这样的庄严场合，既是对拜师入门弟子的约束和规训，也是对"观礼者"的一次道德教化。

> 有时候"天地君亲师"的牌位上还扎有穿着"青、黄、赤、黑、白"五色棉线的钢针，一般分五列九行。"五色"分别代表了传统伦理道德中的"五常"，即"仁、义、礼、智、信"，这是人们处理人与人之间各种关系的基本法则。"五常"用钢针扎在牌位上，目的是使祭拜之人看到后有触目惊心之感，从此铭记在心。其具有极强的教化效果。（张士闪教授口述）

另外，在"拜师仪式"中，除了场景布置彰显了丰富的道德元素以外，其仪式过程更是蕴含了丰富的道德教化内容，比如"请祖师""跪拜""敬茶""敬奉拜师帖""听师傅训诫"等。总之，在深受儒家伦理文化熏陶的传统社会，程序化的"拜师仪式"，将平日里习武者集中到一个模拟家族的结构中，以祖师的名义灌输那些与宗法家族结构相适应的传统价值（如尊卑上下的伦理关系），就极易使祖师与师傅化作维护既成社会秩序的代表，并极其有效地强化了尊师重道、安分守己等社会信条。武术精英组织与策划下的这一整套祭祖拜师的入门仪式，实质上是传统社会秩序模式和优良社会道德规范的浓缩、示范、温习和表演，不光使当事人得到了应有的道德教育，还使围观者重温了一次传统美德的教化，对整个村落的道德秩序起到了一个有效的净化作用。

---

① Patrick Altena, Chris A. M Hermans. Ritual Education in a Pluralistic Society [M]. The Netherlands: University of Nijmegen, 2003: 105-127; Bednar, Christian M. Education as ritual [J]. Education Week, 2009 (4): 8.

图 14　拜师现场供奉的"天地君亲师"牌位①

四、对乡村生活的"话语植入"

村民对武术精英在乡村自治中的价值认同，还在于对武术精英所使用话语的接受。从古至今，我们常见于书面的只有一种语言体系，那就是主流社会的话语，它们不仅充斥于经史子集和文人士大夫的各类著作之中，也流行于底层广大老百姓的口头表达。久而久之，就潜移默化中成为一种集体认知或集体无意识，支配着人们的思想意识和行为习惯。正如马克思的名言"统治阶级的思想就是社会的统治思想"。这是如何实现的呢？我认为，就是通过对话语权的掌握实现的。同样道理，武术精英要想在社会治理中起到一定的作用，就必须把属于自己的那套话语"植入"到广大民众之中，使众人接受武术人的意识形态，能够按照武术精英的思想去行为处事、依据武术精英的评判标准去判断是非曲直。

武术精英的"精英话语"多属于人们之间的伦理道德关系范畴，一般来讲，其看问题的角度和处理人际关系的方式也适用于普通人，大家伙都接受了这些话语，就等同于认同了这些话语所代表的价值。比如，突出"泛道德化"社会行为标准的"以德为先"，强调对权威的敬重和服从的"师徒如父子"，体现和睦相处、友好互助的"天下武林一家亲"，还有彰显公平正义品质的"疏解人间不平""见义勇为"等。武术精英就是通过这样的话语把自己的思想倾向植入了世人的头脑，从而在村落自治中发挥着应有的作用。"话语实际上就是思想，更是

---

①图片来源：课题组成员 2017 年 2 月 12 日拍摄于河北省邢台市平乡县后马庄村。

一种价值判断"①，它自然会形成物质力量，在武术人精英化过程中起到至关重要的作用，并影响着此后武术精英在乡村自治中作用的发挥。同时，具有教化作用的武术"精英话语"又像是一种普照之光，对乡里社会质朴醇厚的道德观念起到了影响和支配作用，使村民对于人际关系的思维与评价，不至于超出正统道德衡量社会行为的一般标准，最终在一定程度上净化了村落社会的道德秩序。

"志于道，据于德，依于仁，游于艺"②。这是儒家教化思想对君子提出的最高标准。在深受儒家思想影响的中国社会，这种标准和要求同样适合于武术教化。对武术精英来讲，这种"艺与道合"的教化要求，为武术精英开拓了更为宽广的视野和参与社会活动的途径。作为不从政的民间精英，武术精英多以人格之感化，行德义于乡里，移风易俗，树立正义之典范，维护乡里秩序稳定，如此，则武术之道亦可完成，也是一个武术精英尽了社会责任之后的人格完成。

总之，在广大乡村社会，武术精英具有深远的影响力，他们的思想观念、道德标准、审美取向等直接影响或间接左右着周围人的思维习惯和处世态度，对普通大众的道德意识具有积极的引领作用。当然，道德在阶级社会不可避免地会具有阶级性，服务于统治阶级的思想家和政治家之所以强调道德的功能价值，其主要目的就是要维护剥削阶级统治的长治久安。然而，剥削阶级为实施社会控制和维护社会稳定而倡导的道德规范除了有益于社会发展之外，也在客观上保障了劳动人民利益，使他们的生活更加安宁与稳定。诚然，剥削统治阶级所宣扬的道德，确实有压抑人性的一面，但其中也不乏值得称道之处，比如对勤劳俭朴、忠厚善良、谦虚谨慎、清正廉洁等传统美德的强调，再比如对"仁义礼智信"等道德规范的倡导，都在一定程度上规范并引导着广大民众的社会行为，使人们有可能生活在一个和谐有序的道德氛围之中。如此，这些有益于维护社会稳定的、表现在道德上的约束和规范，就不能简单地认为是对人民大众个性的压抑。同时，尽管传统社会所提倡的诸如知足、忍耐、安于现状等道德意识具有很强的虚伪性和欺骗性，但从社会治理的效果来看，这也并非绝对没有任何正面的道德意义与社会价值。不管在哪种社会历史条件下，广大民众在对待社会生活中的诸多复杂矛盾时，都不应该只是牢骚满腹、怨天尤人，甚至是抗议抗争，而应该主动从国家社会、全体人民的角度出发，顾全大局。可见，那种认为道德的社会调控

---

①王学泰. 游民文化与中国社会［M］. 北京：同心出版社，2007：464.
②孔丘. 论语［M］. 刘琦，译评. 长春：吉林文史出版社，2004：52.

作用，在历史上只具有消极、保守甚至反动意义的认识是片面的、非历史主义的①。所以，我们应该带着批判的眼光，本着取其精华去其糟粕的客观态度，借鉴那些在历史上曾经发挥有效作用、在当今社会仍然具有的时代价值和现实意义的历史经验，使其有机融入时代精神之后在当代县域治理中大放异彩。

第二节　维持生活秩序

从人类的整个生活史来看，人们的生活基本上是由"日常"生活和"节庆"活动两部分组成。"节庆"是漫长的、一元方向的、同质性的时间流中的一个特殊的点，它打破了"日常"循环往复、一成不变的同质性，出现了令人喜庆的不一样的时间点，形成了不同于"日常"空间的新空间。由此使人们的生活在"时间流"和"空间分布"中分出了"二"，有了"日常"和"节庆"两种不同意义上的时间和空间。也可以这么说，"日常"是人们必须天天要面对的习以为常的生活方式，而"节庆"则是"日常生活仪式化的集中体现"②，同时又是村民身份建构的主要源头。不管你如何解释"日常"生活与"节庆"活动的关系，任何关于人们生活状况的研究，都必须从"日常"和"节庆"两种类型入手。所以，本研究要对生活秩序进行探讨，也必须要从"日常"秩序和"节庆"秩序两个方面进行分析。

一、武术精英对日常秩序的维持

在村落日常生活中，路见不平挺身而出已经成为武术精英的一种行为习惯，甚至可上升为一种责任、担当或使命。一个习武者，即便是武功绝伦、天下无敌，如果在"熟人社会"的日常生活中，"路见不平"却不能"拔刀相助"维护正常秩序的话，那也绝对不可能树立自己的精英形象，更不会得到广大乡民的普遍认可。老百姓对武术精英的认识，主要来源于民间文艺（小说、评书、戏曲、故事等）的熏陶与濡染。这些作品中常常有侠客行侠仗义情节的描写和创造，即使有些故事情节超越了现实生活中的真实性，但它仍然会让世人"不自觉地将民

---

① 喻义. 道德与社会稳定 [J]. 道德与文明, 1990 (1): 2-4.
② 徐雨霁. 空间、日常与节庆："模拟"时空裂缝中的都市档案——论董启章《V城繁胜录》中香港的想象 [J]. 关东学刊, 2016 (12): 47-54.

间文艺中的'侠客'视为现实生活中的真实存在"①，而这个"真实存在"又很容易地投射到武术精英身上。于是，爱管闲事、路见不平一声吼的侠客行为，就成为武术精英的象征性符号。当一个武术精英被投射这样一种情景定义，并由此或明或暗地表示自己正是此种类型的人时，除了可以迫使别人以自己所期待的方式来评价和对待他之外，还可以"主动地对他自己施加道德要求"②。所以，武术精英为了迎合社会的期待、符合民众的愿望，也都无不以"仗义行侠、纾解人间不平"来规范自己的言行举止，以便能够实现自我价值、体现生命意义。

第一，路见不平一声吼，该出手时就出手。在传统乡村社会，武力相争、斗闲气、仗势欺人、小偷小摸之事时有发生，虽然乡村社会是一个"熟人"社会，相互知根知底，但也免不了有种种冲突与竞争，角力斗狠的现象也颇为常见。尽管如此，整个乡村秩序还是能够在一定程度上保持着相对的稳定状态（除非有较大的天灾人祸），这在一定程度上与当地武术精英的社会作用是密不可分的。在广宗县的调研中，当地村民们就给我们讲述了很多武术精英行侠仗义、维护乡村日常秩序的故事：

> 大约是20世纪30年代，侯九林③给本村富户侯老贵扛活养活家口。一天深夜，他正在马棚熟睡，忽然被马的嘶叫声惊醒，睁眼一看，原来是几个盗贼前来偷马。侯九林跃身而起跟盗马贼就打在了一块，从马棚打到院里，从院里打到街上，他使出洪拳的看家本事把盗贼打得鬼哭狼嚎。盗贼见势不妙，丢下武器和马匹夺路而逃……。从此，这帮盗马贼再也没敢来侯九林的村里偷马。（王立稳口述）

> 李修文④自幼喜爱武术，是远近闻名的武术能人。某年秋季的一天，他正在拳场里跟徒弟们一块习练武术，突然有人急匆匆地闯进来大呼："师父，不好了，有人抢棉花了！"李修文一听，二话没说就领着众徒弟赶了过去。来到地里，他先跟抢劫者论是非、讲道理……然而，那伙人不但不听还把他们师徒围了起来，为首的黑大汉指着李修文恶狠

---

①龚鹏程. 侠的精神文化史论［M］. 济南：山东画报出版社，2008：4.
②欧文·戈夫曼. 日常生活中的自我呈现［M］. 冯钢，译. 北京：北京大学出版社，2008：10.
③侯九林（1911—1995），男，河北省邢台市广宗县砖窑村人，从14岁起开始练习洪拳，是十里八乡远近闻名的洪拳高手。
④李修文（1847—1933），男，河北省邢台市广宗县东全寨村人，号老尚，梅花拳第13代传人。

> 狠地说:"你是谁啊?敢在这里指手画脚,别管闲事,快给我滚开!"李修文强压心头怒火,试图再次以理服人。可是那黑大汉却不耐烦了,命令手下动手,说时迟那时快,十几个小青年就把李修文围了个正中。李修文见状,使了个"旱地拔葱",嗖的一声跃起一丈多高,在空中打了个旋飞脚之后猛然落地,两腿双拳齐用力,一下子就打趴下七八个。这时李修文的徒弟们也拉开架势准备一展身手,众歹徒一看这阵势吓得撒腿就跑。事后因为李修文保护了农民的利益、维护了当地的治安,还得到了当地县令的表彰。(李玉普口述)

像这种在日常生活中主动承担起维护社会治安责任并得到官府表彰奖励的事例,在武术精英中是非常普遍的事情,有的还被赠送匾额。据《广宗县志》记载:光绪二十四年,广宗县知县孙振翩,就曾为巨鹿县塔堤村的洪拳高手李尚德赠匾一块,上书"德高义广",以此来表彰其保护一方平安的义举行为[1]。

第二,揭穿怪力乱神的迷信活动。由于武术精英一般都是艺高胆大之人,所以常常敢于揭穿或打击怪力乱神等迷信活动。武术精英对传统社会秩序的维护,不仅表现为对扰乱村民日常生活的暴力行为进行有效控制,而且还表现在对妖言惑众的负面舆论予以及时地制止,因为造谣惑众更容易引发社会的震荡。而怪力乱神之事大都来自民间根深蒂固的迷信思想,其主要内容就是那些令普通人听后毛骨悚然的妖魔鬼怪之事。每当谣言四起,村民惶惶不可终日之时,艺高胆大的武术精英往往就会不请自到,凭借一身胆气揭穿谣言,及时消除村民的恐惧心理,以恢复村落生活的日常秩序。河北省深州市院头村的村民史连生,是个远近闻名的武术能人,身材魁梧、衣衫考究、剑眉星目、武功出众,每当村里遇到什么大事小非,都喜欢找他出面解决[2]。村里至今流传着一个关于史连生捉鬼的故事,村民都对他的勇气和胆量大为赞叹:

> "史师傅,快去看看吧,出大事了!前天村东头的赵家死了个姑娘,昨天晚上把尸体放在关帝庙了,可是,今天早上她家人去抬棺材出殡时,却发现棺材盖打开了,而且关老爷神像的胳膊也折断了,可把村民吓坏了,都说那姑娘死了后变成了女鬼从棺材里跑出来了,还和关老爷

---

[1] 黄成助.广宗县志[M].台北:成文出版社,1969:119.
[2] 玉昆子.铁臂侠韩其昌:长孙笔下的武林宗师[M].北京:华夏出版社,2013:75.

动起手来,把关老爷的胳膊都给打断了!好可怕,弄得人心惶惶的……你快去看看怎么办啊!"史连生听了之后,先是一愣,直皱眉头,沉默了一会儿后,横目道:"我看这闹鬼的事,八成是有人在作怪。"然后立马到关帝庙观看现场,寻求解决的办法……"依我看,今晚我就守在庙里,看看到底是不是真有鬼",史连生果断地做出了决定。村民都为史连生的决定悬着一颗心、捏了一把汗,但是又没有别的办法,也只能依赖他了。不出他所料,真是人在作怪。原来是邻村的村民,因为穷的没饭吃,昨晚就到关帝庙想在棺材里找点值钱的东西,结果打开一看也没什么值钱的。他听说关帝庙的神像里一般都藏着宝贝,所以就想掏掏看有没有,结果就把关老爷的胳膊弄断了。因为没弄到东西,他老是不死心,所以,今晚又想到别的棺材里碰碰运气,结果就被抓了。如果不是史连生挺身而出,关帝庙闹鬼的事还不知恐慌到何时呢!(韩建中口述)

武林中素来有"艺高人胆大"之说,武功高强的武术精英个个都是胆大气盛者,向来都会在危险和困难面前表现出无所畏忌的姿态,并试图成功战胜它们。所以,每当村落里发生有关鬼神出没无常、令人担惊受怕的流言蜚语时,武术精英都会主动出面,凭借自身的胆气和功力揭穿流言,还村民一个安定的日常秩序。

第三,震慑扰乱秩序的地痞无赖。人们常说"山中无老虎,猴子称大王"。意为有真本事、厉害的人物不在时,原本那些能力平平的小人物就开始"走上舞台"指手画脚。如果这些小人物的行为遵纪守法倒也罢,而最可怕的则是,如果这些人品质卑鄙恶劣、行为无所顾忌的话,那必定会给正常的社会秩序带来混乱。贺雪峰曾在《新乡土中国》中讲了这么一个实例:

> 向村是一个山村,我在向村调查时听说,山上有一个"草上飞",无恶不作。他与本村的周某是朋友,经常到周某家做客。一次,周某放火烧荒,将其他村民一棵百年银杏树烧死了。银杏树的主人联合向村负责人和村民代表上山要求周某赔偿,恰逢"草上飞"在场。他提一把大片刀为周某助阵,对前来讨说法的村民进行侮辱和恐吓,结果,上山来的一帮人无人敢再言语,只好灰溜溜下山了。赔款之事也不了了之。①

---

① 贺雪峰. 新乡土中国 [M]. 修订版. 北京:北京大学出版社, 2013:11.

"草上飞"之所以敢横行霸道，就是因为整个向村乃至周边村庄中没有一个能够镇住他的能人。地痞无赖往往有"山中无老虎，猴子称大王"的德性，如果当地有个武功高强、德高望重的武术精英的话，地痞无赖的行为定会有所顾忌、安分许多。正如史料《莱阳螳螂拳》记载：

> 阎学信（1899—1990），山东莱阳昌山人，13岁开始拜螳螂拳名家姜化龙习武，历时10年，技艺精湛，23岁时便在张家灌村教拳为生。临村照旺庄每当大集时，总有几个地痞无赖前来欺行霸市，专门欺负老实人。阎学信得知此情后、义愤填膺，决定给他们点"厉害"看看。有次赶大集时，阎学信也有备而来。正当他在机警地四处寻找那几个无赖时，忽然看到一个身材魁梧的壮汉正在抢夺一位老人的梨子，很是猖狂。阎学信立刻走上前去，二话不说，伸出两根手指捏住了无赖的右手大拇指，拉着他就往集外走（手指力量强劲如钳是螳螂拳功夫的特点之一）。无赖疼得嗷嗷直叫，可是如何也挣脱不了，一直被阎学信捏着拇指拖出集市一脚踢到地沟里去了。从这件事以后，众地痞们就有所顾忌、有所收敛，再也不敢明目张胆地强抢豪夺欺负人了，因为他们害怕那个"爱管闲事"的阎学信。①

至今，当地村民对这个故事还是津津乐道，这充分反映了他们对地痞无赖的无奈之心和对武术精英的依赖之情。因为地痞无赖就是被官府抓起来，也大都因为"事情不大"关几天就放出来了。而只有武功高强、爱管"闲事"的武术精英才能彻底震慑地痞无赖的不良行为，使其安分守己，不敢随意胡作非为扰乱乡村的日常生活秩序。

第四，协助官府维持地方治安。长时间习武除了使武术精英体格健壮、具备攻防格斗技能之外，还可使其应变能力增强，具备思维敏捷、做事利索的行为特征，故此在抓捕盗匪、逃犯的过程中往往得心应手，顺利完成任务。《明史》二百四十八卷，在《列传第一百三十六》中就记载了湖北麻城县一位武术精英成功抓获匪盗的实例：

> 梅之焕……负材武，善射。所居县，阻山多盗，之焕无事，辄率健

---

① 莱阳螳螂拳文化研究会. 莱阳螳螂拳 [M]. 北京：华夏文史出版社，2013：223.

儿助吏捕，无脱者。①

"率健儿助吏捕，无脱者"，就是说带领武术人协助官府捕获罪犯时，都会取得圆满成功。这既说明了武术精英的武功高强，更证明了武术精英在维护乡村治安方面的重要作用和价值。所以，官府捉拿盗贼时，那些武功高强、名声响亮的功夫人，往往会得到官府的礼聘，请求协助。一般来讲，武术精英也都很乐意被官府"聘请"，并把这当成是一种武者的荣耀，称为是"受了军令"。当年官府为了捉拿京城飞贼康小八时，就曾"聘请"尚云祥出面协助。

> 尚云祥"受了军令"，协助官府捉拿康小八。官兵摸到康小八藏匿的地点，尚云祥先冲进去，一下就把康小八扑倒在地，根本没有容他有反应的机会。尚云祥是清高人，待在家里比什么都好，"受了军令"，把官府托付的事办成了便回家，水清水白，决不愿跟官方有任何瓜葛。②

"不跟官方有瓜葛"，只愿替老百姓出头，维持地方治安的稳定，这正是一个武术精英不图名利、一心为民的道德诉求。

由此可见，地方政府在乡村社会治理过程中，始终离不开武术精英的大力支持，对乡村日常秩序的维持更要依仗武术精英的积极参与和倾心效力。从某种意义上说，武术精英积极协助官府维持日常秩序，还不仅仅是出于"辅国辅民"的道德诉求，而更是包含了人生价值的自我完善和生命意义的自我实现。

二、武术精英对节庆秩序的维护

传统乡村社会充满着丰富多彩、各式各样的民俗节庆活动，它们约定俗成、源远流长、世代相传，早已成为一种民间聚会、娱乐的优良传统。在"日出而作，日入而息"的单调农村生活中，民俗节庆活动就成为村民宣泄情感、抚慰灵魂和丰富文化生活的盛会和狂欢节。传统社会的广大民众在长期儒学特别是宋明理学的教化与滋养下，基本上不属于那种载歌载舞、自娱自乐的群体。他们的娱乐需求通常只能通过婚丧、嫁娶、年结或庙会、花会等集聚活动得到满足。在这种场合，日常尊卑上下的生活秩序相对宽松，特别是男女大防也变得比较模糊，

---

①张廷玉. 明史·卷二百四十八 [M]. 北京：中华书局，1974：6417—6419.
②徐皓峰，徐骏峰. 武人琴音 [M]. 韩瑜，口述. 北京：人民文学出版社，2014：30，33.

一些好热闹的村民还热衷于扮演那些要求不高的戏曲角色，在花会、庙会、社火等活动中进行自我表演。老百姓平日里的压抑、苦闷、抑郁、烦躁等不良情绪都可以在节庆时得到尽情地宣泄，有时甚至达到肆无忌惮、不计后果的狂欢地步。所以，这种场合引发冲突的机会也是随处可见，拌嘴、磕碰、踩挤、误解等随时都会打乱村子的平静。在如此人员繁杂、情绪亢奋的公共活动场所，保证活动的正常进行、维持活动的现场秩序就成为整个村庄的头等大事。为此，每逢节庆活动之时，村庄管理者往往会联合本村的武术精英共同举办，或是请他们出面组织动员，或是请他们参与关系的协调，或是请他们维持现场秩序。

首先，武术精英往往是节庆活动的组织者。作为民间节庆活动的组织者，必定是在群众中有威信、有话语权，且有组织动员能力的当地能人。通过前文我们对武术精英的分析来看，武术精英是具备这种能力和素质的最佳人选。这一论断，在我们对冀南广宗县前卫村进行田野调查时得到了有力的证实。冀南广大乡村，自古以来就有"打醮"① 祈福的民俗节庆，也就是由道士为村民做法事，以求福禳灾、报平安。醮期虽短（一般为三到五天），但筹备工作会很长，往往要花上数月的时间。据《中国地方志民俗资料汇编：华北卷》记载：

> 每年正月，有于庙设道场以禳灾疫者，俗称"打醮"。远近居民，多谒神礼拜，有所谓进香会者，即组织游艺团体进香娱神者也。旗伞开道，继以音乐、演员杂期间，神驾殿其后，鼓吹相随，拜神礼拜焉。②

可见，"打醮"是一种"人神共欢"的狂欢节日，为村民欢聚、寻求心灵归属和自我存在感提供了机会。前魏村是远近闻名的梅花拳村落，每年正月里都举行隆重的"打醮"活动。"会首"是"打醮"活动的组织者和领导者，前魏村的"会首"每次都少不了李玉琢和李玉普兄弟两人。其中李玉琢先生不光是闻名遐迩的梅花拳高手，而且还是梅花拳国家级非物质文化遗产传承人。之所以选他为"会首"，就是因为在长期梅花拳的教化之下，他不光武功高强令人生畏，而且更是武德高尚令人生望。正如村民所说：

---

①冀南广宗县的打醮活动，起源于东汉末年张角黄巾起义前宣传教理教义的醮场，黄巾起义虽然失败，但是作为起义发源地广宗县的打醮习俗却较完整地保留了下来，在民间广泛流传，并于2009年被列入邢台市非物质文化遗产名录。全县200多个村，有七八十个村保留了在农闲时节打醮的习俗。其中，前魏村的打醮活动可算得上是规模比较大的一个。
②丁世良，赵放. 中国地方志民俗资料汇编：华北卷 [M]. 北京：书目文献出版社，1989：514.

> 村里的任何活动，只要他一出现，什么难题都能解决。比方说，有些人对村里组织的活动不太积极，经常是拖拖拉拉、偷懒耍滑。可是李玉琢一出面，都不好意思驳他的面子，不管情愿不情愿，最后都得"齐上阵"。还有，那些调皮捣蛋鬼，只要看到李玉琢在场，保准安分守己、人模狗样儿的。（陈志善口述）

其实，民俗节庆并非是一村一庄之事，而是附近各村的一种相互交流、共同参与的集聚性活动。各村落虽然都有明确的地界，但是村民之间的交流往来却是相互沟通、相互融合的。本村有活动，邻村村民也会过来凑热闹。而且很多重要的地区性节庆还往往是多个村落共同协商举办。这就需要组织者能够在各村之间拥有广泛的关系网络，能够在各村之间发挥沟通和联络作用。而武术精英之所以能够胜任村落各种重大活动的组织者，除了因为自己在本村具有强大的隐权力，能够发号施令之外，也与其拥有广泛的社会关系网络有密切关系。武术各门各派一般都以虚拟的血缘关系为纽带，把天南地北的同门紧紧联合在一起，这种"准家庭"网络使每个弟子都成为这一"家族"（拳派）的一员，并产生强烈的认同感，于是"同门""兄弟""一家""一伙"等团体精神便渗透到了习武者人际关系的各个方面，"甚至思维都一模一样！这是因为已经没有哪个人是个体，他们都已是整体中的一员的缘故，他们彼此都如此相像"①。所以，各村之间的习武者大都是知根知底的"一家人"或"熟人"。而对一个武术精英来讲，他不光在本村受到敬重，在其他村落也是同样具有一定的威信，故此在联络附近十里八乡共同参与节庆活动方面具有得天独厚的优势。

> 其他村练拳好的，我们村里人也都很熟悉，比如杨家庄的邢银超、北杨庄的邢玉栋、赵寨村的王凤刚、后马井的李济民、砖窑村的侯永武等，还有很多呢！都不是我们本村的，但是我们都认得他们，就是不认得也听说过他们的大名！像我们村的王孟强啦，李玉琢啦，附近其他村里练拳的人也都认得。"（王连深口述）

特别是在那些尚武风气盛行的武术乡、拳民村，村民中练拳者的比例很大。很多村民甚至只在意谁练拳练得好，而并不太关注谁是村主任、谁是书记。所

---

① 尤金·扎米亚金. 我们 [M]. 殷杲，译. 南京：江苏人民出版社，2005：7.

以，在村际互动中，只要武术精英一出面，众人都得给他面子积极响应，常常能把村主任、书记不能办的事轻松搞定。

其次，武术精英必定是现场秩序的维持者。传统社会里，村落日常生活相对单调，文化娱乐活动更是相对贫乏，此时节庆活动就成为全体村民的狂欢节。一般情况下，乡民在过节度岁、庆丰禳荒、祭神祀祖、婚丧嫁娶等民俗节庆活动时，往往都要举办奏乐、唱戏、说书、杂耍等娱乐活动。每逢此时，便会"亲朋好友奔走相告，十里八乡结对而到"①。在这种"狂欢节"式的活动现场，男女之别、尊卑有序等传统观念往往会相对放松，比平时模糊了许多。热闹非凡的现场常常也会隐含着乱象丛生的隐患，口角之争、身体冲突、大打出手都是常见的事，小偷小摸、明抢豪夺、调戏妇女等不法行为也屡见不鲜，甚至地痞无赖借机出来"闹事"也时有发生。

> 广宗县西召村有个恶霸举人，叫贺林侨，常欺压百姓，附近村庄的人没有不恨他的，但是又不敢惹他，所以常常是忍气吞声。有一天，贺林侨带着几个家丁去逛庙会，在庙会上骑马横冲直撞，一连撞伤了好几个人。武举人景廷宾②见此情景，一个箭步冲上去就把贺林侨拽下马来厉声训斥。贺林侨哪受得了这种"羞辱"，便恼羞成怒命令家丁动手打人。景廷宾并不怯懦，施展功夫把家丁打得鼻青脸肿、满嘴流血，直到贺林侨叩头求饶，景廷宾才放他回家。从此，贺林侨收敛了很多，再也不敢肆无忌惮、惹是生非了。事后，当地乡民还编了顺口溜来称赞景廷宾的侠义行为，"景廷宾，英雄汉，既能说，又能打，怜惜穷人恨恶霸，为民除害惩凶顽。马上打下贺举人，口鼻出血直叫唤。"（田建文口述）

武举人景廷宾拳打恶霸维护庙会秩序的故事在乡里不胫而走传为佳话，更加巩固了其在乡村生活中的威望，对当地那些不安分、喜欢闹事的地痞无赖具有极大的震慑作用。就算是不能使他们改邪归正，但至少也会让他们不敢随心所欲、为所欲为。

传统社会的村民在乡村治安中之所以如此倚重武术精英，不光是因为武术精

---

①程歗，张鸣．晚清教案中的习俗冲突［J］．历史档案，1996（4）：99-106，100．
②景廷宾（1861—1902），男，字尚卿，武举人，清代直隶顺德府（今邢台市）广宗县东召村人。为人慷慨好义，当地官绅也承认他是一位"为乡里所敬服"的人物。

英会武功,有胆气,能打能拼,更是因为武术人具有一种强烈的责任心和担当意识,在关键时刻为了保护集体财产或他人性命甚至可以舍生取义。总之,一个习武之人要想成为世人心目中的英雄,就必须有维护乡村秩序的自觉意识和实际行动。

第三节 管理帮会组织

"帮会"是"用结拜异姓兄弟的方式建立组织,以江湖义气、门规家法和其他封建伦理道德观念来维系内部团结"①的社会团体。17世纪中叶,中国社会发生了最后一次封建王朝的更迭。这一时期,战争连年不断,政治动荡不安,人民颠沛流离,整个社会处于混乱无序的状态之中。随之而来的就是民间社会的游民数量急剧增加,他们为了抵御生存危机,往往会集聚成某一小团体以图互济互助、防暴自卫,于是帮会就逐渐发展和蔓延起来。至19世纪末20世纪初,帮会组织已遍及全国。据载:在广东惠、潮、嘉三府"一月之内必可集山林剽悍之徒三四十万"②;江西"常备巡防各军,多有哥老会"③;浙江哥老会支派众多,有伏虎会、白布会、终南会、双龙会、龙华会、平阳党,还有青帮私贩党④;"会党之风甲于天下""各属乡场市镇,均……各有码头,各有公口名片、大小图章"⑤;北方的山东、河南、山西、陕西、甘肃等省,帮会也很活跃,义和团余众"投入江湖等会,劫案亦多"⑥。由此可见,至19世纪末20世纪初,帮会已成为中国社会中一支不可忽视的社会势力,即使在乡村社会也同样影响深远,"蔓延及于穷乡,几乎无村无寨无之"⑦。各地帮会的各种社会活动,既冲击着政府的统治秩序又给社会稳定带来了极大的破坏性,所以必须对帮会组织进行有效

---

① 邵雍. 中国秘密社会[M]. 福州:福建人民出版社,2002:前言1.
② 孙中山. 孙中山全集[M]. 北京:中华书局,1981:183.
③ 中国史学会. 中国近代史资料丛刊:辛亥革命(第二册)[M]. 上海:上海人民出版社,1957:501.
④ 中国史学会. 中国近代史资料丛刊:辛亥革命(第三册)[M]. 上海:上海人民出版社,1957:6.
⑤ 中国第一历史档案馆,北京师范大学历史系. 辛亥革命前十年间民变档案史料(下册)[M]. 北京:中华书局,1985:792.
⑥ 中国第一历史档案馆,北京师范大学历史系. 辛亥革命前十年间民变档案史料(上册)[M]. 北京:中华书局,1985:136.
⑦ 冉最修,张俊颖. 兴仁县志[M]. 贵州省图书馆,1965年,油印本. 转载:欧阳恩良. 关于会党与辛亥革命关系研究中的几个问题——以西南袍哥与辛亥革命为中心[J]. 山东大学学报(哲学社会科学版),2011(5):64-73.

的管理。当然这种管理既有来自外部的国家管理也有来自内部的自我管理。国家管理自然会使用军队、政权、法律等多种手段和途径，甚至是对非法帮会进行清剿或取缔，在这里已超出了本研究的范围，姑且不论。而本研究所关注的乃是帮会的自我管理，即帮会首领是如何利用帮会这一特殊空间，通过门规家法等管理内容和惩罚措施对其内部成员进行有效管控的。由于帮会在从事社会活动时往往会使用武力，所以其内部首领或主要人物大多都是通过自身武功生成权威、建立威信。帮会骨干大都"打一手拳法神打，以传授拳术和学艺为名，纠合一帮流民，成立某一帮派，并亲自指挥"①。比如，河北青帮"大"字辈李景林（1885—1931）就是近代武术大师、武当剑术传人、山东国术馆创始人。再比如，上海青帮"礼"字辈张仁奎（1865—1944），自幼习武，1889年考中武秀才，后在家乡设馆授徒教习武功②。武术人特别是武功高强者，在帮会活动中一般都充当着组织者和指挥者的角色，同时，他们又都是帮会的实际领导者和管理者。所以，他们思想意识的好坏、道德品质的高低，就直接影响了其所领导的帮会的社会性质。是违法乱纪、扰乱社会秩序的？还是遵纪守法、安分守己的？这在很大程度上都决定于一个帮派首领的自身品性和素养。虽然不是所有的帮会领袖都是武术精英，但是有武术精英领导的帮会组织必定是相对守规矩的，也基本上不会扰乱社会秩序的稳定。究其原因就是因为武术精英除了可以利用自己的优良品德影响周围人员之外，更能够以高度的责任感和强烈的使命感对帮内成员进行严格管理。

一、帮会：管理的空间

在古代皇权专制共同体的保护与控制下，中国传统社会各个阶层的人们都存在着人格萎缩的现象，生存竞争能力相对较差，于是，人们就特别重视团体的力量。士农工商都以血缘、地缘和业缘等关系构成集团，以增强与他人的竞争力。习武人群更是喜欢组建一门、一派、一帮，以求内部互助、一致对外。由于缺乏文化，他们又想不出什么新型的人与人结合的方式，于是，他们就模仿主流社会的宗法制度，建立起了非血缘关系的、人为的宗法制度，其中最为直接的就是"兄弟结拜"。这种异姓之间的"兄弟结拜"，产生于三国统一以后，最早记载是

---

①中村义．辛亥革命之研究［M］．东京：日本未来社；1979：191．
②青帮按"清静道德，文成佛法，仁论智慧，本来自信，元明兴礼，大通悟觉"排辈。

出自《颜氏家训·风操》,"四海之人,结为兄弟,亦何容易,必有志均义敌,令始如终者,方可议之"①。颜氏从士大夫的立场出发,认为兄弟结拜要慎重,只有志同道合与相互了解之后,才能结拜为异姓兄弟。习武之人,自然是志同道合,而同习于一个拳派者,更是相互了解,所以,习武之人之间的结拜在民间是相当普遍的。

结拜是武术人结合在一起的最初形式,随着成员的不断增加,它往往会发展成为帮派组织。在"谁的拳头硬谁就是大哥"的传统社会,暴力成为政治唯一的基础。因此,在当时社会条件下,武力就成为了各帮会能够生存、发展、壮大的唯一工具,所以,传统社会的帮会大都是具有武术性质的社会组织。在某些情况下,对那些缺乏靠山的一般民众、基层村民,帮会也许是他们寻求庇护的一个很好的选择,由于帮会的保护,他们所遭受的骚扰要比其他人少得多②。

在这种带有武术性质的帮会中,帮派意识常常具有强烈的倾向性,这种倾向性甚至影响到其成员对是非曲直的正确判断力。它表现为一切皆以自己帮派利益为标准,认为自己的帮派永远是正确的。帮派中的成员习惯于这种单线思考,从是非上说,自以为是;从力量上说,认为自己是所向无敌的。因此,在他们面对世界或其他人群时,他们只关注敌我,不关注是非;或者说,总认为自己永远正确,错误完全在敌人一方③。在这种意识观念的支配下,他们往往会成为村落社会秩序的极大破坏者。如1898年5月4日的《国闻报》(第一百八十二号)如是记载了四川哥老会的情形:

"蜀中吏治废弛,小民铤而走险,相率以哥老会为逋逃薮。……以是党羽浸众,凡稍称小康之家无不被其劫掠。有时掠取人家幼年子女,勒令以若干钱赎取,名为'接童子'、'扛观音'。……天下无事则已,一旦有事则若振臂一呼揭竿而起,则夔府以西、汉中以北无一块净土也。"④

由此可推知,即使在传统社会,帮派也非常有必要通过有效管理对其社会行为进行约束、控制和引导。否则,各类帮会将会成为扰乱村落秩序、乃至引起社

---

① 荀悦. 诸子集成:第八册[M]. 北京:中华书局,1954:12.
② 王迪. 茶馆:成都的公共生活和微观世界,1900—1950[M]. 北京:社会科学文献出版社,2010:300.
③ 王学泰. 游民文化与中国社会[M]. 北京:同心出版社,2007:308.
④ 路遥. 义和团运动文献资料汇编·中文卷(上)[M]. 济南:山东大学出版社,2012:105.

会动荡的最大隐患。除了利用国家权力对帮会进行严格管控之外，还可以充分发挥武术精英在帮会中的权威作用，有效实现对帮会的内部管理，从而达到双管齐下、标本兼治的善治效果。例如，解放前盛行于西南黔滇川地区的"袍哥"① 组织，就因为其有无武术精英的领导而被分为"清水袍哥"和"浑水袍哥"两个性质完全不同的帮派组织。

> 在"清水袍哥"里，"舵把子"都很有正义感，从不欺负人，还常常帮助那些遭难的穷苦百姓。他手下的人，也从不干违法乱纪的勾当；而"浑水袍哥"就不同的，它的"舵把子"本身就品质恶劣，他领导下的"袍哥"更是一些打家劫舍、杀人越货的歹徒。（罗明先口述）（图15）

"袍哥"每个"堂口"都按职位高低分成"十排"，头排也就是这个堂口的舵手，掌管实际事务，此人需有较强的管理能力。二排则由大家推举，称"圣贤二爷"，通常此人为人正直、重义守信，有点像队伍中做思想政治工作的。三排中有一名"当家三爷"，专管内部人事和财务支出。前三排都是负责教化与管理职责的主要人物，他们道德品质的好坏，直接影响着本帮成员社会行为的优劣。"清水袍哥"之所以能够做到安分守己，不违法乱纪、扰乱社会秩序，就是因为其组织中有武术精英掌舵。

图15 课题组先后两次对"袍哥"罗明先老人访谈②

---

① 袍哥是解放前西南地区特有的民间组织，源于清末民初的哥老会。后借用《诗经》"岂曰无衣，与子同袍。王于兴师，修我戈矛。"的诗句改称为"袍哥"，提倡"汗衫打伙穿"的所谓袍哥义气。袍哥首领称为"舵把子"，副首领称"三爷"。"袍哥"组织中没有"二爷"和"四爷"这两个称谓，因为"二爷"这个位子是留给关公关二爷的，又因为民间普遍认为北宋"杨家将"中的杨四郎是个叛徒，所以也没有"四爷"这个称谓。

② 图片来源：课题组成员分别在2016年12月6日和2017年4月18日拍摄于贵州遵义市土城镇老街"袍哥堂口"。

二、门规：管理的内容

有无门规及门规内容的好坏决定了帮内成员社会行为的性质与规范程度。有武术精英领导的帮会，都有严格的门规戒律，其内容大都是一些有利于社会稳定的道德约束和行为规范。而无武术精英领导的帮会组织，大都是乌合之众，打家劫舍、强抢豪夺无恶不作，常常给社会稳定带来极大的破坏。具体来讲，武术精英领导的帮会组织，大都是以"君臣、父子、兄弟、夫妇、朋友"五伦、"仁义礼智信"五常和"孝、悌、忠、信、礼、义、廉、耻"八德等儒家伦理思想为信条制定门规戒律，由于高度契合了中国传统社会的道德意识，因此具有很强的煽动性和凝聚力。例如"哥老会章程"：

> 自入哥老会后，尔父母既是我父母，尔兄弟姐妹既是我兄弟姐妹，尔子侄既是我子侄，如有不遵此例，不念此情，为背誓，五雷诛灭。不得捏造是非，增言灭语。离间兄弟者，死在万刀之下。不得奸淫兄弟妻女及兄弟姊妹，犯者五雷诛灭。或有抢劫取错兄弟财务者，即送回兄弟。如有欺心不送回者，死在万刀之下。（图16）

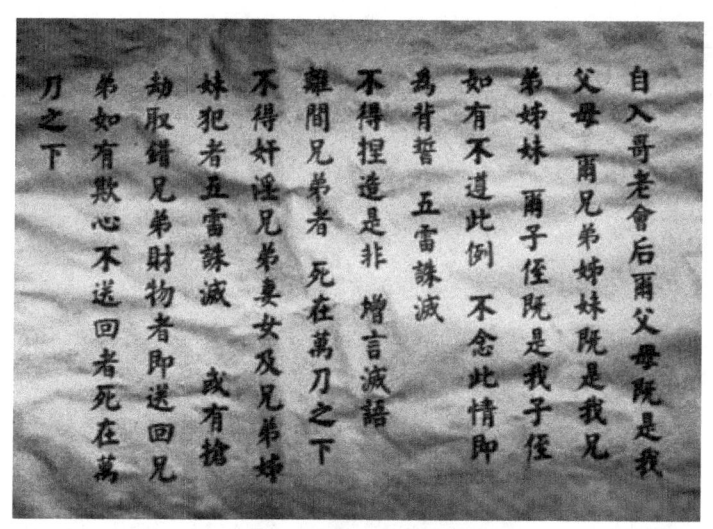

图 16　哥老会章程①

---

①图片来源：课题组成员 2017 年 4 月 19 日拍摄于贵州省遵义市土城镇老街"袍哥堂口"，原图由罗明先老人提供。

再如"袍哥十款":

一不许前后把衣扎,二不许帽子戴歪斜。三不许敲脚把腿掛,四不许口内乱开花。五不许当堂把架打,六不许胡扯与胡拉。七不许谈言无上下,八不许吵闹与喧哗。九不许栽瓜还逗把,十不许灭股并卡娃。(图17)

图 17　袍哥十款①

再如,据《清门考源》记载青帮的门规更是严格而全面,有所谓的"十大门规""十禁""十戒""十要"和"家法十条"等丰富内容②。

从以上"哥老会"章程、"袍哥"条款、"青帮"门规来看,所涉及的内容十分广泛,而且具体而细致。既有对个人行为方面的约束,也有对个人品质方面的教化,总的来讲,大部分条款都是要求其成员遵从儒家的"三纲五常""四维八德",以此来维护帮内团结和维持社会秩序的稳定与和谐。由此可见,由于武术精英身处帮派之中,且身居管理核心,故此在门规内容的设定上起到了至关重要的作用。

---

①图片来源:课题组成员2017年4月19日拍摄于贵州省遵义市土城镇老街袍哥堂口。
②陈国屏.清门考源[M].上海:上海文艺出版社,1990:167;邵雍.中国秘密社会[M].福州:福建人民出版社,2002:253-259.

三、惩罚：管理的手段

虽然武术性质的帮会组织在传统社会普遍流行，但也并非是任何人随意就可以加入。加入帮之前，帮会负责人（武术精英）都要对有意加入者进行严格的道德伦理考察，凡是达不到考核标准者均被拒之门外。

> 我10多岁便加入"袍哥"组织，是因父亲和两个哥哥都在组织里面。要做"袍哥"并不容易。加入"袍哥"组织，不但要讲义气、守规矩，还不能有吃喝嫖赌等劣迹。（罗明先口述）

一旦加入组织，就得严格遵守门规，不得有丝毫的懈怠。稍有疏忽大意，就会带来严厉的惩罚。门规戒律所规定的大都是伦理道德范畴，而道德本属于自律的范畴，然而在某些特殊情况下（如自律性差、屡教不改等）伦理道德还是得靠刑罚来支撑。比如，青帮的"家法十条"就详细地列举出了诸多违反门规的具体惩罚手段：

> 1. 初次违反门规，轻则斥责，重则家法处治，再犯则用香在臂上，烧"犯规"二字。
> 2. 屡犯忤逆双亲者，将用定香在胸前烧"不孝"二字，如犯逆伦罪，困在铁锚上烧死。
> 3. 犯不遵师训，妄言妄行者，处在臂上刺"玩民"二字，斥革之。
> 4. 不敬长上者，在臂上刺"不敬"二字。
> 5. 以资格侵占帮中老少财务者，在臂上刺"强夺"二字。
> 6. 殴打帮中老少者，在臂上烧刺"强暴"二字。
> 7. 做国法所禁止不道德事者，在臂上烧刺"莠民"二字。
> 8. 训谤仙、佛、菩萨以及一切宗教者，在臂上烧刺"妄为"二字。
> 9. 不务正业，专事敲诈，逞凶斗殴，不受规劝者，在臂上烧刺"无以"二字。
> 10. 犯奸盗邪淫、伪造、虚构、诬载、殃及帮中老少者，在臂上烧刺"无耻"二字。①

---

①邵雍. 中国秘密社会［M］. 福州：福建人民出版社，2002：259.

再者，据中国帮会研究专家欧阳恩良记载，"袍哥"成员凡事有不孝敬父母、私造谣言、欺兄灭弟、调戏兄嫂、贪财爱宝、不尊节制、酗酒行凶等都要分别处以各类刑罚。比如，打红棍（打法棍）、黜名（将违规者开除）、三刀六眼（帮内人士所说的"三刀六个眼，自己找点点"，由执法老幺在犯者的心、腹、小腿各刺一刀，必须刺透）、挖坑自跳（活埋）、钉活门神（用六颗钉子将违法者定在门板上）等①。

乍一看这些惩罚手段，确实让人感到有些残酷，但实际上这些手段并非经常使用，也并非对所有人使用，而只是在对那些品质恶劣、道德败坏、屡教不改者进行管教时才公然使用。大部分帮会成员一般都能够依靠道德自律来遵守门规、约束自己的社会行为，当然帮内武术精英的示范作用和榜样力量也不容忽视。尽管违反门规受到严惩者是少数人的行为，但却对帮内其他成员起到告诫、警示和恫吓的作用。由此来看，惩罚在帮会管理中发挥的重要作用一般表现在三个方面，一是成员依靠道德自律来遵守门规而免于惩罚，二是因慑于惩罚手段的严酷性而不敢违反门规，三是违反门规之后的严厉惩罚。

帮会内部一般都有一个专门执行惩罚的负责人，比如"袍哥"堂口都设有"执法老幺"，负责处理各种矛盾与纠纷。"执法老幺"要求武功高强，一般通过门内比武获得合法地位。比武有严格规定，要求比武双方不准"见红"，即要手下留情，点到为止，给对手留有面子。罗明先老人曾是贵州遵义市习水县土城镇袍哥堂口的"执法老幺"，据他回忆：

> 我在最后一场决定性的比武中，左掌压住对方的来拳，右手快速一翻，用掌背朝着对方的面门只是轻轻一拍，我就获胜了嘛！就这么简单。（罗明先口述）

另外，执法者除了武功高强以外，还要品德端正，正如《论语·子路》所说，"其身正，不令而行；其身不正，虽令不从"，所以如果执法者自身端正、德高望重，那么被执法者就能心服口服、甘愿接受惩罚并改正错误；相反，如果执法者自身就劣迹斑斑，那么即使依靠权力实施了严厉惩罚，被惩罚者也是口服心不服，不利于其幡然悔悟及时纠错。此时，武术精英在帮内的管理作用就凸显出来，因为武术精英所具备的三个品质（德厚、艺高、有担当），也正是一个人

---

① 欧阳恩良，潮龙起.中国秘密社会：第四卷［M］.福州：福建人民出版社，2002：194.

在帮会中生成权威、建立威信、实施隐权力的核心元素。

总之，不是所有的帮会都是武术精英作为领袖，也不是只要有武术精英领导的帮会就都是遵纪守法的，更不能说武术精英管理的帮会就不会扰乱社会秩序。但是，武术精英凭借着自己德艺双馨的品性和敢于担当的社会责任感，确实在帮派管理中发挥了至关重要的作用，甚至在一定程度上影响或引导帮会的社会性质和发展方向。然而，我们也应该充分认识到帮会毕竟是一个历史的产物（封建社会末期的产物，中华人民共和国成立之后已经不复存在），同时也必须承认传统社会武术精英在意识形态上所具有的历史局限性。

小结

自从有了人类社会，社会稳定就是人们日常生活得以正常进行的重要保障，更是历代统治阶级实现长治久安的治国方略。而在传统中国，国家权力又不下县，所以县以下的乡村治理就主要是靠帝制下的地方"自治"。而作为传统乡村权威的武术精英，因身份的特殊性，经常在村落自治中被赋予维护社会稳定的责任与义务。首先，他们的道德标准直接影响着广大村民的道德诉求，所以，在村落生活中，常常通过道德榜样的力量引领着乡村社会的道德意识，在一定程度上净化了村落的道德秩序，非常有利于营造全体村民进德修业、和谐相处的社会氛围。其次，依靠武术人所特有的气魄震慑着村落的歪风邪气，使村民日常生活安然无恙；同时又凭借着自身高超武功，保证着乡村节庆活动井然有序。最后，针对传统社会帮会盛行的实情，武术精英通过教化的力量对帮内成员进行着严格的管理，从道德教化、思想约束、行为规范等各个方面把那些喜欢"动武"的武术人尽量控制在安分守己的范围之内。总之，由于传统社会"地方自治"的特殊性，决定了武术精英在社会维稳中具有了不可替代的重要作用，充分发挥好这种作用，就会极大地降低自治成本，使乡村自治状态稳定而持久。

第五章　自保家园

　　传统社会的乡村自治，不光表现为社会的自我管理，还体现为安全的自我保护。村民在官方没有能力对村庄提供有效保护的情况下，便开始将希望转向村庄的自我保护。于是，崇尚武勇的意识就上升为主流，此时武术精英的地位和价值在乡村安全防御中就显得尤为重要①。美国著名汉学家周锡瑞先生在华北广大农村研究义和团的起源时就曾注意到这一普遍现象：

　　　　尚武有助于年轻的武术人与村落道德体系结合，并将习武者与当地村社保卫联结起来。我们所看到的村落习武者，很多人过着漂泊的生活，作盐贩、行商或保镖……当公共秩序瓦解、盗匪四处蔓延的时候……武术人就开始保卫身家。②

　　跟普通习武者相比，武术精英除了拥有高强的武功之外，还具有更丰富的社会（江湖）阅历，更具备指挥他人的意识和才能。所以，一旦自上而下的乡村管理方式出现断裂或紊乱，武术精英便自然而然地成为保卫村庄安全的承担者。1872 年到中国传教的美国传教士明恩溥，在中国传教 30 余年。他充分利用传教的机会考察了中国很多农村，在对中国传统社会民众生存状况广泛了解和深入思考的基础上撰写了《中国人的特性》（Chinese Characteristics，1894）、《中国的乡村生活》（Village Life in China，1899）、（China in Convulsion，1901）、《中国的崛起》（The Uplift of China，1907）等大量著作，其中《中国的乡村生活》讲述了一个武术精英自保家园的真实事例：

---

① 唐韶军，戴国斌. 生存・生活・生命：论武术教化三境界 [J]. 北京体育大学学报，2016，39（5）：72-78.
② 周锡瑞. 义和团运动的起源 [M]. 张俊义，王栋，译. 南京：江苏人民出版社，2005：60.

"笔者曾遇到一个人,他家在农村,一伙肆无忌惮的强盗瞄上了他们村想做据点,结果把村子洗劫一空。尽管诉诸法律,也难以息事宁人。于是,这个人召集了一帮武艺高强的人(爱打抱不平的武术精英),去进攻当时还在邻村驻脚的盗贼。这伙盗贼在遭受痛打之后,马上把老窝移到其他地方去了。"①

由此,明恩溥传教士总结出一条普遍规律,那就是,"在许多事件中,当村民遭受了欺压,村民们最初的想法是如何组织起一帮精通武术的人去攻打欺压他们的人"②。可见,在自保家园的村庄防卫中,广大村民把武术精英当成了生命财产安全的有效保障。除了在武术精英身上能够获得一份充足的安全感之外,普通民众还可以从武术精英身上汲取一种敢于担当、舍我其谁的英雄气概,借此可以有效地促使他们以积极的心态去应对自身、家庭和村落所面临的各种危难。

第一节 "个体行动"中仗剑行侠

民间"尚武"的传统,直接营造了老百姓对侠客的崇拜。继韩非子在《五蠹》中提到侠客、司马迁在《史记》中为游侠作传、班固效仿司马迁为《汉书》作《游侠传》之后,历代史家就不再为侠客立传了。于是形成了一个特殊的局面,"讨论汉以后的侠客,不再借助于'历史'的支持了"③。也就是说,研究侠客时很难再有言之凿凿的论据。从《后汉书》起,史家虽然不再为侠客作传,但这可并不等于社会上就不再有侠客行为和侠客意识,而是下沉到民间社会成为了武术精英的一种人生追求和价值实现。武术精英开始喜欢"仗剑行侠"游走于江湖之上,并在社会生活中发挥着类似侠客的作用。而作为武术精英就应该具有像侠客那样"于乱世中拯危济弱主持公道"④的意识和观念,也潜移默化地融入了世人的集体无意识之中。所以,能否"仗剑行侠"便是成为世人对武术精英的行为期许和评判标准。于是,武术精英就与侠客有了相互融合、相互依存的密切关系,有时甚至成为可以相互替换的同义词。

---

①明恩溥. 中国的乡村生活 [M]. 陈午晴,唐军,译. 北京:电子工业出版社,2012:146.
②明恩溥. 中国的乡村生活 [M]. 陈午晴,唐军,译. 北京:电子工业出版社,2012:146.
③陈平原. 千古文人侠客梦 [M]. 增订本. 北京:北京大学出版社,2010:3.
④陈平原. 千古文人侠客梦 [M]. 增订本. 北京:北京大学出版社,2010:75.

一、所仗之剑是"武"的代名词

"剑"乃中国最古老的兵器之一。《管子·地数》篇曰:"葛卢之山发而出水,金从之,蚩尤受而制之,以为剑铠矛戟。"① 经战国至汉代,剑都是战场上重要的杀敌利器。自魏晋南北朝以降,由于剑在韧度和力度上都远不如刀,所以在战场上逐渐走向衰弱,以致在唐朝的《唐六典·武库令条》中便只有刀制而无剑制。

> 刀势渐盛而剑法式微,乃是必然的。阵战冲杀,需用长兵,大刀长戟,方符所需。即或短兵相接,利于砍、劈、斩、拦、搅的刀,也远较剑实用。②

事实上,从唐朝开始军队装备中就没有了剑,而到宋朝时期刀已经变得非常流行。然而,剑虽在实战搏杀的战场上越来越少人问津,但却在民间繁荣昌盛,并与民众的日常生活水乳交融起来,体现了民众的生命状态、审美体验、人生感悟,甚至于历代颂扬武侠的诗文,几乎都离不开"剑"③。于是,"负剑远行游"(鲍照《代结客少年场行》)、"抚剑独行游"(陶潜《拟古》)的武侠形象很快就深入民心了。"剑"本身是一种杀敌自卫的武器,以击刺等技术制服对方以炫耀武力,但是在诗词歌赋中诗人却将"剑"跳过"武器本质"而直接联系为"武力",好像只要诗词中有"剑"那么"武力"也就随之而来。于是世人们在展现武力的时刻就毫不犹豫地请出宝剑,以此来雄赳赳气昂昂地炫耀武力。王维曾经"一身转战三千里,一剑曾动百万师"(《老将行》);王涯也曾"年少辞家从冠军,金妆宝剑去邀勋"(《塞下曲二首》);王昌龄的愿望是"明敕星驰封宝剑,辞君一夜取楼兰"(《从军行七首》);李白更是希望张秀才"抱剑辞高堂,将投崔冠军。长策扫河洛,宁亲归汝坟"(《送张秀才从军》);卢照邻对刘生知恩图报、重义轻生的侠义精神也大为赞赏"刘生气不平,抱剑欲专征。报恩为豪侠,死难在横行。翠羽装剑鞘,黄金饰马铃。但令一顾重,不吝百身轻"(《横吹曲辞·刘生》);辛弃疾更是无时无刻"想剑指三秦,君王得意,一战东归"

---

① 管仲. 管子 [M]. 房玄龄, 注. 刘绩, 补注. 上海: 上海古籍出版社, 2015: 442.
② 龚鹏程. 侠的精神文化史论 [M]. 济南: 山东画报出版社, 2008: 327.
③ 陈平原. 千古文人侠客梦 [M]. 增订本. 北京: 北京大学出版社, 2010: 78.

(《木兰花慢·席上送张仲固帅兴元》)。可以说,世人以宝剑指代武功就是因为这些文化积累的结果。渐不实用的剑也正因蕴含了丰富的文化内涵而变得在武术中的地位越来越尊荣。书房中悬挂一把剑,或者诗文中点缀"剑"的意向,都是"尚武"精神的体现,习武之人更是把剑当成是一种"武力""尚武"的象征性符号,把"动武"说成是"亮剑",把"比武"说成是"论剑"。

如此说来,传统乡村自治中武术精英所仗之"剑"实际上就是"武",所谓的"仗剑"行侠,实际上就是"以武"行侠的诗化、美化和理想化的一种境界。至于武术精英会不会击剑,宝剑出不出鞘,最后能不能达到一剑封喉的效果,那倒无关紧要,关键是要看他们是否能够凭借自己的武功锄强扶弱、伸张正义。

二、所仗之剑代表了正义

本来,剑的作用只在于攻防技击、克敌制胜,能最大极限地发挥"劈、撩、刺、斩、抹"等技法就是好剑、宝剑,故剑只有利钝之分而无正邪之别。可是因为剑在长期的发展过程中蕴含了丰富的传统文化因素,所以在日常生活中就被赋予了一定的伦理色彩,被当成是"义"的化身。儒家思想的"义",是一种仁爱的表现形式,即公平、正义、公道、公正。这样,武术精英的武术行为就与主持正义的道德因素联系在一起。

在中国,不管是文人还是武人,都把剑看成是一种执掌正义的神圣武器,普遍认为只有仁者、德者、有道者才配拥有宝剑,才能够守住宝剑,才有能力使用宝剑来纾解人间不平。白居易在诗词《李都尉古剑》中对"至宝有本性,精钢无与俦"的古剑赞叹不已,正是表达了人们对宝剑这种神器的崇敬:

愿快直士心,将断佞臣头。
不愿报小怨,夜半刺私仇。
劝君慎所用,无作神兵羞。

就是说,像宝剑这种神圣兵器,是不能用来报私仇的,而必须以伸张正义为崇高目的。文天祥在《酹江月·驿中言别友人》中更是把剑视为正义和正气的象征:

> 铜雀春清，金人秋泪，此恨凭谁雪？
> 堂堂剑气，斗牛空认奇杰。

将剑与主持正义联系在一起，并非儒家思想的独创，在道家思想中剑亦有辟妖魔之邪气、生阳刚之正气之功效。道家讲的是除魔卫道，在斋醮仪式中，道人大多都是以宝剑为主要道具与念咒、焚符等活动相配合，最终达到"镇住""捉拿"或"斩杀"妖魔鬼怪的目的，也得全凭三尺法剑。既然剑有辟邪除魔的功能，就难怪世人将其视为正义的化身。正如欧阳修《宝剑》诗所云：

> 此剑在人间，百妖夜收形。
> 奸凶与佞媚，胆破骨亦惊。

如此一来，经过文人墨客的写意化与道教思想的神秘化之后，剑已不再是一种单纯的兵器，而被赋予正义、正气的道德伦理色彩。

由于世人普遍存在着对公平的渴望和正义的向往，所以他们就期待那些会武功、懂武艺的武术精英能够仗剑行侠，成为他们日常生活中的保障和依靠。同时，在武术精英的内心深处也已经把伸张正义的侠义之举当成自己的责任与使命，并在日常生活中努力践行之。

三、所行之侠是一种见义勇为

任何关于"侠"的研究，都不能不追溯到《史记》，因为韩非子虽在《五蠹》中有"侠以武犯禁"[1]的记载，但却语焉不详，只有在《汉书·游侠列传》中司马迁才为古代的"侠"勾勒出一个颇为清晰形象，"虽不轨于正义，然其言必信，其行必果，已诺必诚，不爱其躯，赴士之厄困"[2]。意思是说，这些人的行为虽然不符合正统亦即官方的行为规范，但是他们却言必信，行必果，对于自己做出的承诺，必定全力以赴地去做，不惜牺牲性命也要急人所难。也就是说，"侠"是一种胆识义气和牺牲精神，行侠之人绝不是出于私利依仗武功违法乱纪，而是"出于公心，于乱世中拯危济弱主持公道"[3]。

---

[1] 韩非. 韩非子 [M]. 徐翠兰，木公，译注. 太原：山西古籍出版社，2003：242.
[2] 司马迁. 史记 [M]. 北京：中华书局，1959：3181.
[3] 陈平原. 千古文人侠客梦 [M]. 北京：北京大学出版社，2010：75.

武术精英与侠客相比，最大的区别就是武术精英的行为必然是"轨于正义"。侠客的"胆识义气""牺牲精神"再加上"轨于正义"的约束，就是武术精英的行为规范和活动准则。而这三种品性的集中体现，莫过于我们常说的"见义勇为"。"见义勇为"一说，最早出自《论语》，"见义不为，无勇也"①。传统儒家思想认为，"义"和"勇"是两种塑造高尚人格的规范。"义"，就是符合于"仁"和"礼"要求的品德；"勇"，就是符合"仁、义、礼、智"的勇敢。"见义勇为"就是遇到应该伸张正义的时候，要挺身而出做自己应该做的事——关心他人。老舍先生在描写基层社会生活的作品中，曾用"义气"这个词来判断一个人是否关心他人②。由此可见，"见义勇为"自古至今都是反映一个人或一个社会道德风尚的范畴。对于德艺双馨的武术精英来说，乃是实施"见义勇为"的社会主体，他们大都是一些除暴安良、济弱锄强的人物，常常能"见不平而奋起"③。甚至是有点"爱管闲事"，本来事不关己，却偏偏为"平不平"而强要替他人出头，出于公心只争"是非"二字④。"见义勇为"的侠义之举，不仅是武术精英的一种优良品质，而且还是他们教化门内弟子的目标或愿望。比如，七星螳螂拳开派宗师王永春，在充分借鉴螳螂拳和其他各拳派武德规范和入门仪规的基础上，于光绪十四年戊子（1888年）编订七星螳螂拳《衣钵嫡传投门仪规》，对择徒标准、为师之道、为徒之道、入室束帖、门规戒约、学徒誓言等，都做出严格的规定和阐述。其中入门誓言的《十愿》就是"见义勇为"的具体体现：

    愿学此本领保国安民；愿学此本领资助孤寡；
    愿学此本领仗义疏财，愿学此本领济世救人；
    愿学此本领传授贤徒，愿学此本领兴旺门第；
    愿学此本领见义勇为，愿学此本领锄强扶弱；
    愿学此本领舍身就义，愿学此本领铲恶除奸。
          引自王永春《七星螳螂拳谱》⑤

当然，武术精英绝不会任侠使气、放荡不羁，动不动就拳脚相加，即使是

---

①毛佩琦.论语全集[M].王丹，释注.北京：中国纺织出版社，2012：36.
②王学泰.水浒·江湖：理解中国社会的另一条线索[M].西安：陕西人民出版社，2011：263.
③龚鹏程.侠的精神文化史论[M].济南：山东画报出版社，2008：22-23.
④陈平原.千古文人侠客梦[M].北京：北京大学出版社，2010：96.
⑤莱阳螳螂拳文化研究会.莱阳螳螂拳[M].北京：华夏文史出版社，2013：238.

"路见不平拔刀相助",也绝不会背离主流社会的道德伦理,而是"轨于正义"。

总之,武术人能否"见义勇为"是评判其品德好坏的主要指标。所以,在以德为先的武术教化中,各拳派都会在反复强调"忍让谦和"的同时,提出"见义勇为"的道德要求,要求弟子"见不平之事,要挺身而出"[1]。如太极拳"门尊十二严"中规定习练本门武功的弟子要"见义勇为"[2],再如梅花拳的"五要"中也明确要求弟子"要扶贫助弱,御除强霸"[3]。诸如此类,不胜枚举。对武术精英来讲,"见义勇为"其实也是一种"社会担当",是武术精英必备的精神品质之一。有了这种精神,武术精英在日常生活中就理所当然地成为侠义精神的传承者和侠客行为的践行者,对震慑地痞无赖、不法分子,进而维护乡村社会秩序的稳定具有持久性作用。

第二节 "集体行动"中身先士卒

中国人素来就有通过集体行动来对付困难、克服险境的传统,从"出入相友"到"守望相助",从"出门靠朋友"到"歃血为盟",无不表现出"人多力量大""众人拾柴火焰高""一根筷子易折,一把筷子难断"等"团结就是力量"的集体无意识。特别是在乡村遇到大麻烦,仅凭个人力量已经无法解决时,村民就会自发地通过血缘、邻缘、武缘、地缘等社会关系,把尽量多的人组织起来,依靠集体的力量克服困难、战胜危险。美国汉学家周锡瑞教授认为,"19世纪末,鲁西北村社护青组织的普遍出现是村民自保家园行动的最好说明":

> 贫穷迫使许多人偷窃邻里的庄稼,因此每个农民觉得有必要夜里在地中间的小茅屋里看庄稼。不久,这种个体行动就被全村或邻近数村的集体护青所代替。因为,有时来偷庄稼的不止几个人,而是成帮结队。村民开会成立护青组织,研究措施,然后雇用村上诸多习武青年男子看庄稼。于是,习武者的武艺在他们自己的村社里有了用场。这些练武术的年轻人虽然当不成游侠,却可以成为村里的英雄。[4]

---

[1] 全国体育院校教材委员会. 武术理论基础 [M]. 北京:人民体育出版社,1997:186.
[2] 陈鑫. 陈氏太极拳图说 [M]. 太原:山西科学技术出版社,2006:93.
[3] 杨彦明. 武探花杨炳与《习武序》[M]. 北京:中国文史出版社,2004:45.
[4] 周锡瑞. 义和团运动的起源 [M]. 张俊义,王栋,译. 南京:江苏人民出版社,2005:60.

而且，在各种自保家园的集体行动中，武术精英每每都会身先士卒，一马当先，带领着共同生活、朝夕相处的村民，通过集体的力量保护村民利益、保卫村庄安全。

一、聚民抗匪

传统社会，自然灾害和战争不时席卷广大乡村，大批穷困潦倒、走投无路的村民常常被迫投身"绿林"而成为盗匪，致使盗匪遍地、民不聊生。而地方政府管理的软弱无能又为盗匪横行提供可乘之机。这样的自然环境和政治因素往往会造成一个不稳定的生态系统，特别有利于盗匪活动的蔓延与猖獗。例如，从晚清到民国时期淮北地区的广大乡村"几乎没有哪一天的报纸和政府公报不提到该地区匪股抢劫的事情"①。民国时期的文献资料对此有着详细的记载：

> 1925年，据称山东的主要匪首有47人，拥众总计达17万人以上。在河南，约有52个匪帮，常备人数有5.1万人。江苏徐州地区窝藏匪徒近5000人。20世纪30年代初期，仅安徽一个县拥众数百的匪帮就有10个。②

传统社会的政府缺乏社会控制和管理能力（如无力修复堤坝，以至于水患频发；饥荒之年无力赈灾；军队无力平息各种地方武力混战），直接导致了土匪、强盗蜂拥而起之局面。特别是在多个行政区接壤的边界地带，土匪横行现象就更为明显：

> 政府力量的孱弱在省界地区最为明显。边缘地带的政府官员，既没有人手也无武器去镇压具有较大规模、高度流动性和装备精良的匪帮。盗匪可以在任何情况下越界进入另一个司法管辖区，因为各个军事和行政当局很少协同发起镇压行动。③

---

① 裴宜理. 华北的叛乱者与革命者（1845—1945）[M]. 池子华, 刘平, 译. 北京：商务印书馆, 2007：74.
② 何西亚. 中国盗匪之研究 [M]. 上海：泰东图书局, 1925：83-94.
③ 狄德满. 华北的暴力和恐慌：义和团运动前夕基督教传播和社会冲突 [M]. 崔华杰, 译. 南京：江苏人民出版社, 2011：119.

这样一来，在政府权力和武装不及的盗匪猖獗之地，武术精英单靠个人侠客般的豪情壮志和自身武功的单打独斗，已经对付不了成群结队的匪徒对村落的侵扰了。于是，武术精英们就只好把村民聚合起来，带领他们依靠集体的力量对付来自各种匪盗的危险。武术精英这种敢于担当、舍我其谁的豪情壮举，不光在通俗小说、传说故事中屡见不鲜，而且在权威史料中也被频频记载。如《新唐书·卷九十·列传第十五》中就有关于程咬金带领村民保护村庄安全的记载：

> 程知节，本名咬金，济州东阿人也。少骁勇，善用马槊。隋末，所在盗起，知节聚徒数百，共保乡里，以备他盗。①

据《明史》记载，在湖北麻城县就有一个赫赫有名的武术精英，名叫梅之焕（1575—1641），是当地历史上最有影响的人物。

> 梅之焕，年十四为诸生。御史行部阅武，之焕骑马突校场。御史怒，命与材官角射。九发九中，长揖上马而去……之焕负材武，善射。所居县，阻山多盗，之焕无事，辄率健儿助史捕，无脱者。先是，甘肃兵变，其溃卒畏捕诛，往往亡命山谷间，为群盗，贼势益张。至是，贼数万来攻麻城，望见之焕部署，辄引去。②

梅之焕在家乡始终以一种武术精英的社会担当行使着自己的隐权力。当时他的家乡麻城正处于最危险的时期，不断地遭到土匪武装的围攻。为了保护村庄的安全，梅之焕义无反顾地将自己的佃户和邻居集聚起来组成一支近万人的私人武装力量。于是，"梅之焕成了整个村庄的守护者。他的队伍因为在1635年初'老回回'的攻势下拯救了村庄而受到赞誉"③。由此可见，当村庄面临土匪、强盗劫掠之时，武术精英总会临危不惧、身先士卒，承担起自保家园的重任。这不光显示出武术精英的有效组织能力和"舍我其谁"的担当精神，更是反衬出武术精英在村民中所具有强大的"发号施令"的隐权力。

传统社会，由于生产力低下，生存资源匮乏，生活环境艰难而不稳定，再加

---

① 欧阳修，宋祁. 新唐书：第12册[M]. 北京：中华书局，1975：3773.
② 张廷玉. 明史. 卷二百四十八[M]. 北京：中华书局，1974：6417-6419.
③ 罗威廉. 红雨：一个中国县域七个世纪的暴力史[M]. 李里峰，译. 北京：中国人民大学出版社，2013：131.

之经常遭受天灾兵乱,所以很多人被迫流离失所,从而走上了"掠夺性"的匪盗之路,他们以别人生命财产为代价,非法攫取生存资料,从偷窃、抢劫、绑架到有组织的械斗,时时处处都在威胁着村庄的安全。作为对抗这种劫掠而来的反应,便产生"防御性"策略,即面对匪盗的劫掠把村民集聚起来以武力反抗而达到自保家园的目的。在这类集体行动中,武术精英因身强力壮、能打能拼,能够起到积极主动的带头作用,同时,他们还拥有徒子徒孙、师兄师弟等纵横交错的人际网络,具有得天独厚的组织动员能力,所以,他们往往会义无反顾地担当起集体行动中实际领导者的角色,真正成为村民的坚强依靠和有效保护伞。

二、设团自保

传统社会,当国家的正规军事力量无力对付国内叛乱或武装起义时,朝廷常常向体制外的地方精英求助,"在紧急状态下不顾律例,公开奖励民间习武,把一批精壮的拳手编为护城勇"①,号召各地组建"地方性"民间自卫性武装组织,以协助国家进行乡村治理。在朝廷如此指示下,"州县承望风旨,几于无一县不办团,无一县不练丁"②。特别是晚清时期,由于朝廷正规军已经无力应对各地连续不断的地方性起事,所以要求"各地在籍官僚和绅士组织团练和勇营"③,以协助政府实施村落防务的职能。据当时的《知新报》报道,"北省枢臣顽固,匪凶横野,烽烟不知何日始了。南省幸赖老成持重之疆臣震慑,得以暂保平安,然官之卫民究不如民之自卫"④。由此可知,在晚清时期,全国各村各庄"设团自卫"⑤已成为一种社会潮流。

民团的首领(团首或会首)一般都是在籍的官僚或乡绅,他们也并不一定都是会武术懂武功的武术人,然而要想办好民团,就必须有"精其器械,训以技艺精能之将"⑥,所以,在这些民团组织中,起核心作用的还是武术精英及其领导下的拳会成员。正如美国汉学家、约翰霍普金斯大学历史教授、东亚研究中心主任罗威廉(William T. Rowe)所发现的:

---

① 程歗. 社区精英群的联合和行动——对梨园屯一段口述史料的解说 [J]. 历史研究, 2001 (1): 3-16.
② 路遥. 义和团运动文献资料汇编·中文卷 (上) [M]. 济南: 山东大学出版社, 2012: 211.
③ 程歗. 社区精英群的联合和行动——对梨园屯一段口述史料的解说 [M] // 程歗. 文化、社会网络与集体行动: 以晚清教案和义和团为中心. 成都: 巴蜀书社, 2009: 13.
④ 路遥. 义和团运动文献资料汇编·中文卷 (上) [M]. 济南: 山东大学出版社, 2012: 366.
⑤ 路遥. 义和团运动文献资料汇编·中文卷 (上) [M]. 济南: 山东大学出版社, 2012: 243.
⑥ 路遥. 义和团运动文献资料汇编·中文卷 (上) [M]. 济南: 山东大学出版社, 2012: 211.

> 武术在乡村社会异乎寻常地发达，其制度形式是为数众多的拳会，教授形形色色的当地拳术……帝制晚期数不清的地方民团领袖，大多是由这些拳会造就的。①

许多武术组织在"奉旨练团"的旗号下，实际上获得了合法或半合法的地位，但是地方官府又根本没有能力"督率"它们的行为，致使各种武术团体只能依靠自身力量进行组织管理②。而在这种自治组织中，领导人的道德品质和思想观念对整个组织的性质和行动方向都起到了至关重要的决定性的作用。于是，该武装组织就为武术精英提供参与政治和分享权力的机会，很多德高望重的武术精英都成为了当地有声望的团练首领。著名汉学家狄德满就曾在《华北的暴力和恐慌：义和团运动前夕基督教传播和社会冲突》一书中提到，巨野县姚家楼的武举姚鸿烈当选为本地二十余村民团"团总"的史实③。《冠县县志·人物志》中也曾记载，在当地的地方防务中出力最多的本县"首领"共七名，其中"四人是文武生员，三人是'技艺超伦'的拳师"④。由此可知，在当地防务中出力最多的村落精英大多是武术精英。他们在各自所属乡村的集体防卫行动中发挥着组织、动员、领导等重要作用。例如，浙江省杭州市桐庐县高翔乡石青村人濮振声（1844—1907），家境殷实，为人慷慨仗义，广为结交，且爱好武术，精于技击，还善于医术，常为穷人诊脉处方，不收分文，是远近闻名的武术精英。他就曾以村庄自卫的名义创办团练，在保护乡里的行动中做出突出贡献，后来还被中华民国追认为"革命先驱"⑤。这类保卫村庄的防御性组织，"主要是反对土匪、军阀的苛捐杂税和暴力，反对军阀造成的混乱，争取一个平安的生存环境"⑥。正如诸多文献资料所记载：

> 土匪到处横行骚扰，弄得民不聊生。官兵不但不能为人民驱匪，其

---

① 罗威廉. 红雨：一个中国县域七个世纪的暴力史 [M]. 李里峰, 译. 北京：中国人民大学出版社, 2013：342.
② 路遥, 程歗. 义和团运动史研究 [M]. 济南：齐鲁书社, 1988：97.
③ 狄德满. 华北的暴力和恐慌：义和团运动前夕基督教传播和社会冲突 [M]. 崔华杰, 译. 南京：江苏人民出版社, 2011：198.
④ 黄成助. 冠县县志：全三册 [M]. 台北：成文出版社, 1968：835.
⑤ 中国第一历史档案馆, 北京师范大学历史系. 辛亥革命前十年间民变档案史料 [M]. 北京：中华书局, 1985：362.
⑥ 陈翰笙. 陈翰笙文集 [M]. 从翰香, 李新玉, 编. 史建云, 徐秀丽, 译. 北京：商务印书馆, 1999：94.

骚扰人民更是甚于土匪。于是，民众就联合起来，利用武力进行自我防范、自我保护。①

农民们组织起类似呼救会的组织来抵御匪徒。……他们所到之处，"马贼"闻风而逃。②

（山东）曹县武生刘世瑞，他鉴于"海疆不靖"、社会动荡，联合一批富户集团自卫……最初的宗旨是护村捕盗。因为屡屡"捕盗送官"而得到村民的拥护和官府的褒奖。③

由武术精英领导的民团、乡勇等武装组织，除了以"半官方""半职业化"的方式直接参与乡村保卫战之外，还被有效地融入传统社会的"保甲制度"④之中。"保甲制度"虽最早见于《周礼》《管子》等古代经典文献中，但是有史可证的首次实施，却是在11世纪重要的集权论者王安石当政时期。而清初官员于成龙，在湖北麻城县进行的保甲实验，实际上才是清代"保甲制度"向全国推广的关键环节。在于成龙的实验中，他将"一个更积极的地方民团网络附加到公共安全体系之上"⑤，号召所有勇力者加入他的民团。结果证明，这种半官方的有武术精英参与的民间武装组织，在传统社会的乡村自治中始终都发挥着不可替代的重要作用。

由此可见，民团（团练）是中国重要的地方武装组织之一，它们在地方防务中担当着不可替代的重要作用，逐渐形成"以乡兵守碉卡，以官兵守城池"⑥的防守格局，致使"省级官员对那些训练有素的团练武装的重视和依赖程度与日

---

①邵雍.秘密社会与中国革命［M］.北京：商务印书馆，2010：291.
②陈翰笙.陈翰笙文集［M］.从翰香，李新玉，编.史建云，徐秀丽，译.北京：商务印书馆，1999：94-95.
③中国第一历史档案馆编辑部.义和团档案史料续编：全二册［M］.北京：中华书局，1990：1-7.
④"保甲制度"是宋朝时期开始带有军事管理性质的户籍管理制度。它是中国封建王朝时代长期延续的一种社会统治手段，它的最本质特征是以"户"（家庭）为社会组织的基本单位，而不同于西方的以个人为单位。保甲编组以户为单位，设户长；十户为甲，设甲长；十甲为保，设保长。各保就该管区域内原有乡镇界址编定，或并合数乡镇为一保，但不得分割本乡镇一部编入他乡镇之保。
⑤罗威廉.红雨：一个中国县域七个世纪的暴力史［M］.李里峰，译.北京：中国人民大学出版社，2013：189.
⑥胡林翼.胡林翼集［M］.长沙：岳麓书社，1995：96.

俱增"①。在某种程度上说，民团、团练或乡勇这种地方武装，集中体现了国家和社会的共同利益。对乡村居民来说，民团的存在，可以保卫他们的生命财产不受土匪的威胁；对官府来讲，民团是执行政令、镇压叛乱的武装力量。所以，当政府本身难以妥善处理严重的乡村骚乱时，官方就会极力提倡地方成立民团自行防卫。然而，不管是何种自卫组织，如果没有武术精英的参与管理和正确引导，该组织就很有可能发展成为暴力武装，对村落秩序造成极大的破坏。特别是当一些"外匪混入民团煽惑聚众"② 时，就更需要武术精英凭借自己长期积累起来的"隐权力"对不轨之徒，进行震慑、规训、管理甚至是耐心教化了。此时，武术精英的作用绝对不是可有可无的。

三、联村防卫

不可否认，"各个村落中的武术组织，在抵御小股匪盗方面确实非常奏效，甚至还会让一些盗匪们闻风而逃"③。然而，当遇到大规模社会叛乱时，仅仅依靠某一个村庄的单个武术组织就显得有点捉襟见肘、力不能及。如在抵抗捻军、太平军等大规模武装暴动时，要想有效地保护本村的集体利益不受损害，就必须多个村庄联合起来共同防御。此时，依靠一村一团的"单兵作战"方式已经远远不能满足防御的需求，故此，采取"村际武装联合"的防御措施就成为自保家园的必然选择。

晚清山东"冠县十八村"④ 的联防武装组织——"志阁团"，就是一个典型的由武术精英为主导的防御性地方武术组织。"志阁团"最初有三个村庄的武术团体联合组成，它们分别为中兴集、梁庄和鸭窝村。《冠县县志》曾多次提到梁庄名门潘氏家族：

> 该家族从第十世起，每一代都有一批子弟取得武生员的资格和功

---

① 罗威廉. 红雨：一个中国县域七个世纪的暴力史 [M]. 李里峰，译. 北京：中国人民大学出版社，2013：222.
② 程歗. 甲午战后山东教案刍议 [M] //程歗. 文化、社会网络与集体行动：以晚清教案和义和团为中心. 成都：巴蜀书社，2009：223.
③ 陈翰笙. 陈翰笙文集 [M]. 从翰香，李新玉，编. 史建云，徐秀丽，译. 北京：商务印书馆，1999：95.
④ 历史上，冠县在直隶威县境内有一块"飞地"，被称为冠县"河北十八村"（实际上是二十四村），其面积约100平方公里。由于处在山东直隶省县交界处，远离朝廷衙门的管辖，农民们称这样的地方为"插花地"。这块插花地的历史极为复杂，以至于冠县及其周边的县志都没有记载这中间的变迁过程。

名，或出任过低级的武官。其中第十三世的武庠生潘延槐，还是一批武举人的师傅。①

虽然史料中缺少有关中兴集和鸭窝村武术精英具体情况的详细记载，但是我们从梁庄潘氏家族的情况便可以推想，在这种联合武装的组成过程中，离开武术精英的联络、组织和动员等作用是绝对不会成功。最终，中兴集、梁庄和鸭窝村在武装联合中形成三足鼎立的态势，三个村庄的武术精英完成了合理的权力分配：

（梁庄）潘延槐的同族兄弟潘延桢被举为"志阁团"的总团总；鸭窝贡生杨宏业任副团总；中兴集的士绅商户推出本镇总会首、铁腕人物张凌霄参与团务。②

"志阁团"成立后不久，又在保卫村落、对抗动乱的过程中扩大了横向联合，与威县南部曲周县的"十八村"团练建立了联防，分别称为南北志阁团。曲周为南志阁团，总部设在井湖寨，由这个村的张氏家族中的三个武举主持。这样一来，这个村际联合武装就担负起60个村落（冠县24个村、曲周36个村）的防御任务，从而形成一个跨村镇甚至是跨越县级建制的村落武装联盟③。在太平天国运动期间，位于河北卫河以北的"十八村"基本上没有被太平天国的北伐军或其他地方起义集团占据，这除了政府军抵挡了那些来自东部的各种起事集团的攻击之外，还有一个重要的原因，那就是部分取决于"志阁团"的防御力量。

另外，明清之际，遍布在整个大别山地域的"蕲黄四十八寨联盟"，也是一个由诸多武术精英发起并领导的自保性武装联盟。蕲黄民众凭借地利条件，结寨召民、抗暴自保之义举起于南宋度宗之初（1266年）时。至元十四年（1277年），蕲州人张德兴和罗田人傅高（两人都是自幼习武，是远近闻名的武术精英）因不满蒙古人的高压统治，分别以蕲州、太湖交界的司空山，罗田天堂寨为据地，联合淮西六寨义兵反元④。明朝末年，阶级矛盾、民族矛盾、朝廷内部矛盾表现突出，蕲黄各种势力都借乱登台"亮相"，于是明朝退任返乡的武术精英

---

①路遥．义和拳运动起源探索［M］．济南：山东大学出版社，1990：123．
②程歗．社区精英群的联合和行动——对梨园屯一段口述史料的解说［J］．历史研究，2001（1）：3-16．
③程歗．社区精英群的联合和行动——对梨园屯一段口述史料的解说［M］//程歗．文化、社会网络与集体行动：以晚清教案和义和团为中心．成都：巴蜀书社，2009：14．
④阿桂，方向红．鄂东文化的渊源、内容与特征［J］．社会科学战线，2010（6）：86-89．

梅之焕便召众结寨自保,并提议"每一个村庄都必须设防并与邻村连接起来,以防止敌人进攻"①。据《蕲黄四十八寨纪事》记载:

> 这是一个尚武之地,每当中国历史上中央积弱之时,像梅之焕、邹普胜这样的乡村武术精英就会抓住机会,使该地区从周围的政治体制中脱离出来。②

当这种模式在成千上万的相邻村庄建立起来时,"蕲黄四十八寨联盟"就形成了,极其有效地保护了乡村百姓生命财产的安全。

由于这种乡村自保组织在保护村落安全、维护社会治安等方面发挥了重要作用,因此,有的"村际联合武装"不光得到官方的高度认可,而且还获得官方的嘉奖。例如,民国二十年(1931年)前后,冀南威县和广宗一带乡村遭受天灾人祸、庄稼歉收、土匪横行,致使民不聊生、社会秩序混乱。此时,广宗县油堡村乡绅郑振邦发起成立一支以梅花拳拳民为主体的自卫性武装力量——"威广两县十村联防人和团",依靠联合武力有效打击土匪的侵扰、维护了当地民众的正常生活,故此,当地政府还特意向该自治组织颁发"一方保障"的匾额以示认可与激励(图18)。

图18 当地政府向"人和团"颁发的匾额③

总之,作为地方性的自卫性团体,各村民团的活动范围是有限的,基本上是以本村本庄为中心展开的防御战,但是,如果所遇到的外来之敌是大股匪徒或强

---

①罗威廉.红雨:一个中国县域七个世纪的暴力史[M].李里峰,译.北京:中国人民大学出版社,2013:141.
②王葆心.蕲黄四十八寨纪事[M].台北:文海出版社,1908:6.
③图片来源:课题组成员2016年2月17日拍摄于广宗县开发区御湖大酒店会议室。

敌劲旅，各村之间相互支持、联合抗匪就显得尤为必要。而村与村合作的深度与广度，即这种武装联盟的牢靠程度，又通常决定于参与合作的首领（武术精英）之间交情的深浅。也就是说，这种村际联盟是以武术精英的个人关系为纽带，而不是仅仅取决于任何外部强加的单纯军事压力。所以，乡村武术精英在联合抵抗外匪侵扰的村际武装中，起到了联络、组织、动员和凝聚等至关重要的作用。

当然，在较大规模的平叛或抵御战争中，地方官员和军队进行了积极有效的抵抗，起着主导作用，我们不能过分扩大武术精英在保卫战中的作用，但是我们也绝不能对此视而不见、听而不闻。武术精英面对危难"舍我其谁"的担当精神和身先士卒、舍生取义的实际行动，不仅在一定程度上有效打击了入侵者的嚣张气焰，而且更能鼓舞士气、激励斗志、增强凝聚力，在广大民众乃至军队中产生了深远的影响，对有效组织动员全民竭力投入自保家园的防御战斗起到了不可忽视的积极作用。

小结

从各种文字记载来看，传统社会匪盗横行已经是一个不争的事实。"山东沼泽地区的土匪，福建沿海的海盗，陕西地区的强盗，他们都带有着悠久而著名的地方特色"①。面对如此普遍的匪盗，如何防范他们的劫掠、保护村庄安全就成为实施乡村自治的重中之重。官府衙门自然指望不上，官军兵力又有限，更顾及不到乡村治安，所以，保卫村庄的重任就落到村民自己身上。村民对付匪盗的办法简单而有实效，那就以武治武、以暴制暴。其中，武术精英起到至关重要的作用。首先，武术精英习惯于依靠自身武功和敢于"平不平"的一腔正义，在乡村生活中仗剑行侠，通过单打独斗的方式凭一己之力锄强扶弱。当遇到大批匪徒，仅依靠自身力量已不足以维护村民利益和保卫村庄安全的情况下，他们便积极主动地把周围群众组织起来，依靠集体的力量来进行武力防御。而在拳脚相加、刀剑相见的防御行动中，武术精英的主导作用就明显得显现出来。他们不仅有武功、有胆量，而且更有同门、同道等志同道合的朋友，有的甚至还有组织集体行动的实践经验。这样，在抵御侵扰、自保家园的防御行动中，武术精英很容易就会成为中坚力量，甚至是领袖人物。

---

①裴宜理.华北的叛乱者与革命者（1845—1945）[M].池子华,刘平,译.北京：商务印书馆,2007：1.

第六章 调控人际纠纷

费孝通先生曾经指出,传统社会是一个"熟人社会",一个没有陌生人的社会。"熟悉"是熟人社会的首要特征,生活在同一村庄的人们相互之间的信息是"透明"的,也因为熟悉而知根知底。"私人性的社会交往所体现的交往能力和道德品质,在信息透明的乡土社会中会积累成为社会对一个人的总体性评价"①。而这种总体性评价,正是一个人在社会生活中能否"站得住脚"的重要指标。如果对一个人评价太差,且在生活圈成为一种社会共识,那么就往往意味着此人在社会中被边缘化,随之而来的是人们对他避而远之。相反,如果对一个人的评价极高,那么此人在社会上就极易产生一种威望,进而使他人生出一种高度的信任感和依赖感。这种讲人情、重信誉、崇权威的思维模式和行为方式就是人们在熟人社会里的行动指南,更是武术精英建立威信、形成隐权力的社会文化基础。武术精英正是在长期的各种私人交往中,通过充分展示自己出众的武功和优良的品德,才在社会上逐渐建立起高度的威信,进而上升为一种隐权力。"熟人社会"的另一个特征就是"怕打官司"②。村民都把打官司看作是一件很丢脸的事,在遇到矛盾或发生纠纷时,他们宁愿找一位村里的"头面人物"出面来调解,也不愿跑到官府衙门去告状③。而在崇尚武力的乡村社会,这种出面调解纠纷的"头面人物"中,武术精英占很大的比例。这倒不是因为武术精英有精力、有时间、有兴趣来这广阔的社会舞台上展示自己,而是因为武术精英比一般的乡贤更具有见义勇为的精神和敢于担当的品质,即使在处理纠纷时"引火烧身"得罪人也在所不惜!所以,他们不计利益、不图回报,往往能够通过由个人威望、人情关系、社会影响力等因素累积而成"隐权力"把别人不能办、办不了的事

---

① 王德福. 乡土中国再认识 [M]. 北京:北京大学出版社,2015:14.
② 费孝通. 乡土中国 [M]. 南京:江苏文艺出版社,2007:62.
③ 唐韶军,戴国斌. 生存·生活·生命:论武术教化三境界 [J]. 北京体育大学学报,2016,39(5):72-78.

情轻松处理掉，达到化解矛盾、息事宁人的目的。

第一节 调解纠纷

在儒家"尚和""贵和"等礼法思想的长期浸染下，中国社会特别是乡村社会普遍形成"无讼""息讼""贱讼"的思想观念和历史传统。不光老百姓自身不愿打官司，就是地方政府的执政理念也是"劝民息讼"，并不把听讼断案算做本事，而是把劝民息讼、使民无讼当成是建设和谐社会的要旨[①]。故此，村民之间发生纠纷时，武术精英的处理方式也是以调解为主。其实，在乡村社会所谓的调解也是一种教化过程[②]，目的就是引导百姓明理守法，尽量不给官府添麻烦。调解过程一般是双方邀请一位当地有影响的"头面人物"，选取一个公共空间，对矛盾双方进行说和、调解。这类纠纷一般都是诸如吵架、债务、地产纠纷、水源争夺等日常生活中的琐事，以及没有涉及命案的身体冲突或武力争斗等，否则，纠纷还是要交给衙门处理的。出面调解的"头面人物"中，武术精英占很大的比例，那些拥有功名的武魁（武状元、武进士、武举人）、镖局的镖师，在地方民团中担任要职的拳师以及各武术门派中"大师兄"级的人物等，都有资格和资本扮演这样的角色。由此，这些武术精英就在社会上形成了一个"仲裁阶层"，在调解民事纠纷方面发挥着不可替代的重要作用。这种调解方式之所以在乡村社会影响深远、经久不息，就是因为中国人的社会取向特征通常表现为较尊重权威、妥协性较高、顺从性较强[③]。因为"尊重权威"就容易产生"妥协性"，"妥协"的结果往往就是顺从社会权威，比如武术精英的隐权力。

这种调解纠纷的方式很像王笛在《街头文化：成都公共空间、下层民众与地方政治，1870—1930》中所提到的"吃讲茶"[④]的情景。人们经常将茶馆当作是解决矛盾争端、调解是非纠纷之地，称为"吃讲茶"或"茶馆讲理"，不需要政府或衙门的介入，这充分反映了强烈的社会自治的观念和广泛的实践行为。"吃讲茶"的习俗或行为，不光在南方特别是成都盛行，同样"也出现在中国其他

[①] 吴钩. 隐权力（2）——中国传统社会的运行游戏[M]. 上海：上海复旦大学出版社，2011：83.
[②] 费孝通. 乡土中国[M]. 南京：江苏文艺出版社，2007：62.
[③] 黄光国，胡先缙. 人情与面子：中国人的权力游戏[M]. 北京：中国人民大学出版社，2010：20.
[④] "吃讲茶"是旧时发生争执的双方到茶馆里以吃茶为名请社会精英评判是非、调解争端的一种形式。参见：王笛. 街头文化：成都公共空间、下层民众与地方政治，1870—1930[M]. 李德英，谢继华，邓丽，译. 北京：中国人民大学出版社，2006：140.

地区，正因如此，对茶馆这些活动的研究才为我们深刻理解中国地方社会、日常生活空间和地方政权空间关系，提供了一个极好的窗口"①。故此，本文也以"吃讲茶"为例，详细论述武术精英如何在日常生活中充分利用"隐权力"来调解民间纠纷与矛盾。自然，武术精英调解民间纠纷的地点不可能仅限于茶馆，而是扩展到了乡村社会的街头巷尾等广泛的公共空间。

一、调解纠纷的习俗

在中国，饮茶有着悠久的历史和文化，像大多数中国人的发明一样，因为出现的时间太久远，已经无法追溯到它的起源②。但它却与人们的日常生活紧密联系在一起，是人们之间交流的桥梁，对中华文明的形成也有着巨大的贡献③。而与之相应的"茶馆"更是遍布大江南北。最早的记录是唐代封演的《封氏闻见记·卷第六·饮茶》，"自邹齐沧棣渐至京邑城市，多开店铺煎茶卖之，不问道俗取饮其茶"④。意思说是在从山东、河北到首都长安的沿途中，有许多煎茶卖茶的铺子，也就是后来发展而成的茶馆。按照史料记载，唐代开始有茶师，宋代正式出现茶馆，茶馆一经出现便生意兴隆，散布于全国城市和乡村，尤其是长江以南的广大地区民间设馆喝茶的传统习俗更为浓厚⑤。正如民谚所说："开门七件事，油盐柴米酱醋茶"⑥。别以为茶馆是富人休闲娱乐的空间，它对穷人也特别重要，许多人就是依靠茶馆谋生，如卖小吃、日常用品、提供理发、修脚之类的服务等。而对很多穷人来讲，茶馆也是他们唯一能够消费得起的室内娱乐之处，听评书或观看其他表演是一天辛勤劳作之后对自己最好的奖赏。即使连一碗茶钱也付不起的人，也可以到茶馆里去喝别人剩下的"加班茶"，如果茶馆里有演出，他们还能够站在外面免费观看。总之，人们去茶馆不仅是喝茶，也是为了追求那种济济一堂、熙熙攘攘的公共生活氛围，这或许反映一般民众在日常生活

---

① 王迪. 茶馆：成都的公共生活和微观世界，1900—1950 [M]. 北京：社会科学文献出版社，2010：329.
② 追溯中国人饮茶的起源，有的认为起于上古，有的认为起于周，起于秦汉、三国、南北朝、唐代的说法也都有，造成众说纷纭的主要原因是因唐代以前无"茶"字，而只有"荼"字的记载，直到茶经的作者陆羽，方将荼字减一画而写成"茶"，因此有茶起源于唐代的说法。其他则尚有起源于神农、起源于秦汉等说法。
③ 王迪. 茶馆：成都的公共生活和微观世界，1900—1950 [M]. 北京：社会科学文献出版社，2010：436.
④ 封演. 封氏闻见记 [M]. 北京：中华书局，1985：71.
⑤ 王国安，要英. 茶与中国文化 [M]. 上海：汉语大辞典出版社，2000：49-50.
⑥ 文闻子. 四川风物志 [M]. 成都：四川人民出版社，1990：452.

中与精英文人不同的品位和情调。如此一来,茶馆就成为传统自治社会中一个难得的公共空间,在这里,茶馆还承担着除了喝茶、娱乐、休闲之外的其他活动,如老百姓遇到邻里纠纷时一般都喜欢请乡村精英出面到茶馆里"评理"(图19)。

图19 人们在茶馆"评理"的雕塑①

由于传统社会的老百姓靠政府不着,法律也不能有效地保障他们的个人权益,而他们又急需寻找一种力量在自己遭遇危难时能够及时保护自己,此时他们就不得不依赖于乡村精英特别是那些武术精英。第一,由于武术精英一般都武功高强,能够震住邪恶;第二,武术精英还是当地德高望重的尊者,一般能够为村民主持公道;第三,武术精英有着广泛的社会网络,其势力可以深入到村落或邻里,延伸到社会底层,凭借自己在社会中累积起来的强大"隐权力",在维护当地社会秩序方面起到了不可替代的重要作用。除此之外,对老百姓来讲还有一个最实惠的原因,那就是武术精英从不贪图钱财,且处理起纠纷来立竿见影、短时高效。本人在贵州省遵义市习水县土城镇采访"土城最后的袍哥"罗明先老人时(图20),他声情并茂地讲述了自己的切身体会:

村里的老百姓有事都不愿到官府告状,而是愿意找我们袍哥出面调解,因为袍哥处理纠纷从来不收一分钱,而且从不拖拖拉拉,快刀斩乱麻,立刻解决。你要是去找保甲长,多少都要交点钱意思一下,而且拖

---

①图片来源:课题组成员2017年4月18日拍摄于贵州省遵义市习水县土城镇"十八帮文化体验馆"。

来拖去不知要过几天才能给你处理，就是处理了，也不一定公正。袍哥就不一样了，不收钱，都是免费的，而且既快又公平，老百姓都满意！（罗明先口述）

图20　访谈"土城最后的袍哥"罗明先老人①

另外，据史料记载，曾经有一位乡绅，对河南固始县民众遇到麻烦时往往向当地武术组织寻求帮助的现象困惑不解，便问村民道："国家为民设官，百里一县，若等有事胡不之官而必之捻党②为？"百姓答曰：

> 官衙如神庙然，神不可得而见。司阍之威，狞于鬼卒，无钱不能投一辞也。投矣而官或不准，准矣而胥或不传……（所费）不可以数计。故中人之产，一讼破家者有之。何如诉诸捻党，不费一钱而曲直立判，弱者伸，强者抑，即在一日之间。③

由这些普通老百姓的心声可知，德艺双馨、公平正义、不图钱财、短时高效是武术精英调解民间纠纷的优势所在，也是老百姓信任他们、依赖他们的原因所

---

①图片来源：课题组成员2017年4月18日拍摄于贵州省遵义市习水县土城镇"袍哥堂口"。
②"捻党"又称"捻军"，是晚清时期活跃于淮北广大农村的农民武装组织，起初多有侠肝义胆、好打抱不平者组成的一种村民互助性组织。随着规模的扩大，在某些地方，"捻党"甚至完全成功地取代了官府固有的职能，结果反而大大改善了一些地方居民的生活状况。但是，"捻党"后来由于生存状况所逼迫而走向了对抗政府的叛乱之路，成为19世纪中国仅有的一次没有宗教信仰激励的大规模叛乱运动——这与白莲教、太平天国和回民起义等形成了鲜明的对照。
③徐特立，范文澜. 捻军：第1册[M]. 上海：神州国光社，1953：323.

在。于是,邻里之间有了冲突或纠纷,一般不习惯到政府衙门进行法律诉讼,而是通过"吃讲茶"的方式协调解决。武术精英在整个过程中扮演了至关重要的作用,他们经常被请去充当调解人或"仲裁人"的角色。而茶馆也就不再仅仅是一种休闲娱乐之所,而是扩展为一种解决纠纷的调解空间。特别是晚清以来,在社会许多领域中政府的管理能力都无法延伸到基层,基层权威的缺失恰巧为地方精英留下了巨大的权力真空,地方精英的自主管理就成为维护社会稳定的重要保障。

"吃讲茶"就这样一直在基层社会持久的存在着,逐渐成为一种根深蒂固的民间风俗,以至于"吃讲茶"已经被广大民众当成一种调解民间纠纷的习惯用语或代名词。就算是调解纠纷时不喝茶,或调解的地点不在茶馆,人们也会习惯性的称之为"吃讲茶"。最终,这种有乡村精英参与、在村庄的任何公共空间所进行的调解活动,都被村民们统称为"吃讲茶",即是"评理"的意思。即使"吃讲茶"活动的内容有所简化(如不一定非得喝茶),地点有所改变(如村头、树林、广场、宗祠、祖庙等),但是该活动"双方说理,中人裁判"的程序性和"错方向对方道歉"的实效性却始终没有丝毫的改变。费孝通先生就在《乡土中国》中就记录了这样一段民间"吃讲茶"的过程:

> 调解是个新名词,旧词是评理。差不多每次都有一位很有权威的乡绅主持。他的公式总是在听完双方当事人陈述之后,把被调解的双方都骂一顿。"这简直是丢我们村子里脸的事!你们还不认了错,回家去。"接着教训一番。有时竟拍起桌子来发一顿脾气。他依着他认为"应当"的告诉他们。这一阵却极有效,双方时常就"和解"了,有时还得罚错的一方请一次客(请吃饭或请喝茶)。①

"茶馆讲理""吃讲茶""口子上吃茶""说理""评理""调解"等,虽然说法不一,称谓有别,但其实都是一种协调民间纠纷、化解邻里矛盾、平息村民冲突的有效自治方式。在一个公共场合处理民间纠纷,实际上就是调解者在公众视野下所进行的一次"前台表演",调解者必须尽量"公平"行事,如果他有所偏袒,民众的舆论就会损害调解者的声誉和威望。

---

①费孝通. 乡土中国[M]. 南京:江苏文艺出版社,2007:60.

二、调解纠纷的过程

街坊邻里间产生矛盾、发生纠纷时,也总爱说:"走!到某某茶馆讲理去!"。茶馆俨然已经成为乡村自治社会中的民间"民事法庭"。一则史料记录了"吃讲茶"的运作过程:

> 到"安澜"吃茶的顾客大都是本街上担二分公事的有脸面的人物,因此它经常成为街坊上议事场所……发生矛盾纠纷后,遂由双方当事人出面,邀请一位街坊上的头面人物担任仲裁,等茶博士把茶叶一发齐,双方当事人就分别陈述事情经过,然后由仲裁人评判是非曲直。如果哪家理亏,茶钱就由哪家开了。正所谓:一张桌子四只脚,说得脱来走得脱。①

对上述资料进行细细品味可知,"吃讲茶"的过程至少包括以下几个过程:首先要选好"仲裁人",其次是找一个"仲裁人"经常光顾的公共空间(茶馆),再次就是当事人陈述,"仲裁人"据此判断是非,最后是对"仲裁人"裁判结果的执行。在"吃讲茶"运作过程的各个环节中,"仲裁人"都起着至关重要的作用。也可以这么说,调解过程能否顺利完成、调解后的结果能否有效执行,关键就要看"仲裁人"威望的高低和话语权的大小,而这又取决于"仲裁人"是否有"面子"或"面子"的大小。当然,这些"仲裁人"当中不乏武术精英的身影,经常是武术帮派或保甲团防中德高望重的领袖人物。这种情况在王迪的著作《茶馆》中有具体描述:

> 夏仲康被请来为一个家庭做调解(这也表明"吃讲茶"不仅处理邻里纠纷,也解决家庭内部矛盾),其身份是保长、团防首领、袍哥头子,是社区的显要人物,这也提供了关于谁做"仲裁人"的进一步信息。②

袍哥组织"甚至把茶馆作为'公口','吃讲茶'的活动经常有他们的参

---

① 刘振尧. "安澜"茶馆忆往[M]//冯至诚. 市民记忆中的老成都. 成都:四川文艺出版社,1999:148-149.
② 王迪. 茶馆:成都的公共生活和微观世界,1900—1950[M]. 北京:社会科学文献出版社,2010:344.

与……那些需要袍哥保护的普通人，通过堂倌或其他茶客，在茶馆里很容易与袍哥建立联系"①。如果是"仲裁人"威严极高、"隐权力"极大，那么当事人即使对调解结果不满意，也往往会为了顾全大局而在"半推半就"之中勉强接受。就算是调解不成功，当事人也会给这些武术精英保住"面子"（或许是不敢公然冒犯武术精英的威望和尊严），一般不会在这种公共场合发生暴力冲突，进而发展到不可收拾的地步，而是约定时间，改日再谈。

龚鹏程先生曾在《侠的精神文化史论·自序》中讲述过一位乡村武术精英利用当地茶馆通过"吃讲茶"摆平事端的例子：

> 不论江湖、教师及各方赌友，来到七姑岭一定回来看我。无论何方朋友来找我，先在茶馆喝茶，茶帐早有人先付了。他们出了事，我会出面摆平，绝无问题。他们也少不了一个我这样的人。我绝不会到公赌场去拿一毛分。不要非分之钱，鬼也会怕。现在想来也真是的，吃自己的饭，管别人的事。②

从这段讲述来看，该"仲裁人"还是有相当权威的。在通常状况下，当事人因慑于武术精英的威望，即使有人不服从判决，也绝不会"开黄腔"（不讲理），即使是心有不甘也一定会按照判定的结果来执行。从总体来看"吃讲茶"不仅是村落实施自治的一种手段或方式，而且还成为一个特殊的工具，给地方精英提供了一个极好的机会，使他们可以在地方社区建立起自己的影响力、树立自己的权威形象，并有效行使话语权和主导权。

在尚武传统长期潜移默化地影响下，村民自幼习武、常年练功的现象比较普遍，甚至还成为某些村落的一种生活方式或风俗习惯。所以，发生矛盾与纠纷的村民中，懂武术、会武功的村民，往往会依仗自身武功，摆出一副互不相让或仗武欺人的架势，给人"不服就试试"的姿态。此时，单纯的劝和、说教等已经起不了多大的作用，只有以武治武，凭借更高的武功将对方打压下去，使其嚣张气焰得以收敛，然后才能再进行正常的调解。在这种需要展示武功的时刻，武术精英自然是最佳人选。晚清豪侠"大刀王五"③，就经常利用自身的超强武功来

---

① 王迪.茶馆：成都的公共生活和微观世界，1900—1950 [M].北京：社会科学文献出版社，2010：328.
② 龚鹏程.侠的精神文化史论 [M].济南：山东画报出版社，2008：自序1-2.
③ "大刀王五"即王正谊（1844—1900），字子斌，祖籍河北沧州。因他拜李凤岗为师，排行第五，人称"小五子"；又因他刀法纯熟，德义高尚，故人人尊称他为"大刀王五"。

调解武术人之间的纠纷与矛盾。武林中流传着这样一个故事：

> 那时候在小东岳庙有个庙会，赶庙会时回族人跟汉族人闹了矛盾，双方最后下了帖子，相约在陶然亭见高低。当时的清政府对械斗根本不管，等出了人命，政府才让双方交出凶手。大刀王五得知后奔走于双方之间两头劝。因双方都清楚大刀王五的功夫了得，谁都不是他的对手，所以就都服从了大刀王五的调解安排。这件事在当地很有影响，既维护了民族团结，又和谐了邻里关系。（邱丕相先生口述）

事后，械斗双方还给大刀王五送来了"德容感化"的匾额，以表感激之情。"看我面子"是武术精英在劝解乡民打架或争吵时常用的一句话，或者说是一种策略。中国人在日常生活中往往是没有"公平决斗"概念的，卷入冲突事件的双方很容易陷入情绪性的义气之争[1]。当有理说不清、有理难辨时，诉诸暴力大打出手就显得比较现实与实用，"君子动嘴不动手"的理想追求总是在现实面前被击得粉碎。一旦发生肢体冲突，双方就是一种身体的比拼，比的是谁的气力大，而不再去计较谁是谁非。因此，在争吵双方的矛盾升级、失去自制力后，武术精英作为"劝和者"便会挺身而出，凭借自己的功夫优势（也许还会使用几个武术招式）将二人分开（拉开），以强制手段先让他们罢手，然后用略带威胁性的语言象征性地"训斥""谴责"他们一通。为了让自己讲话更有效力，武术精英常常会对当事双方说，一切"看我面子"！这时，当事人就不能再纯然用理性思维去争执谁对谁错，而必须懂得"拿捏分寸"，做出让步。虽然有时某当事人心有不甘，但是出于对武术精英的敬畏（更何况此时武术精英已经"生气"），大都不敢不给武术精英面子，再继续争执不休。最终争斗停止、事端平息。当然，武术精英在调解处理民间纠纷时，也会涉及一些惩罚手段，如理亏者为所有在场的人购买茶点，摆宴赔礼或是搭台唱戏谢罪等。

三、调解纠纷的效果

传统乡村自治过程中民间纠纷调解的习俗，既暴露了国家管理权力的软弱，同时又显示了人们对官方权力的不信任，宁可把自己的命运掌握在自己人手中，

---

[1] Bond, M. H. and Wang, S. H. Aggressive Behavior in Chinese society: The Problem of Maintaining Order and Harmony [J]. Acta Psychologica Taiwaninca, 1981 (23): 57-73.

也不愿到官府衙门打官司。乡村里的"头面人物"常常被邀请到公共场合在公众的监视下进行调解与仲裁，调解人总是试图尽量主持公正，否则其声誉和公信力都将会受到损害。特别是对武术精英来讲，他们天生的有一种疾恶如仇的正义感和舍我其谁的担当意识，遇到不平之事就看不惯，非得把事情摆平不可。即使调解不成功，在公众的眼皮子底下和武术精英的面前，当事人或碍于面子，或慑于武术精英的威望，都不会肆意妄为，暴力事件一般也难以引发。就算是发生武力冲突，武术精英也会轻而易举地依靠自己高强的武功镇服闹事者并制止冲突。所以，大多数调解活动都能够顺利收场，起到大事化小、小事化了的息事宁人的调解效果，在村落自治中对维护社会生活秩序的安定与和谐，发挥着不可替代的重要作用。

诚然，"吃讲茶""评理"作为一种被乡村社会普遍接受的调解纠纷的习俗，在村民日常生活中发挥着举足轻重的协调作用，但是，也有不少史料记载了一些对此项民俗持讽刺或批评的口吻。如在李劼人笔下的"吃讲茶"是这样一番场景：

> "吃讲茶"是谁人多势众，谁就能赢，大家争吵一番，调解人"两面敷衍"，一般是判定势弱一方为输（或理亏），而输者甚至也不用赔礼道歉，不过得付全部的茶钱，有时可能几十桌……如果双方势均力敌，而都不愿认输，则中间人便也不说话，让他们吵，吵到不能下台，让他们打……必待见了血，必待惊动了街坊怕打出人命……才出面制止。①

像这样类似的一些史料中关于"吃讲茶"的报道可能会给读者带来错误的导向，以为大多数这类的活动都是失败的，甚至是常常上升为暴力事件。其实，这项活动所引发的问题是被严重扩大化了。合乎逻辑的解释应该是：成功地通过"吃讲茶"解决纠纷是一种常态，不成其新闻。所以，从地方报道中我们所看到的都是这项活动所引发的武力冲突或暴力事件②。正是因为"不常见"才"新奇"，又因为"新奇"才会成为新闻，并加以大肆宣扬。

实际上，"吃讲茶"这一调解纠纷的民风民俗充分显示了乡村相对自制的社会状态，广大民众试图在没有官方介入的情况下自行解决冲突。同时，说明一种

---

① 李劼人. 李劼人选集：第1卷 [M]. 成都：四川人民出版社，1980：338.
② 王迪. 茶馆：成都的公共生活和微观世界，1900—1950 [M]. 北京：社会科学文献出版社，2010：345.

国家之外的社会力量（隐权力）的存在，这种力量或权力又是基于调解人的社会威望而存在。尽管"吃讲茶"具有一定的局限性，不可能完全公平地处理各种争端，也存在着一些由于调解人的偏见和偏袒而造成的不公正判决，甚至是导致武力冲突等不良现象的出现。但是，大多数民间纠纷还是能够在变成法律诉讼之前就通过"吃讲茶"得到解决的，要不然，这种"吃讲茶"的民间调解方式肯定不会长久存在下去。龚鹏程在《侠的精神文化史论》一书中，曾谈到了他爷爷凭借武术"隐权力"出面调解纠纷的实效性：

> 有一位刘师傅，是一个大力士，手上的真功夫，那还了得。我记得在罗家墟之时，刘某在泰和一带教打……后来他到七姑岭来找我，求我化解他与李师傅的一件误会。他把详情告诉我，我当时给他一个满口答应，此事包在我的身上。后来我给他们双方化解了一场误会。如果不是看我面子，李家父子就不会那么容易放过他。那位大力士刘师傅也害怕他。他们是跑江湖、靠朋友混饭吃，遇上我这样的一位朋友，对他们双方来说都是有利的。①

我们可以想象一下，要是一种自发的社会调解方式不能很好地解决问题，反而会造成更多的麻烦、带来更大的冲突，那么它又怎么会在民间社会经久不衰呢！

由此可见，通过展示武功震慑对方，以达到化解冲突、解决矛盾、平息争斗的方式，是武术精英在传统乡村自治中经常采用的独特策略。这种"调解"方式，不光武术人对此情有独钟，而且也得到普通老百姓的广泛认同，对"协调"结果也大都能够接受、愿意执行。实践证明，为了当事人本身的利益，而由具备社会"隐权力"的武术精英出面调解，这种村落自治策略是积极有效、不容忽视的。它在息事宁人、保持人际关系和谐、维持当事者的心理平衡等方面具有不可替代的重要作用。

第二节 控制纠纷

对于矛盾与纠纷，最好的调控方式当然是防患于未然，就是要在发生矛盾冲突之前就让民众有所顾忌、有所敬畏，而不敢轻易冒险。为了实现这样的村落自

---

①龚鹏程. 侠的精神文化史论 [M]. 济南：山东画报出版社，2008：自序7.

治效果，广大乡村采取了一种叫做"保人"的治理策略，即村里"有头有脸"的人物在生命、行为、买卖、借贷、租赁等方面为村民双方或多方履约作担保的"习惯法"。乡村生活主要是以农业经济为基础，而农业经济又必然需要一定的组织或权威，这就是"习惯法"产生的条件和基础。"习惯法"是村民们在日常生活和生产劳动中达成的一种默契或共识，虽然独立于国家制定的法律之外，但却是一种村民公认的行为规范或惯例，具有一定强制性和约束性。有了这类"头面人物"做保证，村民之间毁约、欺诈、无理取闹等行为就会大大降低，从而也就有效控制了矛盾纠纷现象的发生频率，对乡村正常秩序的维持具有积极的促进作用。首先，为了使民间契约有效，双方签约时就需要有"见证人"在场，而这一"见证人"的角色，往往都是由村内有能力担当"保人"的村落精英充任（其中武术精英不在少数）。其次，为了防止村际之间产生矛盾，甚至发生冲突，就需要熟悉各村权力网络的"中间人"出面协调，由前文已经阐明的原因可知，武术精英乃是这一"中间人"的最合适人选。最后，当陌生人突然闯进熟人社会的村落时，习惯于保护村庄安全的武术精英立刻就会充当起"把门人"的职责，对陌生人进行甄别、确定其身份，以维护乡村生活秩序的安宁祥和。

一、见证人：把村民纠纷控制在最低限度

在村民的某些重要事件中，如收养螟蛉之子、分家析产、土地买卖等，都要求有"见证人"在场，并在契约单上签上自己的名字，这样签订的契约才能具有强大的约束力①。这是一种在乡村社会根深蒂固的习惯法，时至今日，仍然以其惯性力量在民间社会发挥着效力。在各类"见证人"当中，村民最信赖的莫过于武术精英，因为他们认为武术精英不光身怀武功令人畏惧，而且讲信誉、有正义，有他们在场"见证"事件过程，足以镇服任何怀有私心、出尔反尔的不诚之人。我在福建福州闽清县山墩村的调研中，当问及何人适合做"见证人"时，被采访的村民大都明确表示，德艺双馨的武术人做"见证人"他们最放心：

当然是会功夫的人了，这些人能够主持公道，说话算数，板上钉钉，一言九鼎，只要签字了，没跑！再说了，他们武功又高，平时人们

---

① 杜赞奇. 文化、权力与国家：1900—1942 年的华北农村 [M]. 王福明，译. 南京：江苏人民出版社，2003：71.

都害怕三分，他们出面签好的契约，没人敢反悔！就是有反悔的意思，想想那可怕的功夫，也就不敢了。多一事不如少一事，还是安稳点吧！（许鲁设口述）

正如村民所说，当"见证人"地位较高或武功高强时，就会加重违约者的心理负担，使其不敢轻易反悔。课题组在对河北省邢台市广宗县梅花拳村落北杨庄进行田野调查时，有幸遇见了该村村民王栈先生收藏至今的分家文书：

> 立分单人王盈周，所生三子。长子培早已逝世，现有二子，栈、序，均已成家。向来同居过活，毫无异言。余因家口繁多，事务纷纭，总理不易，拟定分居另过。特邀请亲戚奚立成、族人心平、迎福、迎其等共同议妥。……以上具属情愿，不准反悔，空口无凭，立此分单，二人各执一份存照……
>
> 村主任 刘福禄（个人签名章）
>
> 亲戚 奚立成（手印）
>
> 族人 王心平 王迎福 王迎其（手印）
>
> 王盈周（手印）合立
>
> 中华人民共和国公元一九五五年十月廿八日（图21）：

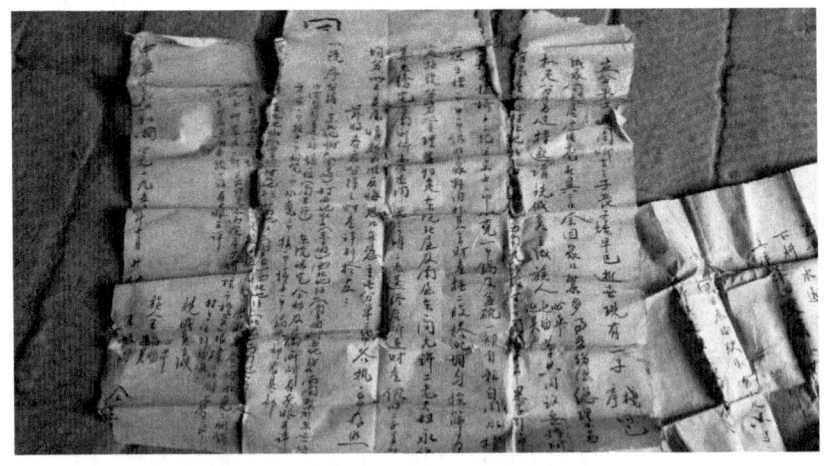

图21 河北邢台广宗县北杨庄村民王栈收藏的分家文书①

---

①图片来源：课题组成员2017年2月12日拍摄于河北省邢台市广宗县北杨庄村民王栈家中。

本次分家契约的见证人，除了时任北杨庄村主任的刘福禄以外，还有亲戚奚立成和族人王心平、王迎福、王迎其四位。据王栈先生说，当时王家亲族、族人众多，选谁做"见证人"其父王盈周还是做过充分考虑的。之所以选以上四位，主要是因为他们都是梅花拳弟子，而且王迎福和王迎其兄弟俩还是远近闻名的梅花拳高手，村民都敬畏有加，在乡村生活中拥有极高的"隐权力"。

除此之外，武术精英作为"见证人"在签约时所起的重要作用还表现在以下三个方面：第一，经常是"见证人"负责将契约双方"招呼"到一起；第二，不光在整个签约过程中是重要的"见证人"，而且在以后发生诉讼时，往往都要传"见证人"到堂作证；第三，在某些契约，如借贷契约中，"见证人"又常常兼作"保人"，以保证归还借款。由此可见，没有一定的担当意识、责任感和奉献精神，是无论如何也做不了中间人的。而武术精英之所以能够胜任"见证人"的职责，除了因为武功高强之外，更在于他们具备了这种敢于担当、乐于奉献的优良的品质。

二、中间人：把村际纠纷消解在萌芽状态

农业在中国经济结构中始终占据着主导地位，农民在社会机构中一直是乡土社会的主要成员。农民的主要生产要素就是土地，但是土地又不能任意搬动，所以，他们往往聚集而居在同一村、同一庄，以方便守望相助或进行农业生产。与之相适应的社会特点便是流动性极低，不可移动的"土"决定了"乡"的稳定性。村民们生于乡，长于乡，死于乡，"人口变动基本等同于生老病死的自然展开"①。农民习惯于住在固定的地方以后，便对乡土、村落产生了一种美国汉学家杜赞奇所谓的"密接力"②，不管喜欢与否，他们总是安土重居，对自己土生土长的故乡极其留恋，不愿轻易迁居异地，一生中最可怕的事也就是背井离乡。再加之，传统社会的乡村交通不便、信息闭塞，这就极大地限制了村民的活动空间，使他们基本上都是在本村、本地生活，甚少"远足"到村庄以外的空间。有相当大的一部分村民终生都没有离开过自己的村庄，几乎是与其他村庄"老死不相往来"。不往来归不往来，但是村际之间的纠纷、争端与矛盾却是真实存在

---

① 王德福. 乡土中国再认识 [M]. 北京：北京大学出版社, 2015：13.
② 杜赞奇. 文化、权力与国家：1900—1942 年的华北农村 [M]. 王福明, 译. 南京：江苏人民出版社, 2003：285.

着的。比如，由于传统社会的生产力低下，村民们基本上是靠天吃饭，对自然资源的依赖程度非常高，而自然资源又是有限的，所以，要想维持基本的生存条件，争夺自然资源的斗争也就在所难免。于是，村落之间常常为了山林、田地、水源、矿山等"有限资源"[1]而引发矛盾和纠纷，有时还会发生集体性的"村斗"。

> 19世纪时直隶省邢台县东部及其相邻的任县、南和、平乡、沙河等县的水源都来自牛尾河和百泉河，村民们在河流之上或泉眼之下修建了各自的堤坝、闸门等控水设施，以引水灌溉庄稼。在这个水利体系中，最基本的单位是"闸"，几个村庄组成一个"闸会"，控制着灌溉用水的分配。因水资源在华北地区历来都是稀缺资源，为争夺灌溉用水，各"闸会"之间往往纷争不断，甚至上升为武力冲突。[2]

由此可见，在主要从事农业生产的生存环境中，村民们固守土地，耕作为生。由于农作物及其他生存资源有限，而各村人口相对于资源来讲又大都过剩，所以村际之间生活必需品的分配就成为重大问题，任何资源分配的失衡都有可能引起纠纷。

因乡村相对封闭，所以不同村庄之间的村民互不熟悉，当遇到纠纷与矛盾时，就需要有一个对双方来说都是"熟人"的中间人出面调解，以最大限度地降低矛盾的产生和冲突发生。中国人的社会关系是一种费孝通先生所谓的亲疏有别的"差序格局"[3]，只要"熟人"一出场，双方"不看僧面看佛面"，在半推半就中就把难题给解决了。那么，到底什么样的人最适合担当这种村际间的"熟人"呢？这时，武术精英就闪亮登场了。

虽然乡村社会的基本聚居单位是一个个的村庄，表面上看是相对封闭和孤立的社会空间，但是各种武术活动却将各个村庄联系起来，构成了一个人情交往的熟人关系网络。如师徒传承、亮拳、表演、以武会友等都能很容易地把各村相互关联在一起。这类武术活动的规模已经超出了村界，延伸到附近十里八乡，使习

---

[1] 吴聪贤. 现代化过程中农民性格之蜕变 [M]//李亦园，杨国枢. 中国人的性格. 北京：中国人民大学出版社，2012：286.
[2] 杜赞奇. 文化、权力与国家：1900—1942年的华北农村 [M]. 王福明，译. 南京：江苏人民出版社，2003：19.
[3] 费孝通认为，在中国人的人际关系中，每个人从自身推出去，像水的波纹一样，越是靠近内圈的关系越厚，越是往外延伸，则相互之间的关系就越薄，这往外推延出去的一轮轮、一波波的差序，就决定了一个人对待周围人士的方式。参见：费孝通. 乡土中国 [M]. 北京：北京出版社，2011：33-36.

武群体逐渐发展成为一个跨村界的纵向或横向的联合组织（可能有严格师徒传承的紧密的纵向联合，也可能是无传承关系的不同拳派的松散的横向联合）。这也就充分说明，武术精英在从事社会活动时村界是不明显的，他们常常在各村落之间穿梭往来①，成为村际冲突的有效"调节阀"或"缓冲地带"。很多村际间的矛盾与纠纷，都在他们的周旋之中大事化小、小事化了，从而切实起到控制纠纷、维护社会稳定的实际效果。

在传统社会，武术有着广泛的群众基础，习武练拳者在全村人口中占有很大的比例，有很多村落甚至被称为拳民村。这种对武术的喜好，极易转化为对武术精英的过度关注。而且，武术精英虽然具有地域性特征（某村某庄），但是武术精英的名声却是跨越村界的。也就是说，表面上看，某个武术精英在某一个村庄里是独立的个体，但实质上他却能通过前辈拳师所拓展的师承关系，以及亮拳和表演等活动所建立起来的人脉关系，在相当广阔的地区形成同门之间、熟人之间的横向联系与交流。再加之自己在长期的武术修炼中塑造起来的名声和威望，最终使他成为活跃于村际之间最有能力摆平事端的能人。所以，当村际间发生矛盾和纠纷时，武术精英常以"中间人"的身份游走其间进行协调，往往会凭借自己的"隐权力"影响整个事态的发展走向，力争将事端控制在萌芽状态。

三、把门人：识别陌生人以消除纠纷

前文中已经提到过，社会学家费孝通先生在乡土中国的研究中，提出了著名的"差序格局"的概念，并用来揭示乡村社会的结构。这里需要再次强调的是，在"差序格局"中人们常常用不同的标准来对待和自己关系不同的人，遇到需要处理的社会关系，首先会考虑对方和自己的关系如何？这种关系又有多密切？所以，要研究乡村自治和县域治理，自然就离不开对"差序格局"这一概念的再认识和有针对性的深入理解，"以己为中心，像石子一般投入水中，和别人所联系的社会关系不像团体中的分子一般大家立在一个平面上，而是像水的波纹一样，一圈圈推出去，愈推愈远，也愈推愈薄"②。这样一来，每个人都以自己为中心划出一个圈子，被圈子的波纹所推及就是发生关系，这个圈子的大小要依着中心势力的厚薄而定。圈内的就是自家人、自己人，圈外的就是外人、陌生人。

---

①周锡瑞.义和团运动的起源［M］.张俊义，王栋，译.南京：江苏人民出版社，2005：230.
②费孝通.乡土中国［M］.南京：江苏文艺出版社，2007：29.

凡是那些能够拉进自己圈子的人都是"自家人"，在处理各种日常事务、社会关系时就得相互关照、宽宏大量，不再去斤斤计较谁对谁错。

> 自家人的行事原则与外人是不同的，自家人的行事原则是人情和面子，是"人同此心，心同此理"，动之以"情"，晓之以理，是利他的考虑。①

武术界历来就有"人不亲艺亲，艺不亲刀把子亲"的人际关系处理原则，并以此将全天下武术人友好地拉到同一个圈子中，用"天下武林一家亲"的理念最大限度地践行"差序格局"社会结构。既然是一家人，就"不说两家话""不能胳膊肘往外拐"，什么矛盾、纠纷、不满、怨恨等都可以关起门来自己协商解决，吃亏赚便宜也都无所谓。然而，在跟陌生人（圈外人）打交道时，情况就大不一样，往往会严格按照规矩办事，毫不苟且。当社会交易关系发生不公平的现象时，甚至还可能会跟陌生人发生冲突，特别是这种冲突出自捍卫"圈内人"的群体利益时尤为明显，绝不会像对待"自家人"那样，不了了之。"自家人"的范围是可以因时因地伸缩的，可以以本家为"自家人"，也可以以本族为"自家人"，还可以以本村为"自家人"，更远者可以以本地区、本民族、本国家为"自家人"，"真是天下都可成为一家，就看你以什么为圈界了"②。

这种"自家人化"的交往策略，在某一个村或庄内部并没有多少施展效力的空间，因为村民们都是"熟人"，大家相互之间都知根知底。但是，对本村之外的"陌生人"来说，"自家人化"的策略就会成为一种非常有效的交往策略。当某一个素未谋面的陌生人突然闯入一个安堵如常的村落，由于不熟悉，"他们"就使"我们"非常担心和害怕③。常常会引起全村人的警觉、焦虑甚至是不安，矛盾、冲突随时都可能发生，给村庄的日常秩序带来极大的隐患。此时，最好的办法就是尽快弄清楚陌生人的来历，了解陌生人的底细。在这种关键时刻，本村的武术精英往往会主动替村民出头，担当起"把门人"的角色，通过某些策略对闯入村落的陌生人进行盘问、观察和了解，以确定其身份和来意，以避免"自家人"与"陌生人"之间发生矛盾与冲突，尽快恢复村落生活的正常秩序。

---

① 贺雪峰. 新乡土中国 [M]. 修订版. 北京：北京大学出版社，2013：16.
② 费孝通. 乡土中国 [M]. 南京：江苏文艺出版社，2007：27.
③ 德斯蒙德·莫利斯. 人类动物园 [M]. 何道宽，译. 上海：复旦大学出版社，2010：125.

在冀鲁豫地区、特别是三省交界地带的梅花拳村落里，武术精英向来有以拳"盘道"来了解陌生人的风俗习惯①。"盘道"，是传统社会武术人处理人际关系的一种谋略行为，通常是利用内部行话对闯入村落的陌生人进行"盘问"，然后通过陌生人的"对答"来判断其是否是"自家人"的一种方法。例如，河南北部的梅花拳村落常常这样"盘道"：

> 本地人问：你从哪里来？
> 陌生人答：从东土而来。
> 本地人再问：你到哪里去？
> 陌生人再答：去西域拜师学艺。
> 本地人又问：拜谁为师？
> 陌生人又答：半云空中一领席，上写天地君亲师。
> 本地人接着问：你吃的是谁家的饭？
> 陌生人接着答：邹、孟二师家。

而河北大部分村庄则是这样盘拳问道的：

> 本地人问：金檩金梁金庙台，红门落锁无人来；你说你是佛家真弟子，为啥不带钥匙来？
> 陌生人答：莲为钥匙性为簧，无字真经法内藏；真性打开三簧锁，一条明路道家乡。
> 本地人再问：家乡在哪里？
> 陌生人再答：西方。
> 本地人又问：怎么回的家呀？
> 陌生人又答：走的光明大道！

如此一番问答之后，陌生人的底细基本上就知晓。如果陌生人不能回答或答错了本地人的提问，那么就说明这个不速之客不是本拳派里的"自家人"，要对其在村落中的活动进行严密监视甚至是约束与控制。如果答对了，那就是"自家人"，村民的焦虑、不安、惶恐之心顿消云散。不光时时关照、处处行方便，还

---

①杨彦明．梅花拳通义［M］．北京：北京艺术与科学电子出版社，2009：234-235．

管吃管住，以客相待，甚至亲如手足，一派和谐景象。这种严格规范的"盘道"传统，在现代社会虽然已经很少见，但是通过"察言观色"来判断是否是"自家人"的习俗却一直在村落社会保持着，并在维持村落秩序的过程中发挥着重要作用。这一现象，我们也在河北广宗县和平乡县的田野调查中得到了验证。进入前魏村的初期，村民对我们这些陌生人很是提防，一直用警觉、好奇、怀疑的眼神生硬地观察着我们，让人感觉到极不舒服。显然，因为我们这些陌生人突然闯入，惊扰了村落正常的生活秩序。不用说对村民进行访谈，就是打招呼，他们也显得谨言慎语，即使我们拿出各种证件以证明自己不是"不速之客"，也无法打消他们的疑虑。后来，我跟一个村民（后来知道他是梅花拳第13代拳师李玉普）无意中提到我也是练梅花拳的，按辈分应该是第19代。没想到，正是这不经意的一句话，便使他把我当成了"自家人"。也因此打开了我们之间的话匣子，从梅花拳谈到拳民，从拳民谈武术精英，从武术精英谈到村落生活……一切都开始变得和谐融洽。

由此可见，武术精英的这种"盘道"行为，不仅有利于了解陌生人"闯入"的意图和目的，以便掌控陌生人在本村的行动轨迹，而且还能在一定程度上消除了村民的焦虑和不安，从而维护乡村生活秩序的正常运行。从村落治理的角度来看，"盘道"是一种典型的"化人为己"的行为方式，通过与陌生人的言语交流促成了一个"自家人"的认同，从而提高了控制、管理、协同对方的能力。有了这一认同，就可以在熟人社会中按照"自家人"的原则去要求、去期待、去实现各种共同利益，这一切都将有利于乡村社会中生活秩序的和谐与稳定。

小结

在国家政权不能延伸到县（乡）的传统社会，武术精英在乡村自治中的积极参与对于调解村民之间，乃至村际之间的矛盾与纠纷起到了积极作用。即使中华人民共和国成立后，自上而下的国家司法体系也还没有管到村庄，这时民间纠纷的调解，有很大一部风还是落到了村落精英，特别是武术精英的身上。"差序格局""熟人社会""尚武精神""尚和理念"等一系列文化传统共同构成了乡村社会的"权力文化网络"[①]。它不仅是村民处理各种人际关系的原则和出发点，

[①] 杜赞奇. 文化、权力与国家：1900—1942 年的华北农村 [M]. 王福明，译. 南京：江苏人民出版社，2003：157.

而且更是武术精英合理使用"隐权力"调解纠纷、控制冲突的文化基础和社会资本。可见，武术精英之所以能够在调控民间纠纷中发挥有效作用绝非偶然，而是有其历史和社会的必然。

下篇

武术精英在当代县域治理中的时代使命

党的十八大以来，党中央高度重视乡村建设，把以乡村为主体的县域治理视为国家治理的基础和基石。县域占中国国土面积的89%、户籍人口的70%①，而且中国绝大多数县都是农业县，"就我国现实情况而言，县级政府的治理基础在农村"②，所谓的县域治理，实际上就是乡村治理。乡村治理好了，所属的县就治理好了。县域治理，既是国家治理体制改革的重大战略问题，也是系统解决"三农"问题的重要治理保障。历史经验告诉我们，"郡县治，天下安"，自秦以来县级政权一直就是国家最为稳定的基层政治单元，县域治理历来都是各朝各代安邦定国的基础。而今，在全方位实施乡村振兴战略的当代社会，县域治理显得尤为重要。2015年1月在北京召开的中央党校第一期县委书记研修班座谈会上，习近平总书记明确指出："在我们党的组织结构和国家政权结构中，县一级处在承上启下的关键环节，是发展经济、保障民生、维护稳定、促进国家长治久安的重要基础。"可见，当代社会的县域治理理念与传统社会的乡村本位思想是一脉相承的，它不仅是解决三农问题、让农民过上幸福生活的总抓手，而且还是推进国家治理体系和治理能力现代化的重要一环。"治理"与"管理"虽然一字之差，但却大不一样。"管理"多强调当权者的意志，而"治理"考虑的则是被治理者的利益，往往站在被治理者的角度上来想问题、看问题。所以，县域治理是全体民众共同参加的事情，每一个人都要增强责任感、使命感，全力推进、实现当代县域治理的善治愿景。

　　县域治理离不开社会精英的积极参与，而在社会精英的研究中我们无法回避对"武术精英"的考察。作为体现传统文化精髓的武术，作为蕴含传统美德的武德，以及具有正义感、担当意识和奉献精神的武术精英，都将以各种形式活跃于当代乡村生活的各个方面，并发挥着积极有效的社会作用。其中，武术精英在传统社会所提倡的武德修养，属于价值性的义理，与当代社会所倡导的"社会主义核心价值观"不仅没有冲突，而且还存在着高度的融合性。同时，武术精英所主导的武术教化，是一种影响深远的乡村传统自治资源，合理配置之后定会在当代县域治理中产生巨大的社会效益。所以，我们应该主动借鉴这些传统的自治经

---

①张孝德. 习近平总书记的乡村本位新论［J］. 人民论坛，2015（30）：22-24.
②王国红. 我国县域治理的困境与创新［J］. 科学社会主义，2010（5）：119-121.

验与智慧，把弘扬优秀传统文化和发展当代文明有机、紧密地统一起来，取长补短，在继承中发展，在发展中继承，让传统武术文化充分发挥出自身优势，并使其在当代县域治理中潜移默化地影响本地的民风民俗，最终呈现出美风美俗的教化效果。而武术精英始终怀有着一种"天下兴亡，匹夫有责"的强烈社会担当，曾在传统乡村自治中发挥过重要作用。而今，武术精英那种"为国分忧、替民担当、伸张正义、见义勇为"的初心，依旧以其惯性力量在当代县域治理的各个方面发挥着积极作用，引领着武术精英肩负起实现中华民族伟大复兴的时代使命。

那么，武术精英如何成为县域政府的有效治理工具？如何为县域民众的身体健康做出自己的贡献？他们又是如何通过参与社会活动来建设和谐县域呢？也就是说，在当代县域治理中，武术精英是如何"守初心担使命"的呢？笔者认为，武术精英至少在以下两个方面承载着时代的使命。第一，积极发挥武术所特有的教化作用，将武德融入"社会主义核心价值观"对习武人群进行道德教化，进而引领整个县域社会的道德风尚，实现传统美德在稳定社会、缓和矛盾、调解人际关系等方面的社会功效。第二，积极传播、推广武术活动，充分发挥武术的广泛适应性，合理利用武术的强身健体功能促进社会各类人群的身体健康，最终助力于《"健康中国2030"规划纲要》的有效实施。

第七章 弘扬优良武德，践行社会主义核心价值观

中华文明德泽深厚，源远流长，历经千载的演进仍能生生不息，激扬创新。然而，近代以来在欧风美雨的交加之下，中华文明却屡遭劫难，意识形态领域里的"战争"合力促使了中国传统文化的衰弱。当代文明更多的是一种同步于世界的西方文明，尽管它也传承了中华文明的部分遗产，但似乎传统文化正在越来越走到当代文明的对立面，而成为一体中的另一极。其实，传统文化与当代文明绝不是处于角力对抗之中的一对矛盾体，相反，传统文化对当代文明的发展具有重大的借鉴意义①。任何国家的文明发展不仅处于既定的有形文化的制约中，比如政治、经济和制度等，同时更处于无形文化的影响之下，比如信仰、风俗、习惯、道德等。也就是说，任何个人、民族、国家的文明都潜移默化地处在传统文化的沁润之中。所以，处于文化的当代背景下，我们更多的是思考如何进行中国传统文化与当代文明的对接，即如何利用传统文化的精华来滋养当代文明，又如何利用当代文明来完善传统文化。从宏观的角度来考察历史，我们会发现中华传统文化博大精深，具有旺盛的生命力。古代中国处于与周边各国隔离状态的"地理单元"中，东临大海，西靠高山，北接沙漠和冻土带，南有高山和大海。这种特殊的地理环境决定了中华文化起源的"本土性"和"独立性"，同时也为外国入侵设下了难以逾越的障碍，当然也因此培育了中国不侵略不称霸的民族性格。当我们从当代文明的视角出发重新梳理中华传统文明的文化脉络时就会发现，在传统文化丰富的内容体系中，精华与糟粕同时存在，然而却只有优秀的传统文化才是涵养传统美德的重要源泉。中华传统美德本身就是中华文化精髓，蕴含着丰富的思想道德资源，所以从弘扬传统美德的角度来传承优秀传统文化，把优秀传

---

①辛秋水. 传统文化与现代文明相对接——新乡村建设的理论与实践［M］. 合肥：合肥工业大学出版社，2010：1.

统文化和传统美德有机融合为一体，努力实现中华传统美德的创造性转化、创新性发展，已经成为当代县域治理中一条行之有效的治国策略。

当然，传统社会的道德，因受历史局限性的影响，必定包含着陈腐的东西，许多内容也早已丧失复兴的价值，甚至可以说已经完全成为了历史包袱。同时，也必须看到，当今时代和过去文化道德的联系是一脉相承的，客观上绝对无法割断，也不能割断。在传统文化和传统道德中，仍旧蕴含着不可忽视的、超越时代的、可继承的优秀遗产。重民本、守诚信、讲仁爱、崇正义、尚和合、求大同的精神，都是中华优秀传统文化和传统美德的精髓①。对这些中华民族的传统美德，我们理应继承和弘扬，并使之在当代县域治理中充分发挥效能，最终为"社会主义核心价值观"的涵养提供重要源泉。而有效弘扬传统美德的关键环节和核心手段就是道德教化。从社会角度看，只有优良的道德文化得到传承，社会生活才能得以维系和发展；而从个体角度来分析，也只有继承和弘扬了传统美德，一个人才能在当今社会中发展自我，并进而实现自身价值和生命意义。所以，德育自始至终都是教育的本质属性。

从中华民族的历史发展来看，每个时代都有与之相适应的价值观念②。比如，"国有四维，礼义廉耻，四维不张，国乃灭亡"③乃是中国先人对当时核心价值观的认识。而在当代中国，我们所倡导的"富强、民主、文明、和谐，自由、平等、公正、法治，爱国、敬业、诚信、友善"就是社会主义核心价值观④。其中，"富强、民主、文明、和谐"是国家层面的价值目标，"自由、平等、公正、法治"是社会层面的价值取向，"爱国、敬业、诚信、友善"是公民个人层面的价值准则。

由此可见，中华传统美德对社会主义核心价值观具有重要的涵养作用，也即是说，社会主义核心价值观的产生与发展必然立足于中华传统美德，并从其中吸收丰富的精神营养。社会主义核心价值观中关于"公民个人"层面的价值准则，是一个普通人所应具备的基本道德品质，是"在不同国家、民族内形成的具有普

---

① 罗国杰，夏伟东. 古为今用推陈出新——论继承和弘扬中华传统美德 [J]. 红旗文稿，2014 (7)：4-8，1.
② 习近平. 青年要自觉践行社会主义核心价值观——在北京大学师生座谈会上的讲话 [J]. 中国高等教育，2014 (10)：4-7.
③ 《管子》之《牧民篇》曰：国有四维，一维绝则倾，二维绝则危，三维绝则覆，四维绝则灭。倾可正也，危可安也，覆可起也，灭不可复错也。何谓四维？一曰礼，二曰义，三曰廉，四曰耻。参见：管仲. 管子 [M]. 长春：时代文艺出版社，2008：2.
④ 中共中央办公厅. 关于培育和践行社会主义核心价值观的意见 [N]. 人民日报，2013-12-24 (001).

遍意义的规范，诸如诚实、守信、公正、人道等"①。而道德的教化首先就是针对老百姓的个人品德进行教化，注重塑造、培养具有社会公德的合格公民。武术教化本身就是一种富有成效的关于个体品德的民间教化范式，在武术界被尊为"习武以德为先"的优良武德也是中华传统美德的重要组成部分，如"自强不息、敬业乐群、扶正扬善、扶危济困、见义勇为、孝老爱亲"等个人品德都与武德的教化内容有高度一致性和融合性。这些个人品德，经由《易经》《管子》《孔子》《孟子》等上古经书文献的总结，以及历代儒学大家的概括，最终被提炼成"孝、悌、忠、信、礼、义、廉、耻"八种基本道德，称为"君子八德"②。此"八德"作为儒家伦理思想的精髓，在社会上影响广泛而深远，武术也将其吸纳为武德教化的核心内容，成为武术人共同的操守规范。如今，"八德"又作为中华传统美德有机融入社会主义核心价值观之中。所以对优良武德的弘扬将有助于社会主义核心价值观在基层社会的落地生根。而武术精英作为道德教化的施教者，在整个教化过程中发挥了极为重要的作用。在当代县域治理中，主动继承武术教化传统，充分发挥武术精英对武术人群的武德教化作用，必将有利于社会主义核心价值观在县域社会中的有效践行。

第一节　孝悌之道

我国社会主义核心价值观是在继承中华民族传统道德的基础上形成和发展起来的，而传统的伦理道德又是儒家思想的基本教化内容，它是以"孝悌"，即孝敬父母、敬爱兄长为核心和基石，并由此延伸到其他道德教化，最终达到规范人的行为的教化目的。当前，在弘扬中华传统美德的时代潮流下，突出和强化"孝悌"为本的伦理道德教育，不仅关系到社会个体的健康成长，更关系到当代县域治理进程中民族性格的塑造和民族精神的弘扬。

一、孝

"孝"是道德的根本所在，受到了社会的普遍尊崇。儒家典籍《孝经》认

---

①黄希尧. 论普通道德教育［D］. 武汉：华中师范大学，2000：12.
②蒋立群. "孝悌忠信礼义廉耻"与"王八"考［J］. 文史天地，2002（10）：37.

为,"百善孝为先"①,"孝"乃"德之本",是"天之经,地之义"之事②。传统社会君主可以采用"孝"来治理国家,臣子可以凭借"孝"升官晋职,而平民百姓也可以利用"孝"来安家立命③。而如今,这种以"孝"修身、齐家、治国、平天下的传统理念仍然是美丽乡村建设的重要抓手。乡村是一个生命有机体,村落虽小但它却是一个小而全的系统。尽管伴随着现代化进程不断深入,"乡村社会的'乡土本色'逐渐淡去"④,但是,村落社会中那种"父子天性,母女连心"的天性不会随着村落主体(人)的流动而改变。无论外面的世界如何变化,乡土社会中,那种以"孝"为核心而形成的"亲亲以睦友,友贤不弃,不遗故旧"⑤ 的醇厚民风永远都不会改变。2014年,中央农村工作会议旗帜鲜明地提出,"积极稳妥推进新农村建设,加快改善人居环境,提高农民素质,推动'物的新农村'和'人的新农村'建设齐头并进"⑥。如何在"物的"基础上留住人,把美丽乡村建设得更美好,在乡村大力弘扬孝道不失为一条有效的捷径。由于孝道蕴含着道德教育功能,除了强调对老年人赡养的职责与义务以外,还倡导关爱、顺从、和睦、宽容、友善等传统美德,所以,传承发展中华优秀传统文化,离不开大力弘扬孝老爱亲等中华传统美德⑦。在当代县域治理中导入孝道教化对于解决目前村落治理中所遭遇的严重"老龄化"与"三留守"等人口问题,都具有重要的现实意义和直接效用。

在武术精英对弟子的教化中,历来都要求"师徒如父子",并反复强调"习武孝为先"的教化理念。武术各拳派在弟子入门拜师前都要对其进行严格的道德伦理考察,要求他们要恪守孝道,对不孝敬父母者坚决拒之门外。例如,杨氏太极拳有"不传不忠不孝之人"的"八不传"门规⑧;昆吾剑亦有"不忠不孝者不

---

① 王永彬. 围炉夜话 [M]. 吴雪风,评译. 北京:京华出版社,2004:30.
② 曾参. 孝经 [M]. 李新路,编. 郑州:河南人民出版社,2008:1,14.
③ 尚波. 中华孝经大全集 [M]. 北京:中国华侨出版社,2012:前言1.
④ 陆益龙. 后乡土中国的基本问题及其出路 [J]. 社会科学研究,2015 (1):116-123.
⑤ 孔子. 诗经 [M]. 程俊英,译注. 上海:上海古籍出版社,2014:231.
⑥ 黄杏洁. 主动适应新常态 加快农业现代化——透视中央农村工作会议传递出的五大新信号 [EB/OL]. [2014-12-23]. https://www.12371.cn/special/2014zyncgzhy/.
⑦ 中共中央办公厅,国务院办公厅. 关于实施中华优秀传统文化传承发展工程的意见 [N]. 人民日报,2017-01-26 (006).
⑧ 王宗岳. 太极拳谱 [M]. 沈涛,点校考释. 北京:人民体育出版社,1991:52.

传"的《箴言》①；少林寺授徒也有"孝悌为先"的《习武戒律十二条》之规定②；梅花拳更是把"孝"放在了各种品德的首要位置，规定凡是拜师入门者必须要知"孝道"③等。另外，在武术教化的整个过程中，武术精英始终都在维护一个长者（师、父）的地位和权威，弟子也自然默认了这种晚辈（徒、子）的身份与遵从，往往会潜移默化地把对师父的敬畏转移到对父亲的敬爱之中，从而强化了日常生活中的"孝亲"行为。武术精英这种对"孝"的不厌其烦地强调、大张旗鼓地宣扬，势必使"孝道"在村落生活中处处彰显。

山东省淄博市博山区是著名的"武术之乡"，也是一个远近闻名的"孝乡"。其地方神——"颜神"，就是一位因至孝而成神的妇女，而一条贯穿于多个乡镇的河流也因此被命名为"孝妇河"。如今，散布于"孝妇河"两岸的各个村庄中处处都可以看到有关"孝"的文化元素（图22）。这种以"孝"至上的生活理念，与当地的武术教化不无关系。

图22 "孝乡"博山随处可见的"孝"元素④

博山尚武之风浓厚，1934年成立官办武术馆，1984年全国武术挖掘调查时，博山统计有拳师84人，整理出21个拳种、440个武术套路，1996年又被国家体委命名为全国"武术之乡"。在武术教化对"孝"的反复强调中，从小习武的孩子们早早地就把"师徒如父子""同门如兄弟""尊师重道""一日为师终身为父"等与"孝"相关的诸多传统美德牢记在心，并在日后的习武活动和日常生活中不断践行。显然，武术精英对"孝"的刻意教化，在乡村治理中具有"化民成俗，教民成人"⑤的独特优势。

同时，由于中国素来就有一种浓厚的"家国情怀"，不光在结构上把"家"和"国"的关系看作是一个有机的整体，在利益上把"家"和"国"当作是一

---

①徐才. 武术学概论［M］. 北京：人民体育出版社，1996：100.
②万籁声. 武术汇宗［M］. 北京：北京体育大学出版社，2013：12.
③杨彦明. 武探花杨炳与《习武序》［M］. 北京：中国文史出版社，2004：45-52.
④图片来源：课题组成员2018年8月18日拍摄于"孝乡"博山.
⑤陆益龙. 后乡土中国的权力结构与村官政治［J］. 江苏行政学院学报，2016（2）：71-79.

个休戚与共的利益共同体,而且更重要的是在情感上将孝道、仁爱、爱国等精神彼此关联起来,成功实现从"孝亲"到"爱国"的有效升华。也就是说,在当代县域治理中积极对广大民众进行孝道教化(如武术精英对武术人进行的孝道教化),实际上就是在切实有效地践行社会主义核心价值观中个人层面的"爱国"价值准则。

二、悌

"悌",本指敬重乡中长辈,古时当时乡中皆是同族,后指敬爱兄长,也泛指兄弟姊妹、朋友之间的尊长爱幼。《左传》中说,"兄爱而友,弟敬而顺"[1]。就是说,做弟妹的要对兄姐尊敬、顺从,做兄姐的要对弟妹倍加爱护,把他们当成朋友看待。一个人从小敬重自己的兄长,出外必能尊敬他人,自己也肯定得到他人和社会的尊敬,即儒家教化所强调的"出则悌"[2]。在儒家看来,"悌"已不仅仅是在家中对自己兄长的敬重之情,而是"四海之内皆兄弟也"[3]。这里的兄弟姐妹已经远远超越了家庭血缘而上升为社会生活中同辈人之间的关系。然而,现实生活中,弟兄相争、妯娌不和的现象却时有发生,特别是在乡村社会,往往为蝇头小利、一时意气而争得你死我活、兄弟相仇。弟兄妯娌相争,看似打乱了家庭的安宁,而实际上家庭乱了社会就会乱。如果一个人具备"悌"的美德,那么他就能将这种"关爱之心"(悌)扩散到其他社会成员的身上,同时,他会得到别人的关爱甚至是敬重,如此,也就能与他人和谐相处。因此,作为中华优秀传统美德的"悌",在当代县域治理中对于构建社会主义和谐社会起着积极的促进和保障作用。

武术界素来有"同门如兄弟"之说,大多数拳种门派都教化弟子要"兄友弟恭,谦虚忍让"[4],其目的就是要利用家族内部的宗法关系来处理同门师兄弟之间的伦理秩序和行为准则,使之长幼有序、尊卑有别。由此可见,"悌"不仅是维持家庭和睦、社会和谐的重要保证,而且还是维系拳派成员协同共处的纽带。在拳派这个虚拟的大家庭中,武术精英常以"友悌"之道教化弟子,在师兄弟遇到困难时要及时伸出援助之手,而自己遭遇不幸时也可直接向师兄弟求

---

[1] 左丘明. 左传[M]. 蒋冀骋, 标点. 长沙: 岳麓书社, 1988: 352.
[2] 毛佩琦. 论语全集[M]. 王丹, 释注. 北京: 中国纺织出版社, 2012: 6.
[3] 毛佩琦. 论语全集[M]. 王丹, 释注. 北京: 中国纺织出版社, 2012: 208.
[4] 杨彦明. 武探花杨炳与《习武序》[M]. 北京: 北京中国文史出版社, 2004: 140.

助。例如，韩伯言是形意拳大师尚云祥的大弟子，尚云祥曾经对新一拨徒弟说：

> 我如果不在了，你们遇到难处，就到山东去找韩师哥……就是不练武，你们光是去投奔也好，他一定会关照你们的。①

如此，武术精英通过对"同门如兄弟"伦理关系的反复强调，就将"兄爱弟悌"或"兄友弟恭"的传统美德深深融入武术人生活、习武的方方面面，确保他们在思想上能够恪守友悌之道，在行动上能够相互帮助、彼此关爱、和睦相处。其实，这也就是对社会主义核心价值观公民个人层面"友善"价值准则的主动践行。

在现代社会，由于社会主义市场经济的存在，竞争无处不在，合作也无处不在，因此，要想有效实现县域治理的治理预期，就更需要在乡村社会大力提倡这种宽广的兄弟情怀，积极倡导"海内存知己，天涯若比邻"的气度，高调宣扬与人为善的生活理念和团结合作的工作精神。而这些思想、品德、理念和精神都在武术教化中有明确的规定，武术精英不光要求弟子人人严格恪守，而且还在习武实践中不断检验、时时考察，以确保这一传统美德能够入耳、入心，进而内化为武术人的自觉行动。如果人人都能恪守"悌道"，以爱待人，以礼待人，那么，广大县域社会，和谐的人际关系必然会建立起来，"天下大同"就一定不会再是一个空想。

第二节 忠义之举

"忠义"是中国传统行为文化中重要的伦理规范之一，强调的是忠于君主、信于友朋的道德规范。传统社会，儒家所提倡的这种"忠孝仁义"伦理道德在社会上影响深远，长期以来都是臣民自律或社会舆论评判臣民的道德标准。虽然曾因其历史局限性而被现代社会所排斥与批判，但"忠义"也绝非封建糟粕。如果我们本着正本清源的立场，在理论上恢复其原始本义，在实践上突出其社会教化价值，那么，于我们当代的县域治理仍有着重要的现实作用。如果我们去其糟粕取其精华，再适当增加一些新时代所宣扬的社会主义核心价值观，那么它定能重新焕发活力，在当代县域治理中再造辉煌。

---

① 徐皓峰，徐骏峰. 武人琴音[M]. 韩瑜，口述. 北京：人民文学出版社，2014：69.

一、忠

"忠"作为一种思想品德起源于先秦时期,本义是"一种积极的对他人、对事业的态度。忠的基本内容与要求是真心诚意、尽心竭力地对待他人,对待事业"①,而并非仅仅是下级对上级保持忠诚的一种道德规范。既有平等主体之间的忠恕、忠信之"忠",也有下对上的忠君、忠主之"忠",还有对社稷、对事业的"忠"。只是后来,忠君观念在中国历史上长期占据统治地位,人们才逐渐产生了认识上的误区,将"忠"简单地等同于忠君。事实上,传统忠德中蕴含着丰富的超越时代和阶级的思想内核和精神价值,而这些优秀价值和合理内核正是传统美德当代转换的基础和重点。随着县域治理的不断深入,面对新的时代、新的任务,传统忠德之中一些合理内核正在中国特色社会主义伦理文化体系中获得新的发展与生机,逐渐衍化为忠诚、忠义、忠信、忠厚、忠直等个人品德。而这些品德又与当今社会所倡导的社会主义核心价值观有诸多契合之处,都是国家要求进一步继承和弘扬的传统美德。这些契合点——对应于社会主义核心价值观中个人层面的道德标准,主要集中在以四个方面:一是由传统忠德中公忠体国的社稷观念转换而来的"爱国"主义;二是由传统忠德中忠于职守的忠勤观念转换而来的"敬业"精神;三是由传统忠德中诚实不欺的忠信观念转换而来的"诚信"原则;四是由传统忠德中推己及人的忠恕观念转换而来的"友善"美德②。当今社会,"爱国、敬业、诚信、友善"作为忠德的核心和主流,已经成为社会主义核心价值观的重要元素,被国家当作优秀传统美德在县域治理中积极传承和大力弘扬。

在武术的道德教化中,这四种传统美德可以简约地概括为"卫国卫民"的担当意识和奉献精神。武术中的很多拳派都要求弟子做到"以忠义之举保家卫国"③。永春白鹤拳拳谱就明确要求弟子"征战沙场,建立社稷""患难相扶,成国立家"④。梅花拳在其拳派经典《习武序》中将习武宗旨提升到"治国平天下"

---

① 张锡勤. 中国传统道德举要 [M]. 哈尔滨:黑龙江大学出版社,2009:100.
② 桑东辉. 传统忠德的当代转换及与社会主义核心价值观的契合 [J]. 道德与文明,2014(6):68-73.
③ 唐韶军,戴国斌. 生存·生活·生命:论武术教化三境界 [J]. 北京体育大学学报,2016,39(5):72-78.
④ 洪正福,林荫生,苏瀛汉. 永春白鹤拳 [M]. 北京:人民体育出版社,1989:13-14.

的境界，教化弟子要"时而穷也，可以保身保家；时而达也，可以卫君卫国"①，充分彰显武术精英修齐治平的人生价值取向，至今这一习武宗旨仍然积淀在梅花拳弟子的深层意识中，只不过其中的"忠君"意识已经被"爱国"精神逐渐取代。从形意拳的门内辈分排序"华邦惟武尚社会统强宁"的内容来看，其练武宗旨也是"保家卫国"。形意拳精英在教化弟子时常说："到咱们门中，学保全性命，还学为国为民"②，"有勇气和本领是好事，但是要报效国家"③。如今的少林"武德新规"，更是把爱国奉献的忠德赋予时代精神，"凡习武的少林寺弟子，必须拥护党，拥护政府，拥护国家的各项政策……学到真正少林功夫，为民族振威……争取为国家建设做较大的贡献"④。而陈式太极拳则把"热爱祖国"这一忠德思想以"武德规要"的形式写进拜师帖之中，并处于首要位置（图23）。意在从弟子一入门就开始为其设定忠德的教化目标。由此可见，保家爱国的忠德品质、担当意识、奉献精神历来都是武术精英教化弟子的重要道德内容和最高价值追求。

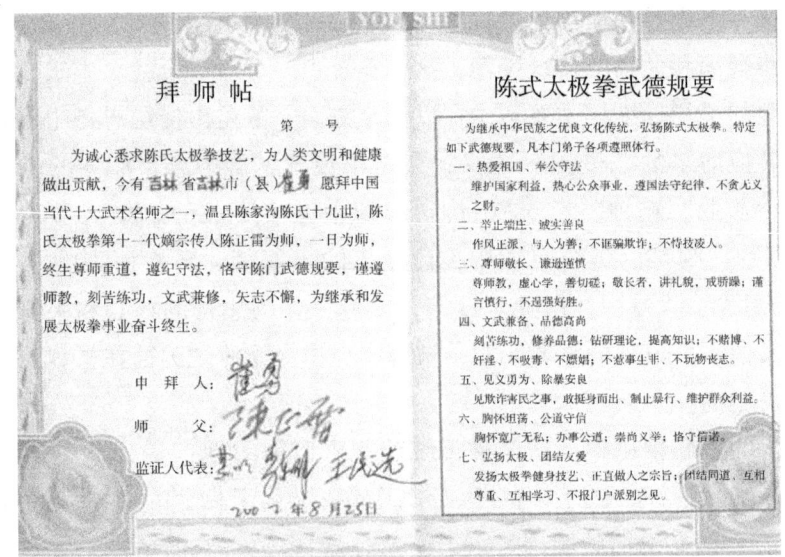

图23 当代陈式太极拳"拜师帖"内容与格式⑤

① 杨彦明. 武探花杨炳与《习武序》[M]. 北京：中国文史出版社，2004：55.
② 徐皓峰，徐骏峰. 武人琴音[M]. 韩瑜，口述. 北京：人民文学出版社，2014：193.
③ 徐皓峰. 逝去的武林[M]. 李仲轩，口述. 北京：人民文学出版社，2013：38.
④ 德虔. 少林武术大全[M]. 北京：北京体育学院出版社，1990：39-40.
⑤ 图片来源：陈正雷先生于2018年8月6日提供。陈正雷（1949—），男，河南省焦作市温县陈家沟人，太极拳第11代传人。

在武术教化持续不断地忠德教育下，而今这种为国分忧、替民担当的奉献精神，依旧以其惯性力量在当代县域治理中发挥着积极有效的作用。山东淄博市博山区八陡镇东顶村人尹传军，自幼习武，力大无穷，是本村乃至临村中有名的武术精英。他不光能够凭借自身的能力和威望帮村民排忧解难，而且还能组织动员周围的村民积极参与村落集体事务，造福乡里乡亲。

几年前，东顶村的村民组就向上级申请建一个垃圾池，正巧上级也有类似规划项目的经费。因为排队或者关系不到位，直到今年春节，尹传军所在的村组仍然未能申请到这一笔项目的支持经费，而此时垃圾已经越积越多，几乎达到了"垃圾围城"的地步。垃圾的恶臭还常常飘到不远处他们练拳的拳场，很大程度上影响了他们师徒的练功效果。他便和跟徒弟们商量，建议不等不靠，由村民自己出力出钱完成垃圾池的修建。虽然弟子们都无异议，表示积极参与，但是仅凭他们十几个的人力物力是远远不够的。尹传军便发动弟子，让他们再去动员、影响各自周围的亲戚朋友，有物出物、有钱出钱、有人出人。在他们的带领、组织动员下，全体村民说干就干，总共花费1400元和大约60个工，仅三天时间就建好了之前预算2万元的垃圾池，并将全村各处垃圾全部清除一遍。（陈维梅口述）

如果没有武术精英的牵头带动，以及担当和奉献的精神，国家向农村转移的资金和资源再多，都难以解决千差万别的农村需求，难以调动农民对国家的支持和信任，难以提升国家的基础性权力。

总之，武德教化中的"忠德"思想与"社会主义核心价值观"个人品德层面的"爱国、敬业、诚信、友善"四种价值标准有着一脉相承的同源性，而且还与当代县域治理中的精神文明建设具有高度的一致性。所以，武术精英在武术教化与实践中突出强调"忠德"教育，乃是践行"社会主义核心价值观"的一条有效途径。

二、义

"义"乃是中国一种含义极广的道德范畴，本意指"公正、合理、应当"之意。用今天的话说，就是社会义务的问题。具体而言，"义"蕴含着四层意思，

第一，礼节仪式的抽象演化，被界定为严肃等级权益之分，是一个伦理仪范，如孟子所说的"敬长，义也"①；第二，"义"又解释为"宜""当"，说明的是世人行为的合理程度和规范性，即适宜和正当之义，如"行充其宜谓之义"②；第三，"义"乃是判断"善"与"恶"、"宜"与"不宜"、"当"与"不当"的标准，乃正确的判断和裁评行为，如朱熹认为"善善恶恶为义"③；第四，"义"既是一般道德的总称，同时还是道德原则的同义语，统御了所有道德性指向，如"夫义者，所以济志也，诸德之发也"④。由此可见，"义"既代表着公平正义，又代表了礼仪和适当，还是一种判断善恶的标准。表现在道德品质上就是在日常生活中要主持正义、乐于助人、敢跟坏人坏事作斗争。具体到行动上就是我们所提倡的"见义勇为"。"见义勇为"一说，出自《论语·为政》，"义"和"勇"是儒家教化塑造高尚人格的两种规范⑤。勇，当然是勇敢的意思，而"义"，则是指一种符合于仁礼要求的品德。在孔子看来，"见义勇为"就是遇到应该伸张正义的时候，要挺身而出做你应该做的事。如果此时退却，就是懦弱的表现。在这里，"勇"必须要符合"仁、义、礼、智"的规范，否则就是"乱"。

村民自治是依靠国家政权力量驱动的自上而下正式制度的变迁，但是在乡村治理的实践中，由于种种失范行为以及政策扭曲执行等原因，村民难以从自治实践中得到实际利益，于是就对自治活动采取"事不关己高高挂起""明知不对少说为妙"的冷漠态度，只求过好自己的小日子，最大的心愿就是不要"摊上事"。究其原因，就是由于乡村社会长期受到"臣民思想"的影响，人们已经习惯于无原则的服从。有的还表现出阿谀奉承、溜须拍马的"太监心态"，甚至鲁迅笔下恃强凌弱、自欺欺人的"阿Q心态"在基层乡村也仍然存在着。然而，农民的这种心态与当代县域治理中民主发展的要求相距甚远，如果这些心态在当代村落社会生活中仍然占据主导地位，那么当代村民自治的主体地位以及主体意识就会处于虚位状态，极易造成村民自治活动在村庄治理实践中出现偏差与扭曲。在农民组织化程度偏低、村民与村干部之间信息不对称等客观现实面前，农民往往采取消极被动的政治参与方式，这与现代民主所要求的积极参政议政差距

---

①孟子. 孟子 [M]. 徐强，译注. 济南：山东画报出版社，2013：256.
②贾谊. 贾谊新书 [M]. 长春：时代文艺出版社，2008：110.
③黎靖德. 朱子语类 [M]. 王星贤，点校. 北京：中华书局，1986：99.
④戴圣. 礼记 [M]. 张树国，点注. 青岛：青岛出版社，2009：217.
⑤毛佩琦. 论语全集 [M]. 王丹，释注. 北京：中国纺织出版社，2012：36.

很大,严重影响当代县域治理中基层民主的发展。再加之,在当代县域社会,法制体系还不够健全与完善,广大民众的法律意识也比较淡漠,面对各种扰乱社会、违法乱纪,甚至是涉黑涉暴等恶性事件,老百姓往往采取沉默、忍让、屈从等方式予以回应。长此以往,这不仅会助长歪风邪气的盛行,而且更会影响社会秩序的安定和优良社会风气的形成,从而严重阻碍社会主义核心价值观在广大村落社会的传播与践行。为了改善这种不合时宜的状态,营造良好社会风尚,防止这种不良现象的发生,就需要在全民中大力弘扬"正义""义气""道义""义行""义节""义勇"等优秀传统美德,见到不公、不平、不正的事情就要主动揭发、勇于斗争、敢于惩罚,使其在社会正能量面前无处遁形。

现实生活习武之人是最有能力,也最应该实施"见义勇为"的一类群体,他们也常常以除暴安良、济弱锄强的侠客式人物自居,"好义勇为,能见不平而奋起"① 是他们的行为习惯,有时甚至有点"爱管闲事","见了不平之事,他便放不下,仿佛与自己的事一般"②。武术人的此等义举,一般都是出于公心,只争"是非"二字,原本事情跟自己无关,然而却仍要替弱者出头,维护社会的公平正义③。如《王征南墓志铭》中就明确提出,武术人应"见不平之事,要挺身而出"④;梅花拳"五要"也要求全体梅花拳弟子"要扶贫助弱,御除强霸"⑤;太极拳在"门尊十二严"中更把"见义勇为"列为本门弟子的门规戒律⑥。而作为武术精英就更应该以身作则,充分发挥榜样的力量,在社会上积极践行"见义勇为"的传统美德。

如今,在当代县域治理中我们之所以仍然要提倡"见义勇为",就是因为它是实现"公正"社会的有效保证⑦,如果人人都能"见义勇为",那么就会在一定程度上遏制各种社会不良现象的发生。"公正"即社会公平和正义,是社会主义核心价值观中对美好社会的生动表述,也是从社会层面对社会主义核心价值观基本理念的凝练。只有积极弘扬"见义勇为"的传统美德,才能有效营造"公

---

① 龚鹏程. 侠的精神文化史论 [M]. 济南:山东画报出版社,2008:22-23.
② 石玉昆. 三侠五义:第1卷. [M]. 暴拯群,校点. 郑州:中州古籍出版社,2009:127.
③ 陈平原. 千古文人侠客梦 [M]. 北京:北京大学出版社,2010:96.
④ 全国体育院校教材委员. 会武术理论基础 [M]. 北京:人民体育出版社,1997:186.
⑤ 杨彦明. 武探花杨炳与《习武序》[M]. 北京:中国文史出版社,2004:45.
⑥ 陈鑫. 陈氏太极拳图说 [M]. 太原:山西科学技术出版社,2006:93.
⑦ 中共中央办公厅,国务院办公厅. 关于实施中华优秀传统文化传承发展工程的意见 [N]. 人民日报,2017-01-26(006).

正"的良好社会风尚,进而为振兴发展乡村社会凝聚正能量。由于"义"既是武术人最看重的个体品质和实践宗旨,也是世人对武术人进行评价的主要标准,所以在武术精英主导下的武术教化中,"义"就成为一种武术人不可或缺的独特道德品质。武术精英对"义"的强调与施教,极其有利于塑造武术人那种有"仁义"、讲"义气"、行"侠义"的道德取向和行为动机。由此可见,在当代县域治理中,如果充分利用武术教化的这一独特作用,积极发挥武术人,特别是武术精英对公平正义的强烈追求和切实实践,那么必将有利于社会主义核心价值观中社会层面"公正"价值取向的深入践行。

第三节　礼信之德

"礼信"一词是"君子八德"传统美德之中"礼"与"信"的合称,意指"礼节与诚信"。尊敬守礼、诚实守信,始终是中华传统美德中不可或缺的组成元素。传统乡村自治中的"礼信"之德,曾在维护社会稳定、构建和谐人际关系等方面发挥过极其重要的作用。而今,在传承中华优秀传统文化、践行社会主义核心价值观的当代县域治理中,加强道德教化、弘扬"礼信"之德,更是十八大以来以习近平同志为核心的党中央高度重视的一种社会治理方略。

一、礼

中国是"礼仪之邦",以自然经济为基础的生活方式、"天人合一"的思维模式、早熟的国家组织,以及以宗法血缘为纽带的人伦关系等,均为"礼仪之邦"的孕育、发展与完善提供了独特而丰富的营养元素。以此为基础,"礼教最终发展、完善为儒家教化的实质和核心"[①]。"礼教"的起源可追溯到西周时期,周人通过"制礼作乐",系统地整理审定社会礼仪规范,对世人的行为准则和尊卑秩序做出既严格又明确的规定。由此将世人全部都纳入尊卑有序、长幼有别、贵贱有等的社会关系之中,为成就文明社会奠定坚实而深厚的伦理道德基础。其后,"礼"被儒家诠释为治国安民之术,于是对全民进行"礼"教就成为后世统治者的一种治国理念。在社会教化中"礼"被看作是天地的秩序,既规范整个

---

①黄书光. 中国社会教化的传统与变革 [M]. 济南:山东教育出版社,2005:24.

人间的社会秩序，又涵盖全体人民日常生活中的各种人伦关系①。总之，"礼教"要求每个个体在社会生活中，既要按照礼仪规范去做自己应当做的事，同时又要安于其"名分"，不做越轨之事，扮演好自己的社会角色。

武术教化对"礼"的强调与重视，远远高过普通人所受到的儒家教化。作为一项注重礼仪教化的身体实践活动，武术历来提倡"未曾学武先学礼"，这里的"礼"就是一种用来调解习武者与他人之间相互关系的规范。武术教化之所以反复强调"礼"的德行，其目的就在于通过"尊尊""亲亲"的教化，使习武之人能够尊敬师长、关爱同门、尊重对手。武术所谓"未曾学武先学礼"的教化，乃是从武术精英对"拜师礼"的精细操作开始。

> 在拜师仪式中，弟子要不停地"磕头"！一般来讲，要先给祖师爷磕，然后再给师父、师伯、师叔依次磕头，最后还要给在场的师兄们行礼。"磕头"表达了徒弟对长辈的尊敬，行礼则表达了同门之间的亲情和友情。（李明治口述）

不仅如此，武术教化还将这种师徒、兄弟之间的尊卑上下之"礼"延伸到日常生活中，使武术人能够恰如其分地扮演着自己的社会角色，严格遵守社会生活中的道德人伦秩序，行其所当行，从来不敢乱了"礼数"。由此可见，在当代县域治理中，重视与加强武术精英对武术人的"礼教"，不仅可以减弱武林争斗的残酷性和剧烈性，提高武术人以礼行事的规范性和文明性，而且还可以为实现乡村社会生活的温情和谐起到有效的辅助作用。从弘扬传统美德、践行社会主义核心价值观的角度来看，"礼"作为一种优良的武德内容，在武术教化中被武术精英反复强调和不断实践的过程，实际上就是对国家层面"文明""和谐"价值目标与个人层面"友善"价值准则的有效践行。

二、信

所谓的"信"就是"诚"。古代社会"信"与"诚"互训，所以"诚信"往往是连用的②。《论语·卫灵公》云："言忠信，行笃敬"③，讲的就是言语忠

---

① 甘怀真. 皇权、礼仪与经典诠释：中国古代政治史研究 [M]. 上海：华东师范大学出版社，2008：61-62.
② 景海峰. 仁义礼智信与中华文化的核心价值 [J]. 马克思主义与现实，2012（4）：188-194.
③ 文若愚. 论语全解 [M]. 北京：中国华侨出版社，2013：390.

实诚信、行为笃厚恭敬的重要性。《论语·学而》篇也特别强调"谨而信""言而有信""主忠信"等优良的诚信品德①。《论语》中,"信"有两层含义,一是受人信任,二是对人有信用。"诚信"即诚实守信,是人类社会千百年传承下来的道德传统,也是社会主义道德建设的重点内容,它强调诚实劳动、信守承诺、诚恳待人,在当代县域治理中,对于维护人际关系的和谐、维持社会秩序的安定发挥着举足轻重的社会作用。日常生活中,一个人要想立得起、行得通、得到别人的支持和理解,那么就要把"诚信""信用"放在第一位,待人接物必须做到诚心诚意,言出必行,不可失信用。只有这样,人际关系才会和谐融洽,社会秩序才会稳定安宁。如果一个人不讲信誉的话,那就不光破坏友善的人际关系,而且还扰乱正常的社会秩序,使日常生活在一定程度上陷入紊乱状态。

在武术精英看来,一个习武之人不管在习武过程中还是在日常生活中,"讲信誉""守诚信"比什么都重要。武术教化历来都反复强调"其言必信,其行必果,已诺必诚"②的"诚信"教育。要求弟子一诺千金,答应别人的事就一定要诚心去做,甚至不惜自己的身躯。武术各门各派,在新弟子拜师之时,一般都举行"焚香鸣誓"的仪式,表面上看是对祖师的承诺(一般是光宗耀祖、弘扬本派武功之类)、对师父的表态(一般是谨遵师傅教化、为师父争光之类)、对自己的保证(一般是持之以恒、勤奋修炼之类),以及违背誓言后的惩罚(诸如"若违背誓言,任凭门规处置"、甚至是更极端的"遭五雷轰顶"之类),而实际上是在借助仪式对弟子进行"诚信"教化。如梅花拳第16代宗师韩其昌先生的入门誓言为:

> 梅花桩列祖列宗,各位先师在上,弟子韩其昌自愿投师梅花桩门下,当严守门规,谨遵师命,勤奋克己,弘扬门风。今立此誓,永不反悔,如有食言,甘愿依门规受罚。(韩超口述)

在拜师仪式那样庄严的场合、肃穆的氛围中,盟誓弟子对其所说的话往往是刻骨铭心、没世不忘。同时,仪式的神圣性也成为确保弟子信守诺言的一种无形力量,每时每刻都在监视着弟子的言行。可见,武术教化中这种刻意安排的"诚信"教育,对弟子终生都有积极的警示作用,时刻提醒着他们不要背信弃义。

---

① 毛佩琦. 论语全集 [M]. 王丹, 释注. 北京: 中国纺织出版社, 2012: 6-8.
② 司马迁. 史记·列传 [M]. 于童蒙, 编译. 北京: 中国纺织出版社, 2007: 302.

在当代社会,"诚信"作为一种诚实劳动、信守承诺、诚恳待人的时代精神,对社会主义新型人际关系的形成具有着积极的促进作用①。如果得不到别人的信任,百姓不信任政府、政府不信任百姓,那么什么事都办不成。所以,党的十八大将"诚信"纳入社会主义核心价值观,成为公民个人层面价值准则的四大内容之一。"诚信"也因此成为当代县域治理中道德建设的重点内容。由此可见,武术精英对"诚信"的反复强调和积极施教,实际上就是对社会主义核心价值观中"诚信"准则的有效践行。如此,不光会大大提高武术弟子的"诚信"道德水准,而且定会通过弟子的优良品德影响到周围群众"诚实""守信"的思想意识和行为习惯。最终,在广袤的县域社会潜移默化地形成一个良好的道德评判标准。为了更好地促进县域社会的可持续发展和美丽乡村建设,利用多种途径加强农民"诚信"品德教化就成为当前迫在眉睫的国之大事。其中,充分发挥武术精英的教化作用,对"诚信"进行广泛宣教与大力弘扬不失为一条切实可行的有效途径。

第四节 廉耻之心

"廉耻"就是廉洁和知耻,也就是廉洁的操守和羞耻的感觉。传统社会,历代统治阶级在把"廉耻"奉为治理国家基本纲纪准则的同时,更把"廉耻"看作是立人之本。人们常说的廉耻之心,就是建立在廉耻道德评价基础之上的、对自己或他人言行是否符合廉耻观念的一种内心体验。如果自己或他人的所作所为是廉洁行为,就会感到满意,心情畅快;而自己或他人的所作所为是不道德、不文明行为,就会感到可耻和羞愧。所以说,对公民进行廉耻教育,不光是一种自我道德教化,而且还是一种对他人的道德约束;不光能够使自己尽心向善,而且还能够让他人时刻生活在社会舆论的监督之下,使其不至于任意妄为、做出令自己和他人感到羞耻之事。其效果必将有利于促进整个社会的和谐与安宁。

一、廉

"廉"之本义为方正、坚持原则、不圆滑。《道德经》"是以圣人方而不割、

---

① 郭亚丹. 乡村振兴战略中农民诚信意识培育研究 [J]. 中共南昌市委党校学报, 2018, 16 (3): 62-65.

廉而不刿"①，即圣人锐利而不伤人。从先秦时期开始，这一概念开始转向对高风亮节的坚守，如《孟子·尽心下》曰："故闻伯夷之风者，顽夫廉，懦夫有立志。"② 其内涵主要指向对"节义"的坚守和"高义"的追慕上，将"高风亮节"视为比生命更为重要的信守，绝不苟同、绝不同流合污。同时，从"廉"的内涵看，其所指的对象已逐步发生偏重，从泛指所有人对节义的坚守，发展到"更加偏指士人、官宦这一群体"③ 及为官者在私利、物财等问题上的节操。从而逐渐派生出"廉洁""清廉"等概念。综合看来，作为"国之四维"④ 之一的"廉"，在传统社会的国家治理和社会教化中一直都发挥着极其重要的作用。其中，在道德教化中所发挥的作用更为具体深入。"廉"德，被公认为"立人之大节"。一个不具备"廉"德之人，不光会在生活中贪婪无度、无所不取，而且还会"祸乱败亡，亦无所不至乎"⑤，甚至会使一个国家灭亡。顾炎武就曾鉴于明亡的历史教训而痛言道："士大夫之无耻，是谓国耻"⑥。曾国藩也强调"廉"的重要性，把"廉"德看作是"做好人的命脉""做好官的秘诀"⑦。可见，传统社会的国家统治离不开"廉"德的教化，同样，现代社会的社会治理更少不了"廉"德的传承与弘扬。当然，在弘扬传统美德的过程中，我们不能生搬硬套或故步自封，而应该与时俱进地结合当代县域治理的现状，对传统进行合理有效的创造性转化。

就武术教化来讲，其内容从来都不缺少"廉"德教育，武术精英在门规戒律中围绕"廉"做出了明确而具体的诸多规定。从师傅角度来讲，要求师傅"断不可重利轻艺，苟授匪人"⑧，就是说，作为一个师傅，绝对不能在利益的诱惑下，违背了"廉洁"的信念，从而在贪心的驱动下，轻率地将武功传授给那些别有用心、行为不端、心术不正之徒。如果真的这样做了，首先损害的是他自

---

① 老子. 道德经 [M]. 李若水，译评. 北京：中国华侨出版社，2014：218.
② 孟轲. 孟子 [M]. 万丽华，蓝旭，译注. 北京：中华书局，2010：241.
③ 管宗昌，姜秀莎. "礼义廉耻，国之四维"——传统治国理论的内涵及维度 [J]. 大连民族大学学报，2017，19（2）：153-158.
④《管子》之《牧民篇》曰：国有四维，一维绝则倾，二维绝则危，三维绝则覆，四维绝则灭。倾可正也，危可安也，覆可起也，灭不可复错也。何谓四维？一曰礼，二曰义，三曰廉，四曰耻。参见：管仲. 管子 [M]. 长春：时代文艺出版社，2008：2.
⑤ 欧阳修. 新五代史：全三册 [M]. 徐无党，注. 北京：中华书局，1974：611.
⑥ 顾炎武. 日知录 [M]. 黄汝成，集释. 栾保群，吕宗力，校点. 上海：上海古籍出版社，2014：303.
⑦ 曾国藩. 曾国藩全集·批牍 [M]. 王澧华，等，整理. 长沙：岳麓书社，1994：289.
⑧ 杨彦明. 武探花杨炳与《习武序》[M]. 北京：北京中国文史出版社，2004：48.

己的公共形象，其次败坏的是本拳派的声誉，最终扰乱的是社会秩序的安定。从弟子的角度来看，每个弟子在入门前武术精英都要对其进行严格的道德考察，只有那些廉洁、清廉、无贪念之人才可收为徒弟。而且学成出师之后，仍要保持廉洁之德，绝对不能见利忘义。对此，各拳派都有具体的规定，不准因为贪恋钱财而"保镖护院""打拳卖艺""招摇撞骗""结伙砸抢"等①。例如，形意拳教导弟子不准用学来的功夫敛财，如果"开场子教拳营生，必被老前辈寻来砸了"②；再如太极拳对以拳谋财的行径也是极力反对，要求弟子"不走街卖艺，不可骄诮论贫富，不贪无义横财，不图显官厚禄"③。由此可见，在传统武术教化中对"廉"德的要求非常严格，甚至到了极度苛刻的程度。然而在以市场经济为主导的当代社会中，武术人的"廉"德修养越来越淡化，似乎早已忘记习武的初心。这种不良现象在太极拳产业化的陈家沟表现得尤为明显：

　　现在都是冲着钱去的，练拳练拳重在练，陈氏太极拳想要入门，再有天分也要练三年时间。但是现在的人，别说三年入门，就是在这学了三个月，也敢回去开拳馆、教徒弟挣钱了。（陈明德口述）

　　这种追名逐利、金钱至上的不良风气，不仅损害武术人的形象，阻碍了武术的传承与发展，而且更影响周围普通大众的心态，给美丽和谐乡村建设带了极大的负面影响。因此，必须在当地县域治理中，借"传承优秀文化，弘扬传统美德"的东风，通过加强"廉"德教化，对不良现象予以正确引导进而积极改善。
　　"廉洁"看似老生常谈，实则常谈常新。在当代县域治理中，对于党员干部来讲，廉洁是一种政治品格，就是要求踏踏实实干事，清清白白为官。对普通百姓来讲，廉洁是一种工作态度，就是要求勤勤恳恳工作，老老实实做人。可见，无论什么工作，只有具备"廉洁"之德，才能尽职尽责、心无旁骛地对待自己所从事的职业。说到底，"廉洁"就是一种"敬业"精神的前提条件，只有切切实实做到廉洁自律，才能诚心敬意地对待自己的职业，并在本职工作中不断取得进步。所以，武术精英对习武之人所实施的"廉"德教化，实际上就是从"敬业"的个人层面对社会主义核心价值观的有力践行。

---

①杨彦明. 武探花杨炳与《习武序》[M]. 北京：北京中国文史出版社，2004：140.
②徐皓峰，徐骏峰. 武人琴音[M]. 韩瑜，口述. 北京：人民文学出版社，2014：47.
③陈鑫. 陈氏太极拳图说[M]. 太原：山西科学技术出版社，2006：93-94.

二、耻

"礼义廉耻"是中国传统文化瑰宝，是中华优秀传统美德。其中，"耻"是"礼、义、廉"的前提，没有羞耻之心，就不可能做到有礼节、讲大义、廉洁无私。"耻"对我国传统美德之形成，起着基础性的决定作用①。另外，人们习惯把"廉"和"耻"合起来叫，说一个人没有"廉耻"，实际上就等于说一个人不知耻，所以讲"廉耻"，实际上讲的就是"耻"字②。既然"耻"字如此重要，那么就让我们先来了解一下它的内涵。《说文》中说，"恥，辱也。从心，耳声"。也就是说耻就是辱。"耳"字旁的意思是，一个人听到别人对自己的评价不好，就会感到无地自容；右边的"心"字是指一个人有了丢人的言行，内心就会感到羞辱。正如朱熹所说，"知耻是由内心以生，闻过是得之于外"③。"耻"是做人的道德底线，所以传统社会非常重视礼义廉耻教育，从而形成中华文明中独特的廉耻文化，或称作国外学者所谓的"耻感文化"。孔子认为君子应该有耻辱之心，"行己有耻"，而且能够"耻其言而过其行"④。孟子在继承孔子德教思想的基础上，认为"羞耻之心"不只在君子，而是普通大众都存在的一种道德情感，即"羞恶之心，人皆有之"，并把"耻"提升到更高的高度，宣称"耻之于人大矣！"⑤。思想家顾炎武也以教化的口吻提醒国人，"不耻则无所不为"⑥，人要是不知廉耻，那么什么坏事都干得出来。老百姓说的则更直接，"人不要脸，鬼都害怕"。一个人只有"知耻"，才能谈得上自尊和独立，才能意识到自己的道德责任和生命价值。由此可见，"知耻"是对广大民众进行道德教化的前提和基础。

在武术教化中，有一块领域历来都是武术人非常重视的，那便是耻感文化。知耻的品德深入武术人的内心，与武德联系密切，是武术人的道德底线。武术教化认为，在生活中和习武中拥有"知耻"的品行对武术人至关重要。

> 我们习武之人，在生活中都懂得羞耻，干了丑事、坏事，就怕师傅、师兄弟知道，也怕周围的老百姓知道，天天提心吊胆，感到恐慌。

---

① 肖述剑. 礼义廉耻哲学思想及其当代论域 [J]. 求索, 2013 (7)：116-118.
② 龙大轩. 龙教授评说廉耻文化 [J]. 人民公仆, 2015 (8)：50-54.
③ 梨靖德. 朱子语类 [M]. 王星贤, 点校. 北京：中华书局, 1986：2136.
④ 毛佩琦. 论语全集 [M]. 王丹, 释注. 北京：中国纺织出版社, 2012：236, 262.
⑤ 孟子. 孟子 [M]. 徐强, 译注. 济南：山东画报出版社, 2013：213, 252.
⑥ 顾炎武. 日知录 [M]. 黄汝成, 集释. 栾保群, 吕宗力, 校点. 上海：上海古籍出版社, 2014：303.

所以，如果所犯的错误能够及时挽回，就立刻改正，要是不能挽回了，那也定会在羞愧、耻辱中自我悔悟！总之，不会让坏事继续发生。（林栋柱口述）

在习武过程中，一个拥有"耻辱感"的武术人，首先会把自己练不好武功看作是一种耻辱，从而深感内疚，进而发奋苦练。其次学成出师的弟子，如果不能及时弘扬本门武功，"欲隐密不传"①，那么也是一种耻辱，因为他辜负了师父的教化之恩。由此可见，知耻兼备情感与理性的因素，直指武术人的心性，是武术教化中具有本体意义的价值观，涉及武术习练与功夫传承的整个过程，是一种将信仰与观念、理性与情怀相联系的意蕴。从另一方面来讲，也只有具备了知耻的品德，武术人才能及时避免耻辱、主动远离羞耻，进而朝着"文明"的思想和行为不断前行。可见，武术精英对习武之人所实施的耻感教化，实际上也就是对社会主义和谐价值观中"文明"价值目标的积极践行。

综上所述，加强廉耻教育是传承中华优秀传统文化、践行社会主义核心价值观的必要手段。廉耻观是一种需要用文化来强化、用实践来传承的道德观念，而武术活动正好恰逢其时地成为了强化和传承廉耻观的有效载体。所以，在当代县域治理中，借助武术教化实施廉耻教育，上无愧于中华文明，下无愧于武术文化，不失为一条践行社会主义核心价值观的有效途径。

小结

历史和现实都证明，传统文化的缺位，将会影响社会的和谐稳定和国家的长治久安。"为建设社会主义文化强国，实现中华民族伟大复兴的中国梦，就必须在社会治理中积极传承和大力弘扬中华优秀传统文化"②。2018年3月20日，在第十三届全国人民代表大会第一次会议上，习近平总书记强调，要以更大的力度、更实的措施加快建设社会主义文化强国，培育和践行社会主义核心价值观，推动中华优秀传统文化创造性转化、创新性发展，让中华文明的影响力、凝聚力和感召力更加充分地展现出来。而传统美德作为中华传统文化的重要组成部分，

---

①杨彦明．武探花杨炳与《习武序》[M]．北京：北京中国文史出版社，2004：45．
②中共中央办公厅，国务院办公厅．关于实施中华优秀传统文化传承发展工程的意见[N]．人民日报，2017-01-26（006）．

有其无可替代的生命力、凝聚力和感召力，承载了中国人古往今来对生活的种种美好祝福和期盼。对中华传统美德传承与弘扬，让传统美德在当代社会活起来，以此提升民族文化创造的内驱力，就是我们当代人维系中国文化生态健康发展的前行路径。故此，在当代县域治理中"大力加强社会公德、职业道德、家庭美德、个人品德建设，营造全社会崇德向善的浓厚氛围"[①] 的作用和意义就显得尤为深远。

　　传统美德的弘扬必须依靠社会教化的有效实施。教化，在中国具有极其重要的社会作用，上至帝王治国，中到社会精英地方治理，下至帮会的行业规范管理，无不与其密切相关[②]。武术作为中国传统文化的有机组成部分，高度凝聚传统文化的精髓和真谛，教化也成为武术活动的核心内容之一。武术各门各派都有其或详或略，或是成文或是默认的门规戒律。它们约定成俗、行之有效，作为一种门派传统、管理方式、行为要求，在习武人群中传承不息、影响深远。武术教化不仅表现在技术的传承上，更体现在道德品质的培养即武德教化上。在整个武德教化过程中武术精英起到双管齐下的重要作用，首先，他们是优良武德的施教者，通过多种途径对习武人群进行着持续不断地教化与管理；同时他们又是优良武德的示范者，在日常生活中始终以榜样的力量引领着整个社会的道德风尚。因此，不管是从国家层面的价值目标，还是从社会层面的价值取向和公民个人层面的价值准则来看，武术精英所实施的武德教化和其自身所展现的道德品质都是对社会主义核心价值观的积极践行。

---

① 习近平. 充分发挥榜样作用 [J]. 杭州（周刊），2015（3）：6.
② 费孝通，吴晗，等. 皇权与绅权 [M]. 长沙：岳麓书社，2012：21-35.

第八章 推广武术运动，促进全民健康

"治理"是现代国家所独有的。它是17世纪以降，欧洲主权国家把民生视为政府首要任务以后才出现的概念。换言之，提高治理能力的目的就是要不断地改善民生状况①。习近平总书记早在2014年调研指导兰考县党的群众路线教育实践活动时就曾明确强调，"县域治理就是要把强县目标与富民目的统一起来，把经济发展与民生改善有机结合。"这充分体现了党和国家领导人鲜明的人民立场。既然当代县域治理的目标是改善民生，那么民众的福祉当然是重中之重，而提高全民的健身水平就是民众最大的福祉。为此，中共中央、国务院于2016年10月正式实施了《"健康中国2030"规划纲要》，其中明确要求，推进健康中国建设，是全面建成小康社会、基本实现社会主义现代化的重要基础，是全面提升中华民族健康素质、实现人民健康与经济社会协调发展的国家战略。要将健康融入所有政策，将健康的考虑纳入公共政策制定和实施的全过程。同时，还特别提出，"大力发展群众喜闻乐见的运动项目……扶持推广太极拳、健身气功等民族民俗民间传统运动项目"②。2016年8月，习近平总书记在全国卫生与健康大会上进一步强调，"没有全民健康，就没有全面小康"，并要求"把人民健康放在优先发展的战略地位"。据此可知，在县域治理的全过程中，县域人民的健康状况也应该被放在"优先发展的战略地位"。故此，为推进健康县域建设，提高县域人民健康水平，武术将大有可为，武术精英将大有作为。

首先，武术何以"可为"？究其原因主要有四点：第一，武术活动不受场地、器材的限制。可以拳打卧牛之地，也可以赤手空拳徒手练习，从政府提供场地设施和自身购买健身器械的双重角度来看，经济成本都是最低的，比较适合县

---

① 范可.体育人类学——何以可能何以可为[J].广州体育学院学报，2020，40（1）：1-8.
② 新华社.中共中央国务院印发《"健康中国2030"规划纲要》[J].中华人民共和国国务院公报，2016（32）：5-20.

域群众的生活实际。第二,武术内容丰富、形式多样。不管是年长还是年幼,也不管是身强力壮还是身残体弱,只要想习武健身,就都能从中找到适合自己的运动项目,并在县域各类人群中产生广泛的社会影响。第三,武术是在中国传统养生基础上丰富完善起来的、历史悠久的民族体育项目,不管从健身实践来看,还是从保健原理来分析,武术的健身效果都是显而易见的。第四,从健身渊源、文化传统、民族情节等思想情感方面看,县域民众选择武术作为健身方式也算情有独钟。所以,在县域治理过程中,武术精英通过传播、弘扬武术来提高县民的健身意识、增强县民的健康状况,乃是一条切实可行的县域善治策略。

其次,武术精英何以"作为"?武术,从狭义的角度来讲,属于武艺、武技、技击等技术范畴,而从广义上来讲,属于一种文化现象。但不管是技术还是文化,武术都是需要传承,都需要通过学练才能掌握和领悟。当然,也有自学成才者,但那只是少数,绝大部分人还是需要拜师学艺的。正如卞人杰在《国技概论》中所强调,"凡百学艺,莫不有师,况乎技击之学"[1]。在中国的文化传统中历来就有拜高人、名人为师的习俗,这样自己既有面子又能学到真才实学。那么武术高人名人是谁呢?当然是武术精英。如此一来,在当代县域治理中,传授武术、推广武术、促进健康的重任就自然而然地落到了武术精英的肩上。为什么是武术精英?这就需要回顾一下前文所强调的武术精英的必备品质,既要有高超武功,又要有优良品德,同时还得有社会担当。而这三种品质,也正是所谓的武术"高师""名师"所必须具备的。故此,在全国人民齐心协力奔小康的社会主义现代化建设热潮中,武术精英本身所禀赋的那种"舍我其谁"的担当精神,就从内心唤醒了他们在当代县域治理中渴望通过传授武术来增强县民体质的强烈使命感。

第一节 坚守师徒传承,保证武术可持续发展

师徒传承,是一种传统而有效的武术传承方式。它主要限于门内传承,也就是说习武者要先拜师入门,待确立师徒关系之后,师父才可把自身武功传授给徒弟。以这种方式传承武术,尽管传授的对象较少,但对本拳派武功的生存却意义重大。一是能够保证传承质量,确保传承内容的"原生态";二是能够完成武术

---

[1] 卞人杰. 国技概论 [M]. 南京:正中书局,1948:82.

代代相传的传承责任,实现武术可持续发展的时代使命。所以说,师徒传承虽从历史的深处走来,但并非属于"过去式"。现在看来,尽管存在诸多历史局限性,然而在新时代背景下对其理性甄别取舍之后,仍可有效发挥其在推广、传播武术运动方面的独特价值①。在师徒传承过程中,作为武术精英的师父,都要通过多种手段,利用一切门内资源,完成对众多弟子的严格教化与规训。一般包括入门前"考察""拜师"仪式、入门后"传艺"三个阶段性过程。

一、入门考察——确保武术传承的道德基础

师徒传承的第一步,就是要"选对人"。只有选对传人,才能习得正宗武功;也只有选对人,才能实现武术技艺的传承不息。要"选对人",就要在入门前对其进行考察评价。那么考察评价的标准是什么?不同的武术门派都有各自的标准,虽各有千秋,但也是大同小异,总体来看,武术对于择徒奉行着一种"道德决定论"②。

> 梅花拳弟子在正式拜师之前,师父都要以"孝悌忠信礼义廉耻"八德为主要内容对其进行严格的道德考察,看是否符合梅花拳弟子的入门要求,能否达到举行拜师仪式的标准。只有那些明德知礼、意志坚强者方可允许拜师入门,接受梅花拳武功的深造。(韩建中口述)

当然,从运动员选材角度来讲,一般主要考虑所选之材的身体状况,诸如体型体态、生理心理指标、遗传因素及专项素质等,而武术在择徒时,却并不太看重徒弟的身材体貌,反而对其伦理道德的考察非常苛刻。究其原因主要有两点,一是中国凡事以德为首的文化传统,二是武术本身所具有的无限包容性。首先,在万事"以德为首"的儒家思想熏陶下,"道德决定论"③ 和"泛道德决定论"④在中国社会有着悠久的传承和广泛的影响。武术在这种道德至上的影响下,就形成了一种以德为先的择徒机制,普遍认为,只有那些品德端正、为人厚朴正直,练功刻苦认真,不畏艰辛并能持之以恒者,方可允许正式拜师⑤。其次,我们说

---

①周伟良. 师徒论——传统武术的一个文化现象诠释 [J]. 北京体育大学学报, 2004 (5): 583-588.
②周伟良. 师徒论——传统武术的一个文化现象诠释 [J]. 北京体育大学学报, 2004 (5): 583-588.
③康有为. 戊戌绝笔书 [J]. 佛山大学佛山师专学报(社会科学版), 1989 (1): 22-29, 52.
④梁启超. 为学与做人 [J]. 求知导刊, 2014 (3): 148-149.
⑤韩建中. 武术拜师仪式 [J]. 中华武术, 1998 (6): 40.

武术本身具有无限包容性，那是因为武术具有深蕴的内涵和广阔的外延，不仅练习内容丰富多彩，而且运动形式多种多样，适合各类人群参与练习，有着广泛的适应性。武术谚语讲，"高怕抱腰矮怕獾，胖子摔跤怕转悠"，其中所包含的道理就是，练武这种运动并不会因为身体条件的差异带来强弱之分，而是各有长短利弊，只要因材施教，采取针对性的训练，弱者照样能转化为强者。所以，从身体条件的角度来看武术的择徒标准，尚远不如对道德要求那样具体明细。道德的重要性，不仅表现于以上那些优良的品德，而且更在于实践，"实践才是道德行为"①。这种道德实践就是武术人能够把传承武术当成自身的一种责任和使命，并甘愿为推广武术、提高人民健康水平而贡献自己所学、所会、所能。

二、拜师仪式——在思想上确立武术传承的使命感

"拜师仪式"中，庄重的焚香叩拜直接指向拜师者新身份的确认，标志着拜师者正在迈入另一个门槛（师门）、获得另一种"家"的感觉②。"拜师仪式"实际上就是在思想上对"师徒"名分的一种强化，表明师徒双方的相互认可和接纳，从此二人开始以师徒相称、以父子相处。同时，也表明师徒之间教化与被教化关系的确认，"师父"负担起"传道授业"的责任，弟子也担当起"传承武脉"的重任。这种拜师的"仪式化表达"在现代社会仍然延续着，而且还在某种程度上呈现出"复兴"的势头。如山东烟台"长春形意门、心意六合门"第十一代传人王洪龙先生收徒时必定举行规范的拜师仪式，包括跪拜、敬茶、献"拜师帖"、讲"门谕"等一系列仪式。其中图24为"拜师帖"的内容③。其中"勤学苦练""为将本门武学发扬光大尽心竭力"，可以说是弟子的习武志向或者是奋斗目标。此时，作为师父也会对弟子提出具体要求，有的师父是以"回帖"的形式传达，有的师父则是以"门谕"等形式告之。但不管采取何种形式，其内容中都必定包含师父对弟子的殷殷期望，诸如"勤修苦练、弘扬武功"之类。其中，"弘扬武功"本身就蕴含着弟子能够推广武术、造福世人的武术使命和社会担当。

---

① 文崇一，萧新煌. 中国人观念与行为［M］. 北京：中国人民大学出版社，2012：19.
② 岳永逸. 空间、自我与社会：天桥街头艺人的生成与系谱［M］. 北京：中央编译出版社，2007：80.
③ 此拜师帖具体内容根据王洪龙先生提供的照片誊写。王洪龙（1977—），长春形意门第11代传人，山东烟台形意国术馆馆长。

拜师帖

先生道鉴：

中华武学博大精深，奥妙无穷，其根在道，以医成理，外练形体，内养神意，可谓民族之瑰宝！因缘得遇长春形意门、心意六合门第十一代传人王洪龙先生，相处两年来，深感先生品德高尚、技艺高深、因材施教、授徒有方，堪为名师。

今日特恳请拜入先生门下，执弟子之礼，入门后，我将秉承师训、恪守门规、勤学苦练、潜心修行、团结同门，为将本门武学发扬光大尽心竭力。

恳请先生依允所请，接纳我为长春形意门、心意六合门第十二代传人，诚具名帖。

躬行拜师大礼！

呈帖人：　　　　　　　顿首叩拜

师　父：

见证人：

年　月　日

图24　当代社会武术拜师帖内容展示

在拜师仪式中，不管是弟子的雄心壮志还是来自师父的寄予厚望，双方的思想与意图均指向武术的传承与发展。所以说，将本门武功发扬光大，乃是师徒传承的最终目的，也是师父与徒弟共同的武术使命。而围绕这一使命，师徒同心协力所进行的一切实践活动，在客观上都实实在在地促进了武术运动的推广和普及，也确确实实地实现了民众通过习武增强体质、获得健康的社会效益。

三、拳场传艺——严把武术传承质量关

"拜师仪式"结束，就标志着新弟子已经跨越门槛，迈入了师门，并获得另一种"家"的感觉①。之后，他就应该一丝不苟地遵行新空间的各种成规，在师父的教导下心无旁骛地开始自己的武功锻炼。

武术传承中，历来都信奉"严师出高徒"的原则。为了保证后辈传承武术的质量，作为武术精英的师父对徒弟向来都是严格要求，精细规范。首先，在这个漫长的习武经历中师父为弟子设置了复杂而循序渐进的阶段性训练内容，当徒弟的动作技术达不到一定标准、不符合师傅的要求时，师傅就不会再继续往下教，随之而来的就是严厉的惩罚。至于惩罚手段，在传统社会是多种多样的，如

---

①岳永逸．空间、自我与社会：天桥街头艺人的生成与系谱［M］．北京：中央编译出版社，2007：80．

延时传授、加倍苦练、斥责体罚等。例如，明末清初武术家吴殳在教授枪法前，要求先练习两年基本功，经过检查达到"手臂粗得柔熟"的标准之后，才开始传授枪术的基本技法，在传授枪法时，又坚持"练未熟，不教第二"的教学方法①。这类延时传授、加倍苦练的惩罚手段并非个别现象，而是武术传承中的一种普遍规律，不光在过去发挥重要作用，而且在当代社会也是武术精英进行授徒的经验之谈。

> 练习梅花拳，首先就是以伸筋拔骨、踢腿弯腰为主的基本功训练。等一年半载身体素质提高以后，就可以"拉架子"。这一拉就得两三年，因为梅花拳要求"三年功架两年锤"。只有把这些都练好，才开始学习梅花拳的"真功夫"，如"打成拳""打赢拳""打攻拳"或"打拧拳"等。打不好基础，练出来的都是"花架子"。（李玉琢口述）

师父在教授那些动作细腻、需要用心体悟的内家拳时，更存在"上一步没练好就不进入下一步"之说。特别是在练习太极拳"架子"时，必须在"上一步"已经达到规定的要求后，方可进入"下一步"的练习②。这是能够保证武术传承质量的一个重要前提。

> 我教徒弟练拳（太极）每次就一招一式，然后让他回去练，必须天天练！他每周过来找我辅导一次，我先检查他练得如何，不合格就立刻纠正，指出错误再让他回去练！就这样，有一丁点不对劲都不能继续往下学。有时候，一个动作能练个把月。（沙长安口述）

可见，在当前的武术传承过程中，各拳派师父依然将"一个没有完全做好，就不往下教"③的原则作为一种传授策略，向徒弟施压、惩罚，督促他们刻苦训练，以此确保所传武功的正确性、正宗性和高质量。

总之，这种师徒传承的传统推广模式，不仅能够使众多弟子通过习武练拳达到增强体质的目的，而且还有助于师父选择一些可塑之才从德、艺、能等诸方面加以精心培养，使其在日后担当起武术传承的重任，以实现武术可持续发展的时

---

① 吴殳. 中国枪法真传：手臂录 [M]. 增订本. 孙国中，点校. 北京：北京师范大学出版社，1989：41.
② 沈家桢. 何为武当太极拳（二续）[J]. 体育月刊，1936（3）：14.
③ 松田隆智. 中国武术史 [M]. 成都：四川科学技术出版社，1984：30.

代使命,最终服务于"推进健康县域建设,提高县域人民健康水平"的善治目标。可见,不管是传承使命的实现,还是健身目标的完成,在整个师徒传承过程中,武术精英作为"师者"都付出艰辛的努力和大量的心血。

第二节 普及大众武术,提高群众健康水平

在"全民健身"上升为国家战略的当今时代,积极倡导健康生活,推进健康关口前移,激发群众参与体育活动热情,营造全民健身氛围,提高全民健康水平,已经成为国家治理体系和治理能力现代化的深厚支撑。与此同时,提高全民健康水平也已越来越成为县域基层治理能否有效实现"善治"的重要一环。而武术运动一直以来在县域社会都具有深厚的群众基础和广泛的影响力,在拓展全民健身活动的广度和深度等方面具有诸多传统优势。第一,县域社会习练武术者人数众多,其中不乏有"功高、德厚、有社会担当"的武术精英,他们有能力也有意愿担当起推广武术、促进大众健康的时代使命,从而有效解决"谁来教"的问题;第二,武术植根于广袤的中国乡村社会,与村民日常生活交融共生,形成丰富多彩的活动内容,可以因地制宜、因人而异地为县域居民提供最为适合的运动形式,从而彻底解决了"教什么"的问题;第三,中华武术历史悠久、传承不息,在其漫长的传承过程中,形成了多样的教化手段、积累了丰富的教化经验,对其适当转化和合理借鉴之后,必能在当代县域治理中发挥出积极有效的作用,从而切实解决"怎么教"的问题。

一、谁来教?武术精英

在"全民健身"和"健康中国"都已上升为国家战略的当代社会,县域人民是否健康已经成为县域治理能否实现"善治"的一个重要参考指标。而在广袤的民间,武术在提高人民身体素质和健康水平、促进人的全面发展等方面历来都有着其他体育项目不可比拟的便利性和优越性。武术这些与生俱来的优势在《"健康中国2030"规划纲要》中也得到充分体现,并在其中特别强调扶持推广武术的重要意义。由此可知,不管是从国家的政策保障来看,还是从社会的群众基础来分析,大力开展全民健身活动、增强人民体质,都离不开武术在民间的广泛普及和蓬勃发展。而武术属于一个技能项目,而且有较强的实践性,如果没人手把手地教授、面对面地指导,是很难学会的。

> 根据我的亲身体会，我觉得武术是一项体验性较强的身体技术，而且动作复杂、技击内涵丰富、运动方向和往返路线又多变，所以必须得有人教，没人教很难学会。当然现在社会上有很多武术拳种的教科书，但是不管它公布了多少秘密、多少练功方法，光有书本没有实际练拳的体会还是不够的，仍然搞不明白路数。（高宝东口述）

正如卞人杰在《国技概论》中指出，"凡百学艺，莫不有师，况乎技击之学……苟无师承，宁能窥其要耶？"[①]。可见，要想在县域社会推广普及武术，首先得有人教！那么什么样的人可担重任呢？当然是武术精英！因为要想胜任此项工作必须具备三个条件：一是身怀高超武功，有能力教；二是有人格魅力，别人愿意跟他学；三是他乐意教，有奉献精神。而武术精英的三个品质（武功高强、道德高尚、社会担当）正好高度契合这三个要求。

第一，武术精英都是当地武功高强之人，或是某拳派的掌门人，或是某拳种的"非遗传承人"，或是某武术门派的"大师兄"级别的人物等。这些人，一般都已比较全面地掌握某拳种的武功体系和训练方法，而且对当前社会流行的各种武术类普及推广项目也大都能熟练掌握。他们有充足的武术实力、丰富的教学经验、超强的应变能力，能够根据社会需求、学习者的能力和兴趣选择最合适的传授内容。

第二，以儒家思想为核心的中国传统文化中道德具有至高无上的地位，甚至到了"泛道德化"[②]的程度，德行和人品成为一种评价人的最重要指标。广大民众对武术精英的尊敬归根结底也是一种道德层面的敬慕。而武术精英在常年的习武过程中，道德品质、性情品格、精神面貌等方面都经历过良好的武术教化，符合人民群众对优良道德品质的期望。所以，众多武术习练者在初学武术时，总是乐意拜那些道德高、品行好的"师父"来学练武术。这样一来，武术精英自然就成为了他们心目中的最佳人选。

第三，乐不乐意向老百姓传授武术，表面上看是一个个人意愿问题，而实质上则是一种有无社会担当的问题。武术精英除了有武功、品德高之外，还拥有一种强烈的社会担当意识。他们心怀大众、兼善天下，具有一种"天下兴亡，匹夫有责"的担当意识，甚至是一种"舍生取义"的奉献精神，当国家社会需要他们时，他们都会义无反顾的站出来，为国家和社会尽自己力所能及之力。再加之

[①] 卞人杰. 国技概论[M]. 南京：正中书局，1931：82.
[②] 冯茜. 泛道德化批判之思：道德的越位与复位[J]. 南京师大学报（社会科学版），2018（2）：24-31.

武术精英本身就肩负着传承本拳派武功、扩大本拳派社会影响力的武术使命。所以，在大力发展群众喜闻乐见运动项目的国家倡议下、在全民健身需求不断上扬的社会背景下，大力推广武术运动、增强人民体质就成为武术精英的时代担当和传承使命。正如孙膑拳传人孟宪堂在接受山东电视台记者采访时所说："让孙膑拳发展推广下去，让有病的人，身体不好的人，都强壮起来，让我们国家民族兴旺起来。让孙膑拳能够起到这个作用，我就心满意足了"①。

综上所述，不管是从武术精英的个人品质和拳派的传承使命来看，还是从国家的政策引导和社会的健身需求来讲，武术精英热情洋溢地投入到全民健身的武术推广活动中，都是一种极其有益的社会实践，对其完善自我发展、实现人生价值具有重要意义。

二、教什么？大众武术

2016年10月中共中央国务院在印发的《"健康中国2030"规划纲要》中明确指出，"大力发展群众喜闻乐见的运动项目，鼓励开发适合不同人群、不同地域特点的特色运动项目，扶持推广太极拳、健身气功等民族民俗民间传统运动项目"②。这就为我们在县域社会中大力推广"大众武术"提供了明确的政策指导和充分的信心支持。所谓"大众武术"就是"以大众为活动主体，以强身健体、修身养性、休闲娱乐、社会交往为目的，注重参与、交流，不要求严格的组织与比赛形式，在公园、社区、广场、街道等场所开展的灵活多样的武术活动"③。不管从内容、形式还从目的、要求来看，"大众武术"都十分契合《"健康中国2030"规划纲要》的具体指示。而且，关键是"大众武术"内容丰富多彩、形式多种多样，极易引起广大群众的健身兴趣，在全民健身中大力推广"大众武术"，具有其他体育项目都不具备的诸多便利和优势。

"大众武术"的内容体系主要有两大类组成。一类是全国范围内公开推广普及的武术项目。自从1956年国家推广普及"24式简化太极拳"以来，它就因其内容简练、动作规范、老少皆宜、健身高效等特点成为喜闻乐见的大众健身佳品，

---

① 闪电新闻.榉林公园里的江湖掌门：我为孙膑拳代言[EB/OL].[2018-03-16]. https://baijiahao.baidu.com/s?id=1595065387379486568&wfr=spider&for=pc.
② 中共中央国务院.印发《"健康中国2030"规划纲要》[N].人民日报，2016-10-26（001）.
③ 王国志，邱丕相.多维文化视角下的大众武术[J].上海体育学院学报，2008（2）：63-66.

至今热度不减①。1998年4月，国家又推出"木兰拳"的三个规定套路（拳、扇、剑），实践证明，它对腰腿痛、关节痛、心脏病及失眠等病症有积极的治疗效力和预防作用，对减肥以及中老年妇女的体形健美更有显著功效②。2003年开始推广的"太极功夫扇"，吸取中华传统武术精华，把太极拳的动作和不同风格的武术动作共熔一炉，将扇子挥舞与太极运动技巧灵活结合起来，成为了一种时尚健身运动③。该套路一经推出，立即引起广大群众的强烈反响，习练者甚众。再者，自从2003年2月，国家体育总局将健身气功确立为第97个体育运动项目以来，先后推出了九套健身功法（易筋经、五禽戏、六字诀、八段锦、十二段锦、大舞、导引养生功十二法、马王堆导引术、太极养生杖），吸引了诸类社会人群广泛参与，目前也是大众健身中的一项主要运动形式④。2008年，由中国武术协会、国家体育总局武术研究院修订的《中国武术段位制》从试行步入正式推广，使武术段位制进入了由"套段"转为"考段"的规范化、标准化发展阶段。以此为基础，由国家体育总局武术研究院组织国内近百位武术领域的民间传人、著名教练、院校学者，完成了中华人民共和国成立以来规模最大的一次武术拳种整理、创编，并于2009年由高等教育出版社正式出版发行《中国武术段位制系列教程》。全套教材选择了22个习练人口基数较大、有成熟技术体系的拳种和器械，作为《中国武术段位制》的普及拳种，并在原有九段的基础上，增加了以武术基本功为主要内容的适合青少年习练的段前三级。《中国武术段位制系列教程》极大地激发民间武术爱好者的习武热情、丰富了"大众武术"内容体系，不仅为武术在广大民间的推广和普及创造有利条件，而且还有效实现了民间武术和武术官方意识形态的有机融合。

除了以上这些武术内容之外，"大众武术"的内容体系中，还包含一类广泛散布在民间的各式拳种。这些拳种历史悠久、底蕴丰厚、风格独特，在广袤的民间拥有着深厚的群众基础，故此，对大众具有极强的吸引力，很多人甚至都是慕名前来练拳强身。然而，对普通老百姓来讲，这些拳种的练习难度一般都比较大，为了吸引更多的人加入练拳行列，很多拳种的传承人都适当降低了传授的难

---

① 杨慧馨，虞定海. 国内太极拳健身效果和机制研究进展 [J]. 中国运动医学杂志，2009，28（6）：717-719，716.
② 郭成吉，李生，李芹. 木兰拳动作特点及健身价值探析 [J]. 中国临床康复，2005（32）：204-205.
③ 黄虎林. 太极功夫扇的健身价值与社会功能研究 [J]. 西北民族大学学报（自然科学版），2011，32（4）：72-74.
④ 周伟良. 健身气功九功法源流考略（一）[J]. 少林与太极（中州体育），2013（6）：1-5.

度，以引导更多的群众由易到难、由简到繁地加入练拳行列，逐步养成健身习惯。① 正如梅花拳第十六代传人曹广超所说：

> 现在练武的，大都吃不了老辈人的苦，也没有那么多时间耗在练武上。没有时间保证肯定练不出个样来。老辈讲究"三年的架子两年的捶，五年才能摸家什（器械）"，就是强调苦练基本功的重要性。但现在人哪有那么多时间，也吃不了苦，所以我也变通了教学方法，从难度和时间上都降低了不少，这样可以留住更多的人，先让他们练起来，然后再慢慢培养兴趣和习惯。（曹广超口述）

不仅如此，还有一些拳种传承人为了达到在全民中推广武术的目的，还特意根据普通大众的身体条件、时间规律和生活场景等，创编出简单易行而又不失拳种风格的推广套路。比如，体现杨氏太极拳传统特点的"八式太极拳"②、传承孙氏太极拳运动风格的"原地活步太极拳"③ 及尽显陈氏太极拳运动特色的"陈氏太极拳精要十八式"④ 等，都是以社会全体成员为对象，通过简单易学而又丰富多彩的运动形式来推广武术，促进健康、增强体质。

由上可见，武术的内容丰富多彩，能够满足不同人群的运动兴趣，使其在多姿的武术运动中发现趣味盎然的锻炼内容。同时武术的运动形式多种多样，能够适应不同人群的生理状况，使其在武术中找到适合自己性别、年龄和体质的运动项目。所以说，武术运动在全民健身的国家战略中大有可为。

三、怎么教？ 倾其所能

大众健身群体的人员组成复杂多样，这给大众健身活动的开展与普及带来极

---

① 马剑. 全民健身上升为国家战略 [N]. 人民日报，2014-10-21（020）.
② "八式太极拳"也叫一段拳，是中国武术段位制初段位技术规定教程的一段太极拳，即初段位中的一段考评套路。共有 10 式（含起势、收势），全部采用杨式大架太极拳，吸取了杨式大架太极拳中最为主要和基础的八个动作。基本上都是由原地左右对称的单个动作组成，简单易学、动作全面、对称均衡，按中等速度练习用时两分钟左右，对于初学者是一套行之有效、体验杨式太极拳动作风格的拳术。
③ "原地活步太极拳"是仿照国家推广的"孙式太极拳"竞赛套路的功法、拳架创编的。因为它可在原地演练，整套拳式又基本上是在活步中完成的，所以称为"原地活步太极拳"。
④ "陈式太极拳精要十八式"是为了在广大群众中推广、普及"陈式太极拳"，在原来传统套路的基础上，降低难度、减少动作、简化路线的基础上创编出来的新套路形式。整个套路往返两段，共十八个动作组成。相对于传统套路更易教、易学、易练。全套演练一遍只需 2 分钟，适宜不同年龄、不同体质、不同职业的人演练。由于不需要较大的场地，也为机关、厂矿、学校等集体演练提供了便利。

大的不确定性和复杂性。这既表现在身体素质强弱、年龄大小、余暇时间多少等客观因素上，还表现在运动兴趣、目标设定、吃苦精神等主观因素上。面对这些不确定性和复杂性，武术精英在推广武术运动时也采取了因材施教、因地制宜、形式多样、时间宽松等灵活多样的传授方式。

首先，武术精英根据健身人群年龄组成的不同，在传授内容上采取因材施教、区别对待的方法。比如，少年儿童主要传授长拳类基础套路，青年人主要进行传统套路和搏击类教学，而中老年则主要是进行太极拳、形意拳等内家拳的武术教学（表3）。此外，武术精英的专业性不光表现在功力水平的深厚以及对武功体系的系统掌握等自身修炼上，还体现在传授武术时的灵活变通和游刃有余的教学能力上。

表3　武术精英的传授内容

传拳者姓名	孙志斌	林栋柱	王洪龙	沙长安	孟宪堂
学拳者年龄	5~20岁	18~30岁	21~58岁	38~66岁	16~53岁
传授内容	长拳 螳螂拳	螳螂拳	形意拳 健身功	太极拳（械） 太极推手	孙膑拳

> 现在山东省高考中的体育普招有武术专项测试，占体育总成绩的40%。跟我练拳的有不少是高中生，很多家长来问我，"能不能让孩子通过考武术上大学？"我一听，这个好啊！于是马上找来考试内容和要求仔细研究。之后，就按照这些内容来教那些想考大学的学生。有了上大学的动力，他们练得更带劲了。我以前教武术从来没有考虑过社会的需求性，只是根据自家拳法从最基本的教起，经过这件事，我的教学思路也变得灵活了，社会需求什么我就教什么，不会我就现学现卖。前段时间还有人来咨询，能不能教"武术段位制"内容，他们想考个武术段位，我立马回答："能"！（孙志斌口述）

可见，武术精英在社会上推广武术时，总能根据学生（徒弟）的实际情况进行有针对性的区别教授，把因材施教的教学原则发挥到极致。

其次，武术精英在推广武术运动的过程中，都尽量根据学员的居住环境和生活区域寻找一个相对安逸的练功场所。"农村城镇化"是当代县域治理中传统农村向现代城市演进的一个重要过程，是城乡统筹发展、全面建设小康社会的重要内容。伴随着"农村城镇化"进程的不断深入,农民离开了祖祖辈辈赖以生存的生态环境、乡土空间、村落文化、人际关系等传统元素,搬进了社区,住上了楼房①。农民生活环境的改变,直接影响他们习以为常的行为习惯,特别是对习武人群的影响尤为明显。武术人都有每日练拳的习惯,原来的小树林、草坪、打谷场,甚至是祖庙、祠堂、家院、房前屋后等众多乡土空间处处都是他们惬意的练功场。然而,"农村城镇化"之后,这些地方都不能随便使用。

> 租一个场所练武,一个月好几千块钱,而随便找一个地方,又会被人赶来赶去。有时还要跟"广场舞大妈"发生"争夺战"……如果能有一个让我们练习的场地,我就很满足了。(曹广超口述)

面对"乡村城镇化"的居住环境,武术精英总是渴望有一块属于自己的武术训练场地。在政府机构或社会组织解决不了的状况下,他们也只好"八仙过海各显其能"自己想办法。除了充分利用好社区仅有的文化广场或小公园等公共活动空间(有的偏安于一隅,有的跟其他健身团体协调、分时段使用),还有更多的武术精英则是远离社区,到一些"三不管"的公共场所,亲自开辟、修整一块属于自己的拳场(表4)。

表4 武术精英的教拳场地及时间

传拳者姓名	孙志斌	林栋柱	王洪龙	沙长安	孟宪堂
传授地点	小学操场	村委大院	社区广场	公园广场	山坡树林
传授时间	16:30—17:30	19:30—21:00	16:00—17:30	5:30—7:00	8:00—10:00

> 虽然孙膑拳的脉络一直旺盛,但是却一直苦于没有一个可以练习的场馆。我们就在(青岛市北区)榉林山半山腰上开辟了一块场地,就在36路公交车终点站。平日里来这里健身的人很多,在这里练拳,不会有人跟我们收钱,也没人赶我们走。(孟宪堂口述)(图25)

---

① 赵秀玲. 城镇化进程中的农村社区重塑[J]. 东北师大学报(哲学社会科学版),2020(1):1-10.

图 25　孟宪堂先生在榉林山上开辟的拳场①

有没有一块合适的练拳场地，是能否实现武术推广与普及的关键环节，然而在农民"上楼"、由村民变居民之后，活动空间明显减少，武术活动也受到了极大的影响。然而武术精英却凭着满腔热情巧妙地克服了这一难题，公园一隅、广场一角、山腰平地……都可以变成他们的"武林"或"江湖"。一早一晚这里就如世外之地一般，静静地等待着各路"江湖客"，有练太极剑的大姨，也有打太极拳的大爷，有踢腿弯腰的少年儿童，有搏击对抗的中年壮汉。这种有机融合于居民社区之中的锻炼模式，既有效提高了参与者的健康水平又积极促进了武术的传承与发展，同时还通过彰显武术文化的魅力丰富了"城镇化"农村社区的文化生态，为当代县域的有效治理提供了坚实的文化基础和智慧支撑。

由此可见，在全民健康奔小康、努力实现中国梦的新时代，武术精英又挺身而出义无反顾地担当起"发展武术运动，增强人民体质"的时代使命。他们充分利用武术在县域社会广泛而深厚的群众基础，有效结合当代县域居民的生活状况、工作性质和余暇时间，积极发挥自身武功优势，不惜牺牲自己的时间和精力，在当代县域社会掀起了一场轰轰烈烈的习武健身热潮，为促进全民身体健康、推动健康中国建设、有效实现全民健康与县域治理协调发展做出自己应有的贡献。

第三节　推广学校武术，促进学生健康成长

如今，习近平总书记"没有全民健康，就没有全面小康"的观念已经越来

---

①图片来源：课题组成员 2020 年 5 月 1 日拍摄于青岛市市北区榉林山。

越深入人心，并逐渐成为当代县域治理的"善治"理念。而且，习近平总书记在 2016 年 8 月于北京召开的全国卫生与健康大会上强调，"要重视少年儿童健康"。因为"少年强则中国强，体育强则中国强"。为了实现建设体育强国的伟大目标，中共中央、国务院于 2016 年 10 月印发《"健康中国 2030"规划纲要》，其中，围绕"青少年健康促进"从大健康角度提出"实施青少年体育活动促进计划，培育青少年体育爱好，基本实现青少年熟练掌握 1 项以上体育运动技能，确保学生校内每天体育活动时间不少于 1 小时[①]"等一系列指标任务、实施路径和改革举措。在 2021 年 3 月 11 日通过的"十四五"规划中，首次将"建设体育强国"写进国家五年规划，对未来学校体育、青少年健康成长提出了更高要求。如今，这两个文件都已成为县域治理过程中，积极发展学校体育、大力促进青少年体质健康的政策基础和行动纲领。为了使中小学体育课能够真正达到"增强青少年体质"的效果，切实"实现青少年熟练掌握 1 项以上体育运动技能"的目标，各级各类中小学，都已开始实施青少年体育活动促进计划，主动整合各方资源，积极开发适应青少年特点的锻炼项目和健身方法[②]。其间，武术以其群众基础深厚、内容丰富多彩及广泛适应性等特色优势，受到了越来越多中小学师生和家长的青睐。诸多学校在体育课堂教学、课外体育训练、校园文体活动等诸多领域中都融入了武术内容，旨在努力通过构建学校、家庭、社区相结合的青少年武术活动网络，积极建设武术传统项目学校、打造校园武术品牌。

然而，即使有国家政策的指导和学校领导支持，如若在中小学发展武术运动，依然存在着一个巨大难题或关键环节，那就是中小学武术资源的匮乏。这个匮乏主要表现在两个方面，一方面是缺乏能够上武术课的教师。首先，体育老师中武术专业毕业生本来就非常少。其次，由于武术项目的特殊性，要求拳不离手天天练，而很多武术大学生毕业后就不再规律训练，甚至是从此不再练武，时间一长也就"一场空"了，也就不能再胜任武术教学工作。由于以上这两个原因的普遍存在，一个学校的体育老师中能够上武术专业课的就非常匮乏。这一状况，通过山东省济宁市金乡县 5 所中小学武术师资情况调查数据可见一斑（表 5）。于是，聘请校外武术教练或培训本校武术教师就成为在中小学推广武术运动、增强学生体质的关键环节。其间，当地武术精英的作用就凸显出来，那些

---

① 中共中央国务院. "健康中国 2030"规划纲要 [N]. 人民日报, 2016-10-26 (001).
② 柳鸣毅, 王梅, 徐杰, 等. "健康中国 2030"背景下中国青少年体育公共政策研究 [J]. 体育科学, 2018, 38 (2): 91-97.

表 5　山东济宁市金乡县部分中小学武术师资情况一览　　　　单位：人

学校名称	金乡县惠民路小学	金乡县清华园外国语学校（小学）	金乡县王杰中学（初中）	金乡县奎星中学（初中）	金乡县第一中学（高中）
体育老师人数	5	6	12	4	10
武术老师人数	1	2	1	0	0
能上武术课教师人数	0	0	1	0	0

想开展"武术进校园"、建设"武术特色学校"的中小学就有了聘请武术精英的急切需求。更何况，武术精英内心深处本来就有一种弘扬武术、推广武术的优良传统，有一种"有机会要推广，没有机会创造机会也要推广"① 的使命感和担当意识。

　　武术资源匮乏的第二个方面是表现在教学内容上的单调和乏味。目前中小学体育教学大纲中关于武术的教学内容主要有基本功、基本动作、动作组合、武术操、初级拳、青年拳②。表面上看，这些内容还算充足，但实质上它们还是以长拳类竞技武术为主，这在武术丰富多彩的内容和醇厚深沉的底蕴面前就不免显得有些简单、单调，与学生心目中的功夫相差太远，无法激起学生强烈的习武兴趣。而反观传统武术，不光流派林立、拳种纷呈，而且因其浓郁的传统文化内涵和乡土气息，在社会上拥有着广泛的群众基础，既是群众的一种健身方法，也是他们茶余饭后的一种谈资，极易引发广大青少年关注武术、习练武术的强烈兴趣。同时，近年来比较盛行的"段位制武术"，不仅内容和形式多姿多彩，而且还可以根据习武者的实际水平授予国家承认的相应等级证书，满足了中小学生成长历程中对荣誉的追求与渴望。故此，在全国各地中小学中，有很多学校都展开了以"一校一品"③ 为宗旨的武术推广活动。该活动从形式上来看主要有两种，一种是武术精英进校园，利用下午"活动课"辅导学生练习武术；另一种是武术精英举办培训班，培训有武术基础的体育老师，再由体育老师在体育课堂上将

---

①口述人：沙长安（1965—），男，山东省金乡县清真村人，陈式太极拳小架第11代传人，金乡县武术进校园特聘教师。
②邱丕相.中国武术史［M］.北京：高等教育出版社，2008：183.
③"一校一品"，即一个学校结合自己的师资、地域等特点创建一个属于自己的品牌。

武术内容传授给学生。

一、训练学生——实现武术进"活动课"

当今,武术精英走进校园利用体育课外活动时间辅导学生练习武术,是一种最普遍、最直接的武术推广模式。中小学课外活动的形式主要为上午两节课后的"课间操"和下午两节(小学)或三节(中学)课后的"活动课"。学校会在下午的"活动课"时间(小学40分钟,中学45分钟)开设各种以特长学习为主的素质教育,比如美术、舞蹈、音乐、体育等。正常情况下,小学一周有五次"活动课",初中和高中一周有三节左右。所以,那些在校园推广武术的学校,一般都是利用下午的"活动课"时间聘请武术精英进校园,对喜好武术的学生进行以班级为单位的指导与训练(将习武学生分成若干班级,每班20人左右),一般每周辅导2~3次/班。每位外聘武术精英负责一个班级,如果一个学校有多个武术特长班,武术精英就会推荐自己的徒弟来帮忙,但教学大纲、教学内容等总体规划都是由武术精英亲自把握。比如,2015年辽宁黑山县就以"弘扬三丰文化,打造太极黑山""武术之乡、全民健身"为宗旨,制定《太极拳全民健身五年规划》,重点强调"太极拳进校园"的实施策略。其具体操作过程为:聘请著名武术家、杨氏太极拳第五代嫡传传人赵幼斌大师及其弟子,以黑山县第二初级中学为"杨氏太极拳传承基地"和"传统武术进校园试点单位",充分利用"活动课"的时间对广大学生进行杨氏太极拳的传授(图26)。再如,作为全国武术之乡、全国体育先进县的徐州沛县,近年以来,集中对全县百所中小学校进行"武术进校园"推广活动,全力打造"一县一品"特色学校。为此,县教育局、文广新体局专门聘请武术协会专家和12门派掌门人,在中小学第三套系列广播操和第一套武术操的基础上,结合沛县12个武术门派的特点,编创了适合中小学生特点的武术套路,并在全县各中小学进行普及推广,促使各校"活动课"掀起了校园习武热潮。山东省金乡县王杰中学、百世中学和惠民路小学先后被县教体局授予"武术(传统太极拳)进校园示范学校"(图27)。挂牌之后,各校都及时成立了自己的武术队或特长班,并聘请当地武术精英利用下午"活动课"时间走进校园对相关学生进行太极拳辅导(图28)。由此可见,聘请德艺双馨的武术精英进校园手把手辅导学生练习乃是必不可少的关键一环。更有一些拳派的传承人,因热衷于武术的传承与推广,还常会"不请自到",主动联系有意向的中小学进行义务辅导。山东省莱阳市照旺庄镇东城阳村孙志斌(太极螳螂拳正宗嫡系一脉第 9 代衣钵传人）就是这样一位热心公益、励志弘扬中华武术的精英式人物。他除了拥有一系列武术专家的头衔之外，还是当地某一大酒店的股东之一，因为这个特殊职业，他的工作时间比较灵活，能够抽出更多的时间从事武术推广活动，也因为有这份收入颇丰且稳定的职业，他才不必为了经济利益去传授武术，而纯粹出于传承使命和社会担当而投身到大众武术推广的公益活动之中。为了弘扬烟台著名地方拳种螳螂拳，他主动联系当地校方，分别在养正小学、幸福小学、祥和中学等多所中小学举办"长训班"或"短训班"，专门利用下午课外活动时间进行螳螂拳的教学与训练。当问及其动机与目的时，他兴奋地说：

图 26　赵幼斌带领全县师生在县第二初级中学进行杨氏太极拳展演①

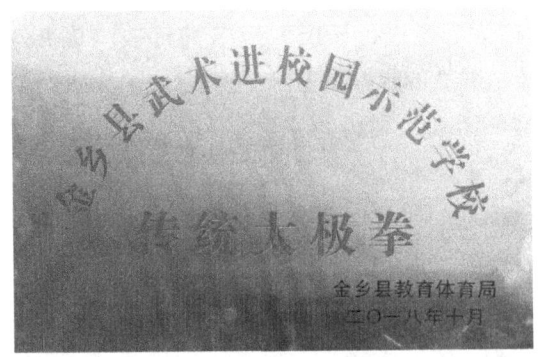

图 27　山东金乡县"武术（传统太极拳）进校园示范学校"标牌②

---

①图片来源：课题组成员 2019 年 11 月 11 日拍摄于辽宁黑山县第二初级中学。
②图片来源：课题组成员 2019 年 11 月 16 日拍摄于山东金乡县惠民路小学。

图28　山东金乡县惠民路小学武术队在表演太极拳①

往大了说，在中小学推广武术这件事利国利民，可促进中小学生的健康水平，往小了说，这样做既可以扩大太极螳螂拳的社会影响力，又有利于发现好苗子加以重点培养，以践行"弘扬本拳派武功"的入门誓言。我是太极螳螂拳第九代传人，我们老祖宗留下了这么好的东西，我不光要把它传下去，更要让它在我手上有所发展、有所壮大。（孙志斌口述）

为了顺利达到这一目的，圆满完成这一任务，孙志斌结合学生的学习生活实际和生理心理状况，对自己祖传的螳螂拳传统训练体系进行了调整，定制出了一套适合当今中小学生练习的简化训练体系（表6）。据孙志斌讲，螳螂拳进校园的训练体系表面上看似简单，但是却"简而不凡"，其中充分运用了循序渐进、因材施教、文武兼修等诸多教学原则与规律，在整个教学实践过程中充分体现出了传统练功方法和现代训练方法的相互借鉴和有机融合。而且，这个"校园训练体系"跟太极螳螂拳"门内训练体系"实现了无缝对接，即如果按照这个"校园训练体系"训练3年，修完全部内容且道德考察合格后便可顺利成为太极螳螂拳的入门弟子，再继续接受更严格、更规范、更丰富的专业训练。

---

①图片来源：课题组成员2019年11月16日拍摄于山东金乡县惠民路小学。

表6 "武术进校园"太极螳螂拳训练体系

级别	A级（基础班）	B级（提升班）	C级（高级班）
时间	1年（2学期）	2年（8学期）	3年（6学期）
内容	1. 武术礼仪 2. 武德规范 3. 基本功 4. 基本手法 5. 基本腿法 6. 拳术套路：一步连三锤 7. 拳术套路：五连锤	在A级基础上继续学习以下内容： 8. 拳术套路：秘手 9. 器械套路：六合蟠龙棍	在B级基础上继续学习以下内容： 10. 拳术套路：摘要 11. 器械套路：柳叶劈刺双把螳螂剑

这种利用"活动课"时间，以"特长班"的形式进入校园的武术推广模式，是一种简单易行、且大多数学校都可采用的"武术进校园"模式[①]。首先，活动课都是在下午两三节课后，时间比较固定，便于外聘武术教师协调授课时间。其次，因为是以"特长"的形式将学生组织起来，所以他们一般都对武术具有浓厚的兴趣，有利于提高教学质量。另外，以"特长班"形式开课，人数可控，场地可调，便于组织与管理。再次，"特长班"可以起到示范带动、典型引路、以点带面、全面开花的武术推广效果。总之，"武术特长班"是校园"活动课"的重要组成部分，既在形式上促进了"活动课"的多样性又在内容上丰富了"活动课"的民族性，既增强了学员的体质健康又激发了其他学生的习武兴趣，对在全校范围内"推广武术运动，增强学生体质"起到了积极有效的助推作用。

二、培训教师——确保武术进"体育课"

在当前中小学课程体系下，能够以"特长班"形式在"活动课"中练习武

---

① 王登峰. 以学校武术教育助力国运昌盛与国脉传承 [J]. 上海体育学院学报，2017，41（2）：71-74.

术的学生毕竟是少数，而只有武术进入体育课成为课堂教学内容之后，才能彻底实现全校范围内的武术推广。也就是说，因为每个班都有体育课，在体育课上传授武术才能有效实现全校学生的武术普及，也只有全校学生都会练习统一的武术套路，才能在大课间等集体活动中以"全校皆武"的形式进行身体锻炼。

在武术内容的选择上，以当地盛行的民间武术和国家认可的段位制武术为主。比如湖南武术之乡东安县就将本地名拳"东安拳"作为中小学的校本课程重点推广，要求学生每周至少上一节武术课。浙江省武术之乡常山县的洪氏斋公拳、武当太乙拳、猷辂拳三大传统武术则分别成为常山一小、天马一小、新昌小学"武术进校园"活动的一大亮点。还有山西太谷县的形意拳、河北省平乡县的梅花拳、河南温县太极拳、山东莱阳县螳螂拳、陕西三原县的红拳等，这些地方名拳都在当地教育部门和武术组织的通力协作下，以校本课程的形式在广大中小学中大力推广。与此同时，很多县域中小学也积极将段位制武术内容纳入校本课程，并定期对学生进行段位制的考评。例如，2018年4月，湖南新化县文体广新局与县教育局联合出台全县武术进校园的具体实施方案，方案明确规定，全县武术进校园，将段位制武术作为校本课程，每周至少一节武术课。争取到2020年人数达到10万人，其中取得段位证人数达到4万人；2023年人数达到20万人，其中取得段位证人数达到10万人①。可见，在"健康中国"时代背景下，段位制武术因其"规范性"和"官方性"等优势，在中小学武术推广中一直以来都占据着重要的位置。

然而，在体育课堂上推广校园武术，无论选择什么内容、采取什么方式，还需要解决一个大问题或关键环节，那就是对体育老师进行培训②。只有让体育老师先学会武术、练好武术，才能保证体育课武术教学的质量。而培训体育老师的重任自然又落到武术精英的肩上。这一培训过程，一般是由县教体局牵头、县武术协会参与并推荐授课教师、相关学校委派体育老师参训三个紧密联系程序组成。为了顺利实施武术进课堂的推广计划，各县域教体局、武协、学校三部门相互协调、密切合作，展开了一场针对体育老师的武术培训。比如，为了突出地方武术特色，彰显沧州武术文化魅力，真正实现沧州武术的普及与发展，沧州青县

---

① 黎明明. 新华"武术（非遗）进校园"启动仪式举行 [EB/OL]. [2018-05-11]. https://baijiahao.baidu.com/s? id=1600153239362155959&wfr=spider&for=pc.
② 赵光圣, 戴国斌. 我国学校武术教育现实困境与改革路径选择——写在"全国学校体育武术项目联盟"成立之际 [J]. 上海体育学院学报, 2014, 38 (1): 84-88.

教育局联合青县盘古文武学校在金牛镇学区、木门店镇学区、流河镇学区等多个学区分批举办校园武术推广培训班。本次培训由河北青县盘古文武学校校长、麒麟拳第14代掌门人刘连俊担任培训总教头,历时半年,主要以"八极八法拳"为主。刘连俊深有体会地说:

> 把体育老师教会了,学校就会通过体育课、课间活动、业余训练等多种形式进行广泛推广,真正让武术训练进校园,使武术文化发扬光大。同时,对于巩固和强化沧州国家级武术之乡的优势地位也具有重要意义。(刘连俊口述)

再如,江苏沛县为深化"武术进校园"工作,提高全县中小学体育教师武术套路综合执教能力,规范体育课武术教学内容。沛县文体广电和旅游局、沛县教育局联合在沛县体育中学举办了全县中小学武术教师培训班,聘请武术名家对58名体育教师进行专业培训。在各县域体育教师的武术培训中,武术精英积极参与、热情授课,在校园武术推广过程中始终站在教学第一线,并发挥着主导作用。有的武术精英甚至还走在教育职能部门的前面,在本县还没有启动武术进校园活动之前就主动提出对中小学体育老师进行武术培训的合理化建议,并拿出武术进课堂的具体操作方案。山东省金乡县的沙长安就是这样一位积极主动、热心公益、以传承武术为使命的太极拳名家。现年55岁的沙长安,为金乡县国贸商厦有限公司的经理,可谓事业有成、衣食无忧,但是他却总感觉活得不踏实。

> 我自幼习武,26岁时慕名到河南温县拜陈氏太极拳第十代传人陈伯祥先生为师,开始潜心习练陈氏太极拳小架套路,深得恩师器重……恩师经常语重心长地对我说,希望我到山东济宁后能够弘扬陈氏小架太极拳。可是前些年一直忙于工作和家庭,一直没能如恩师所愿,所以我一直很内疚,一直心有不安。(沙长安口述)

这种"内疚"和"不安"正是一种传承使命的自觉,也是一种使命担当。对于一个武术精英来讲,这种使命并非仅仅来源于授业恩师的"师命"或"师嘱",更来源于一种内心深处的责任感和担当意识。武术精英常常把传承武术当成是自己义不容辞的责任,在道义上绝不允许以任何借口推辞。所以,传承武术、弘扬武功,就被当成是武术精英一种尊师重道的具体体现。

为了完成弘扬陈氏太极拳小架的使命，2017 年沙长安主动找到县体教局的分管领导，表达了愿意义务培训中小学体育教师，然后再让体育教师回到各自学校利用体育课推广武术的思路。经过几番协商与规划后，2018 年 10 月 26 日，金乡县武术（太极拳）进校园启动仪式在金乡县惠民路小学隆重举行。启动仪式之后，沙长安随即开始对惠民路小学、百世中学和王杰中学的 20 名体育老师进行了太极拳专业培训（图29）。根据太极拳教学特点、体育教师课程安排等具体情况，培训为期 1 个月，集中培训时间为每个工作日 8：00—9：30。同时，沙长安还根据中小学生的生理规律、心理状况、体质水平、接受能力、练习时长等实际情况，对太极拳传统训练内容和体系进行了适当调整，制定出一套针对性强、效率高、见效快并适合在中小学推广的校园太极拳内容体系（表7）。各校体育教师在掌握培训内容之后，回到学校就可以因地制宜地在体育课堂上教授太极拳。

图 29　沙长安在"金乡县太极拳进校园教师培训班"授课①

表 7　金乡县"太极拳进校园"教师培训大纲

基本功 (4学时)	核心技术（30学时）				套路 (26学时)
	静功	动功	其他	动作组合	
左右走后弧	1. 无极势	8. 金刚捣碓	17. 撇身锤	4-9-10	起势
前后走后弧	2. 单鞭	9. 初收	18. 闪通背	7-8-17	1. 金刚捣碓

---

①图片来源：沙长安先生于 2019 年 11 月 15 日提供。沙长安（1965—），男，山东金乡县清真村人，陈式太极拳小架第 11 代传人。

续表

基本功（4学时）	核心技术（30学时）				套路（26学时）
	静功	动功	其他	动作组合	
上步练习	3. 懒扎衣	10. 上三步	19. 上步七星	5-6-11	2. 懒扎衣
撤步练习	4. 搂膝拗步	11. 倒卷肱	20. 当头炮	2-12-17-13	3. 六封四闭
提脚上步	5. 青龙出水	12. 云手	21. 指裆锤	2-22-19-16	4. 单鞭
走后弧扣脚	6. 肘底看拳	13. 十字脚	22. 铺地锦		5. 金刚捣碓
出脚练习	7. 掩手锤	14. 玉女穿梭	23. 摆脚		6. 白鹅亮翅
		15. 出手			7. 搂膝拗步
		16. 下步跨虎			8. 初收
		17. 高探马			9. 上三步
					10. 掩手锤
					11. 金刚捣碓
					12. 撇身锤
					13. 出手
					14. 肘底看拳
					15. 倒卷肱
					16. 白鹅亮翅
					17. 搂膝拗步
					18. 闪通背
					19. 懒扎衣
					收势

小结

健康是促进人的全面发展的必然要求，是经济社会发展的基础条件。实现国民健康长寿，是国家富强、民族振兴的重要标志，也是全国各族人民的共同愿望。在全民为实现"中华民族伟大复兴之中国梦"而努力奋斗的当代社会，全民健身运动蓬勃发展，人民健康水平和身体素质持续提高，为全面建成小康社会奠定了重要基础。同时，在当代县域治理过程中，伴随着城镇化、人口老龄化、生态环境及生活方式变化等，县域居民的健康状况也遇到了一系列新的挑战，比如，"健康服务供给总体不足与需求不断增长之间的矛盾依然突出，健康领域发展与经济社会发展的协调性有待增强"[①] 等。具体来讲，在大众健身领域，随着乡村城镇化的不断扩大，原来丰富的村落健身场所逐渐减少，甚至消失，很多对场地要求较高的运动项目（如喜闻乐见的球类运动）都受到了很大的限制。当今社会比较流行的很多健身项目（如瑜伽、游泳、舞蹈等）都得付费参加培训班才能掌握，而这又与县域居民的消费传统和消费习惯不相适应。城镇化之后的县域社会，免费的健身设施也越来越少，场馆要收费、器械要收费，这些都极大地消减了县域居民的健身兴趣和热情。在大众健身这一系列麻烦和困难面前，具有广泛群众基础的武术运动却显现出自身的传统优势。第一，武术不受场地、器材、年龄、体质等诸多因素的限制和影响，且内容丰富、形式多样，各类民众都可在其中找到适合自己的拳术套路进行锻炼。第二，在全民中大力开展武术运动，还可积极弘扬优秀传统文化，有效传承中华传统美德，特别是对广大青少年来说是一种生动鲜活的道德教化。第三，当然也是最重要的，就是掌握武术技能的诸多武术精英，都自愿参加到武术推广与传播的公益活动之中，积极主动地义务为群众传授武术、指导练习。所以，武术运动在当今社会越来越成为普通大众从事健身活动的首选项目，在县域居民和中小学生中大力发展武术运动是一种事半功倍的健身策略。实践也已证明，武术精英具有较强的责任感、使命感、担当意识和牺牲精神，甘愿在当代县域治理中通过推广中华武术为全面建成小康社会和实现中华民族伟大复兴作出应有的贡献。

[①] 新华社. 中共中央国务院印发《"健康中国2030"规划纲要》[J]. 中华人民共和国国务院公报，2016（32）：5-20.

结 语

"强调传统力量与新的力量具有同等的重要性是必要的"①，铭记历史才能开辟未来，善于继承才能勇于创新。正如习近平总书记所说，"优秀传统文化是一个国家、一个民族传承和发展的根本，如果丢掉了，就割断了精神命脉"②。武术精英在传统乡村自治中的成长经历、社会实践活动、自我管理方式、社会治理经验等一系列的传统文化，在当代县域治理中必然有其可供借鉴和参考的重要价值。我们应该把弘扬优秀传统文化和发展当代文明有机、紧密地融合统一起来，取长补短，在继承中发展，在发展中继承，并在此基础上努力探讨中国传统文化与当代文明之间的有机对接，使传统文化充分发挥自身优势为当代县域治理的顺利进行保驾护航。

当然，传统文化在漫长的历史发展过程中，由于受到当时人们的认识水平、时代条件、社会制度等局限性因素的制约和影响，不可避免地存在着一些陈旧过时或已成为糟粕性的东西。故此，研究乡村社会的现代化时，很多研究大都认为所谓的"现代化"即是民间"社会—文化"的消失。比如，韦伯主义者的研究认为，现代化是新的制度化的宗教文化的产生及其对民间传统的取代③；涂尔干学派认为，现代化是大众社会与分工合作的社会对社区型的社会的取代④；即使是自称新派文化人类学者并对传统社会学科抱批评态度的英国学者吉尔纳也认为，现代化即是新型教育与国民经济对民间文化与地方型"社会—经济"的取代⑤。总之，在面对传统与现代的问题时，大多数研究都将民间的传统看成是

---

①费孝通. 江村经济——中国农民的生活 [M]. 北京：商务印书馆，2001：1.
②习近平. 习近平谈治国理政：第2卷 [M]. 北京：外文出版社，2017：313.
③卢兴，郑飞. 从东亚现代性的兴起反思"韦伯命题" [J]. 国外社会科学，2017 (2)：46-52.
④万俊，郝琼. 涂尔干社会分工论视阈下和谐社会构建的路径思考 [J]. 湖北民族学院学报（哲学社会科学版），2016，34 (2)：134-138.
⑤王铭铭. 中国民间传统与现代化——福建塘东村的个案研究 [J]. 传统文化与现代化，1996 (3)：3-15.

"现代化"进程中的障碍，认为如果要想顺利、成功实现现代化，就必须对传统进行否定、替换或者是消灭。这种非此即彼、全盘否定的观点越来越被实践证明是极端的、片面的。我们对待传统的正确态度应该是采取扬弃的观点，要求对任何事物都要具体问题具体分析，不能简单地肯定一切或否定一切，不能犯片面性和绝对化的错误。也就是继承和发扬传统中那些积极、合理的因素，抛弃和否定那些消极的、丧失必然性的因素，是发扬与抛弃的统一。如今，我们对待作为中华民族文化遗产的武术也应该采取扬弃观点，要去其糟粕，也要取其精华，要有批判，更要有继承。武术精英的生活从"过去"到"现在"的推移，不是简单的"传统"到"现代"的"进化"，而是一种武术人对自身生命意义不断调试的社会历史过程。时间的推移并不一定就导致武术精英社会作用的"衰落"，而只能引起不同社会力量交错与互动模式的变化。在传统社会，由于尚武传统在民间根深蒂固，再加之武术精英"爱管闲事"的习惯经久不息，所以在乡村自治中武术精英一直都发挥重要作用。中华人民共和国成立后，诸多地方传统作为一种文化模式在当地的社会记忆中仍然以其惯性力量长久地存在着[①]。值得注意的是，自改革开放以来，不但未能使武术传统消失，而且还给予了武术传统重新获得生机的机会。特别是近些年，由于创造民族认同、增强民族凝聚力和经济发展的需要，民间传统得到了选择性的容许。伴随着传统文化的复兴，一大批传统的节日、仪式和象征（如庙宇、祠堂、神像等）又重新回到了地方文化的大舞台，或是原汁原味，或是与时俱进，各个县域的地方文化传统展现出丰富多彩的空前盛况。这说明在中国的社会发展中，传统与现代化并不矛盾，而且政府利用传统来促进现代化的做法还起到了创造地方"总认同"的作用。也就是说，乡土传统作为一种寻找社区历史、创造社区认同、增强区域联系的行为，在新的历史时期完全可在民间加以再创造来恢复它们原来的意义，使之扮演新的社会角色。所以，将民间武术的一些传统教化方式、民间拳师的一些传统行为方式界定为"落后"，甚至是与"现代化"格格不入的"旧事物"是非常不恰当的。

  通过对武术精英在传统乡村自治中的作用研究，我们不得不承认，武术精英群体在传统乡村社会是一个不折不扣的民间权威中心。它的形成并不是偶然的，而是有其历史和社会的必然。首先，从历史的角度观之。如今这种作为民间权威的武术精英群体在当代县域社会的延续，是对现代国家政权向地方社会渗透的文

[①] 王铭铭. 村落视野中的文化与权力：闽台三村五论 [M]. 北京：生活·读书·新知三联书店，1997：150.

化反应。武术精英产生于"草根社会",来自民间基层大众,所以对基层社会的需求和政治反应非常敏感,而且武术精英的利益一般都与"草根社会"的利益协调一致,表达问题的方式也如出一辙,从而易于被接受为地方利益的忠实代言人。不管是在传统乡村还是在县域社区,武术精英有时可以说是"公众意见"的传播媒介,既受到大众的支持与拥护,又得到了官方权威的重视与关注。其次,从社会角度分析。武术精英在社会治理中依旧扮演着不可缺失的中介角色。武术精英在组织民众和政府之间起到了一种"代言"的作用,他们所组织的基层事务与利益,实际上就是一种传达方式,所要传达的是广大民众的"公众意见"。那些被村民尊为"代言人"的武术精英,大多是德高望重的长者,他们对村落的历史脉络、文化传承都有着较为清晰的记忆和较为深刻的解读。也可以说,正是因为他们对传统的熟悉和对现实的关注才使他们成为公认的"民间权威"。这种以武术精英为代表的"民间权威"在当代县域治理中的再度兴起,充分反映了在不断变迁的村落社会中,人们寻求历史延续感和稳定感,以及对命运进行历史性解读的心态。当代县域的武术传统在"现代化过程"中的复兴,与当代社会对传统武术与文化资源的重新需求有密切关系。这就要求我们在学习、研究和应用传统文化时应当坚持推陈出新、古为今用,结合当代社会实践和要求进行正确地取舍,既不是全盘否定传统文化,也不是一股脑儿都拿到今天来照搬照用。要坚持有鉴别的对待、有扬弃的继承,努力实现传统文化的"创造性转化"和"创新性发展",使之与现实文化相融相通,共同服务于"以文化人"的时代任务[①]。

要想充分、有效地发挥武术精英在当代县域治理中的积极作用,就必须解决武术人的"本位主义""地方主义""帮派习气"等妨碍社会和谐的旧思想、旧现象。其中,常常为人们所忽视的、传统社会长期存在的兄弟结拜、武术帮派等旧习俗,给当代县域治理带来了不健康的气息。传统社会,武术人为了自卫、斗争和抵抗压力,或者是受结党拉帮、借势发迹等落后想法的支配而搞帮派、帮会,那还可以理解的。但是,武术人如果再把这种帮派带入当代的县域治理之中,那却是绝对不能容忍的。政府权力部门必须从宏观制度层面为武术"自组织"的正常发生发展进行必要的规划、管理、调控、指导。除了保证该组织的社会活动

---

① 习近平. 在纪念孔子诞辰 2565 周年国际学术研讨会暨国际儒学联合会第五届会员大会开幕会上的讲话[EB/OL]. [2014-09-24]. http://www.xinhuanet.com/politics/2014-09/24/c_1112612018.htm.

在当代县域治理中得以健康开展之外，更应该对武术组织的领导人——武术精英进行严格管理与积极引导，以保证其领导下的组织能够在正常社会秩序允许的范围内进行活动。

总之，在"注意乡土味道，体现农村特点，保留乡村风貌，坚持传承文化，发展有历史记忆、地域特色、民族特点"① 的当代县域治理中，作为体现传统文化精髓的武术，作为蕴含传统美德的武德，以及具有正义感、担当意识和奉献精神的武术精英，都将以各种形式活跃于村落生活的各个方面，并发挥着积极有效的社会作用。我们应主动借鉴这些传统社会的自治智慧，在大力弘扬优秀传统文化的同时，努力实现传统武术的可持续发展。中国传统社会的自治经验丰富而有效，完全可以为当代县域治理提供重要的参考和借鉴，而且武术精英所提倡的核心价值观，属于价值性的义理，与当代县域社会所赖以存在的各种工具理性并无根本的冲突。同时，武术精英主导下的武术教化又是一种影响广泛的村落自治传统资源，合理配置之后定会产生巨大的社会效益。因此，如何充分挖掘传统乡村自治中武术精英的社会作用，并将这些规律、经验、智慧等丰富的自治资源在当代县域治理中有效传承、合理应用，进而实现"传统"与"当代"的有机对接，正是本研究所展现给读者的重要命题。

武术精英在传统乡村自治中之所以能够发挥积极有效的社会作用，乃是有赖于建立在德艺双馨基础之上的民间权威式"武术隐权力"。而今，随着国家法制建设的不断完善和民间权力主体的多元化呈现，武术精英在传统社会所拥有的"武术隐权力"日渐式微，其所能发挥的诸多社会作用也随之不断减少或减弱。然而，武术精英所追求的德艺双馨品质和社会担当精神却始终未曾发生任何改变，仍然以其惯性力量在当代县域治理中发挥着弘扬美德、传承武术等积极有效的社会作用。

---

①王云庆，向怡泓. 从社会记忆角度探索传统村落保护开发新思路［J］. 求实，2017（11）：85-96.

参考文献

一、中文参考文献

1. 著作

[1] 老子. 道德经 [M]. 李若水, 译评. 北京: 中国华侨出版社, 2014.

[2] 孔子. 论语 [M]. 杨伯峻, 杨逢彬, 注释. 长沙: 岳麓书社, 2000.

[3] 孔子. 诗经 [M]. 程俊英, 译注. 上海: 上海古籍出版社, 2014.

[4] 左丘明. 左传 [M]. 蒋冀骋, 标点. 长沙: 岳麓书社, 1988.

[5] 韩非. 韩非子 [M]. 徐翠兰, 木公, 译注. 太原: 山西古籍出版社, 2003.

[6] 韩非. 五蠹 [M]. 北京: 人民出版社, 1975.

[7] 孟轲. 孟子 [M]. 万丽华, 蓝旭, 译注. 北京: 中华书局, 2010.

[8] 戴圣. 礼记 [M]. 张树国, 点注. 青岛: 青岛出版社, 2009.

[9] 司马迁. 史记 [M]. 北京: 中华书局出版社, 1959.

[10] 房玄龄. 管子 [M]. 刘绩, 补注. 刘晓艺, 校点. 上海: 上海古籍出版社, 2015.

[11] 欧阳修. 新五代史: 全三册 [M]. 徐无黨, 注. 北京: 中华书局, 1974.

[12] 刘义庆. 世说新语 [M]. 刘孝标, 注. 朱碧莲, 详解. 上海: 上海古籍出版社, 2013.

[13] 曾国藩. 曾国藩全集 [M]. 王澧华, 等, 整理. 长沙: 岳麓书社, 1994.

[14] 顾炎武. 日知录 [M]. 黄汝成, 集释; 栾保群, 吕宗力, 校点. 上海: 上海古籍出版社, 2014.

[15] 计六奇. 明季北略·卷五 [M]. 北京: 中华书局, 1984.

[16] 吴敬梓. 儒林外史 [M]. 冯宝善, 校注. 郑州: 中州古籍出版社, 1994.

[17] 张廷玉. 明史 [M]. 北京: 中华书局, 1974.

[18] 狄德满. 华北的暴力和恐慌: 义和团运动前夕基督教传播和社会冲突 [M]. 崔华杰, 译. 南京: 江苏人民出版社, 2011.

[19] 斐迪南·滕尼斯. 共同体与社会 [M]. 林荣远, 译. 北京: 商务印书馆, 1999.

[20] 马克斯·韦伯. 韦伯作品集 II: 经济与历史支配的类型 [M]. 康乐, 译. 桂林: 广西师范大学出版社, 2004.

[21] 爱弥尔·涂尔干. 宗教生活的基本形式 [M]. 渠东, 汲喆, 译. 北京: 商务印书馆, 2011.

[22] 古斯塔夫·勒庞. 乌合之众 [M]. 戴光年, 译. 北京: 新世界出版社, 2010.

[23] 柏拉图. 理想国 [M]. 王铮, 译. 重庆: 重庆出版社, 2016.

[24] 亚里士多德. 政治学 [M]. 吴寿彭, 译. 北京: 商务印书馆, 2013.

[25] 艾布拉姆森. 弗洛伊德的爱欲论——自由及其限度 [M]. 陆杰荣, 顾春明, 都本伟, 等, 译. 沈阳: 辽宁大学出版社, 1987.

[26] 杜赞奇. 文化、权力与国家: 1900—1942年的华北农村 [M]. 王福明, 译. 南京: 江苏人民出版社, 2003.

[27] E. A. 罗斯. 变化中的中国人 [M]. 李上, 译. 北京: 电子工业大学出版社, 2018.

[28] 吉尔兹. 地方性知识 [M]. 王海龙, 张家宣, 译. 北京: 中央编译出版社出版, 2004.

[29] 罗威廉. 红雨: 一个中国县域七个世纪的暴力史 [M]. 李里峰, 译. 北京: 中国人民大学出版社, 2013.

[30] 孔飞力. 中华帝国晚期的叛乱及其敌人: 1796—1864年的军事化与社会结构 [M]. 谢亮生, 译. 北京: 中国社会科学出版社, 1990.

[31] 刘子健. 中国转向内在: 两宋之际的文化转向 [M]. 赵冬梅, 译. 南京: 江苏人民出版社, 2011.

[32] 裴宜理. 华北的叛乱者与革命者（1845—1945）[M]. 池子华, 刘平, 译. 北京: 商务印书馆, 2007.

[33] 张仲礼. 中国绅士: 关于其在十九世纪中国社会中作用的研究 [M]. 李荣昌, 译. 上海: 上海社会科学院出版社, 1991.

[34] 欧文·戈夫曼. 日常生活中的自我呈现 [M]. 冯钢, 译. 北京: 北京大学出版社, 2008.

[35] 明恩溥. 中国乡村生活 [M]. 陈午晴, 唐军, 译. 北京: 中华书局, 2006.

[36] 魏斐德. 洪业 [M]. 陈苏镇, 薄小莹, 译. 南京: 江苏人民出版社, 2003.

[37] 松田隆智. 中国武术史 [M]. 吕彦, 译. 成都: 四川科学技术出版社, 1984.

[38] 中村义. 辛亥革命之研究 [M]. 东京: 日本未来社: 1979.

[39] 德斯蒙德·莫利斯. 人类动物园 [M]. 何道宽, 译. 上海: 复旦大学出版社, 2010.

[40] 麦嘉湖. 中国人的生活方式 [M]. 秦传安, 译. 北京: 电子工业出版社, 2012.

[41] 齐格蒙·鲍曼. 生活在碎片之中——论后现代道德 [M]. 郁建兴, 周俊, 周莹, 译. 上海: 学林出版社, 2002.

[42] 詹姆斯·D. 马歇尔. 米歇尔·福柯: 个人自主与教育 [M]. 于伟, 李珊珊, 译. 北京: 北京师范大学出版社, 2008.

[43] 卞人杰. 国技概论 [M]. 南京: 正中书局, 1948.

[44] 陈平原. 千古文人侠客梦 [M]. 增订本. 北京: 北京大学出版社, 2010.

[45] 陈鑫．陈氏太极拳图说［M］．太原：山西科学技术出版社，2006．

[46] 陈正雷．陈式太极拳剑刀［M］．河南：中州古籍出版社，2002．

[47] 陈鸿宝．渭源县志：第8卷［M］．台北：成文出版社，1970．

[48] 戴国斌．武术：身体的文化［M］．北京：人民体育出版社，2011．

[49] 戴玄之．义和团研究［M］．北京：北京大学出版社，2010．

[50] 德虔．少林武术大全［M］．北京：北京体育学院学报出版社，1990．

[51] 邓拓．中国救荒史［M］．上海：上海书店，1984．

[52] 费孝通，吴晗，等．皇权与绅权［M］．长沙：岳麓书社，2012．

[53] 费孝通．乡土中国［M］．南京：江苏文艺出版社，2007．

[54] 龚鹏程．侠的精神文化史论［M］．济南：山东画报出版社，2008．

[55] 贺雪峰．新乡土中国［M］．修订版．北京：北京大学出版社，2013．

[56] 洪正福，林荫生，苏瀛汉．永春白鹤拳［M］．北京：人民体育出版社，1989．

[57] 湖北省麻城市地方志编纂委员会．麻城县志［M］．北京：红旗出版社，1993．

[58] 黄成助．冠县县志［M］．台北：成文出版社，1968．

[59] 黄成助．广宗县志［M］．台北：成文出版社，1969．

[60] 黄光国，胡先缙．人情与面子：中国人的权力游戏［M］．北京：中国人民大学出版社，2010．

[61] 黄书光．中国社会教化的传统与变革［M］．济南：山东教育出版社，2005．

[62] 金庸．笑傲江湖［M］．济南：山东文艺出版社，1985．

[63] 莱阳螳螂拳文化研究会．莱阳螳螂拳［M］．北京：华夏文史出版社，2013．

[64] 李景林．教化视域中的儒学［M］．北京：中国社会科学出版社，2013．

[65] 路遥．义和团运动文献资料汇编·中文卷（上）［M］．济南：山东大学出版社，2012．

[66] 欧阳恩良，潮龙起．中国秘密社会［M］．福州：福建人民出版社，2002．

[67] 邱丕相．中国武术史［M］．北京：高等教育出版社，2008．

[68] 邵雍．秘密社会与中国革命［M］．北京：商务印书馆，2010．

[69] 沈一民．清南略考实［M］．哈尔滨：黑龙江大学出版社，2009．

[70] 宋云海．中国皇权文化［M］．上海：上海三联书店，2014．

[71] 唐韶军．生存·生活·生命：论武术教化三境界［M］．北京：人民体育出版社，2016．

[72] 万籁声．武术汇宗［M］．北京：北京体育大学出版社，2013．

[73] 王迪．茶馆：成都的公共生活和微观世界，1900—1950［M］．北京：社会科学文献出版社，2010．

[74] 王德福．乡土中国再认识［M］．北京：北京大学出版社，2015．

[75] 王铭铭．村落视野中的文化与权力：闽台三村五论［M］．北京：生活·读书·新知三联书店，1997．

[76] 王学泰．水浒·江湖：理解中国社会的另一条线索［M］．西安：陕西人民出版社，2011．

[77] 王学泰．游民文化与中国社会［M］．北京：同心出版社，2007．

[78] 王宗岳．太极拳谱［M］．沈涛，点校考释．北京：人民体育出版社，1991．

[79] 文崇一，萧新煌．中国人的观念与行为［M］．北京：中国人民大学出版社，2012．

[80] 吴钩．隐权力（2）——中国传统社会的运行游戏［M］．上海：上海复旦大学出版社，2011．

[81] 吴殳．中国枪法真传——手臂录［M］．孙国中，增订点校．北京：北京师范大学出版社，1989．

[82] 习近平．习近平谈治国理政：第 2 卷［M］．北京：外文出版社，2017．

[83] 习近平．之江新语［M］．杭州：浙江人民出版社，2013．

[84] 徐皓峰，徐骏峰．武人琴音［M］．韩瑜，口述．北京：人民文学出版社，2014．

[85] 徐皓峰．逝去的武林［M］．李仲轩，口述．北京：人民文学出版社，2013．

[86] 杨懋春．近代中国农村社会之演变［M］．台北：巨流图书公司，1980．

[87] 杨国枢．中国人的价值观［M］．北京：中国人民大学出版社，2012．

[88] 杨念群．儒学地域化的近代形态：三大知识群体互动的比较研究［M］．北京：生活·读书·新知三联书店，2011．

[89] 杨彦明．梅花拳通义［M］．北京：北京艺术与科学电子出版社，2009．

[90] 余晋芳．麻城县志前编［M］．台北：成文出版社，1975．

[91] 豫章，洪贵三．凤台县志：第 4 卷［M］．合肥：黄山书社，1998．

[92] 袁镜身．中国乡村建设［M］．北京：中国社会科学出版社，1987．

[93] 岳永逸．空间、自我与社会桥街头艺人的生成与系谱［M］．北京：中央编译出版社，2007．

[94] 张恨水．剑胆琴心［M］．长春：吉林文史出版社，1986．

[95] 政协广宗县委员会．广宗文史概览·文史资料专集（7）［M］．邯郸：邯郸市利华印务有限公司，2014．

[96] 中国第一历史档案馆，北京师范大学历史系．辛亥革命前十年间民变档案史料［M］．北京：中华书局，1985．

[97] 中国第一历史档案馆．义和团档案史料续编：全二册［M］．北京：中华书局，1990．

[98] 中国方志丛书［M］．台北：成文出版社，1966．

[99] 钟泰，宗能征．亳州志：第 2 卷［M］．合肥：黄山书社，2014．

[100] 周庆智．县政治理：权威、资源、秩序［M］．北京：中国社会科学出版社，2014．

2. 期刊

[1] 白永正．对武术发展空间中的"拳种"个体透视［J］．北京体育大学学报，2017，40

(7): 120-124.

[2] 曹永胜. 中华民族与尚武精神 [J]. 中国军转民, 2016 (2): 45-52.

[3] 晁福林. 论中国古史的氏族时代——应用长时段理论的一个考察 [J]. 历史研究, 2001 (1): 105-115, 191.

[4] 陈寒非. 人生史、权威与习惯法的成长——评高其才教授"乡土法杰"系列 [J]. 民间法, 2014, 13 (1): 64-76.

[5] 陈寒非. 能人治村及其法律规制——以东中西部地区9位乡村能人为样本的分析 [J]. 河北法学, 2018, 36 (9): 23-36.

[6] 程斌, 高健. 中国传统文化对武术拳种形成与命名的影响 [J]. 体育文化导刊, 2017 (8): 47-50.

[7] 程大力. 完美·再论中国武术与中国艺术 [J]. 搏击武术科学, 2006, 3 (8): 1-4.

[8] 程歗, 曹新宇. 20世纪规模最大的中国民间教门田野调查——评路遥《山东民间秘密教门》[J]. 清史研究, 2002 (4): 112-121.

[9] 程歗, 张鸣. 晚清教案中的习俗冲突 [J]. 历史档案, 1996 (4): 99-106.

[10] 程歗. 社区精英群的联合和行动——对梨园屯一段口述史料的解说 [J]. 历史研究, 2011 (1): 3-16.

[11] 戴国斌. 门户对拳种、流派的生产 [J]. 上海体育学院学报, 2013, 37 (4): 77-82.

[12] 段雪珊, 黄祥祥. 乡村振兴: 战略定位与路径探索——第二届中国县域治理高层论坛会议综述 [J]. 社会主义研究, 2018 (1): 169-172.

[13] 范可. 体育人类学——何以可能何以可为 [J]. 广州体育学院学报, 2020, 40 (1): 1-8.

[14] 冯茜. 泛道德化批判之思: 道德的越位与复位 [J]. 南京师大学报（社会科学版）, 2018 (2): 24-31.

[15] 高琦, 娄淑华. 习近平论中华优秀传统文化的价值 [J]. 思想教育研究, 2018 (3): 38-42.

[16] 公丕祥. 传统中国的县域治理及其近代嬗变 [J]. 政法论坛, 2017, 35 (4): 3-11.

[17] 龚茂富. 民俗生活中民间武术的权力实践与狂欢精神——基于民国青羊宫花会"打金章"的历史人类学考察 [J]. 成都体育学院学报, 2017, 43 (1): 75-80.

[18] 管宗昌, 姜秀莎. "礼义廉耻, 国之四维"——传统治国理论的内涵及维度 [J]. 大连民族大学学报, 2017, 19 (2): 153-158.

[19] 郭亚丹. 乡村振兴战略中农民诚信意识培育研究 [J]. 中共南昌市委党校学报, 2018, 16 (3): 62-65.

[20] 郭成吉, 李生, 李芹. 木兰拳动作特点及健身价值探析 [J]. 中国临床康复, 2005 (32): 204-205.

[21] 韩同春. 河北广宗县梅花拳武术文化传统的田野考察 [J]. 邢台职业技术学院学报, 2008, 25 (6): 32-34.

[22] 韩建中. 武术拜师仪式 [J]. 中华武术, 1998 (6): 40.

[23] 何增科. 治理、善治与中国政治发展 [J]. 中共福建省委党校学报, 2002 (3): 16-19.

[24] 侯力丹, 刘洪彩. 在坚定文化自信中弘扬优秀传统文化 [J]. 人民论坛, 2018 (3): 134-135.

[25] 侯胜川, 周红妹. 批判与辩护: 武术门户概念的辨析 [J]. 上海体育学院学报, 2016, 40 (6): 71-78.

[26] 贺雪峰. 中国农村社会转型及其困境 [J]. 东岳论丛, 2006 (2): 54-61.

[27] 贺雪峰. 乡村治理研究的三大主题 [J]. 社会科学战线, 2005 (1): 219-224.

[28] 黄鹂, 吴佳贤, 敬艳. 宗法制视域下武术师徒传承的文化解读及发展启示 [J]. 山东体育科技, 2016, 38 (6): 10-14.

[29] 黄虎林. 太极功夫扇的健身价值与社会功能研究 [J]. 西北民族大学学报 (自然科学版), 2011, 32 (4): 72-74.

[30] 蒋立群. "孝弟忠信礼义廉耻" 与 "王八" 考 [J]. 文史天地, 2002 (10): 37.

[31] 蒋梓骅. 行动与历史: 吴文藻与费孝通在社会学本土化取向上的间距 [J]. 北京工业大学学报 (社会科学版), 2018, 18 (1): 21-28.

[32] 景海峰. 仁义礼智信与中华文化的核心价值 [J]. 马克思主义与现实, 2012 (4): 188-194, 191.

[33] 康有为. 戊戌绝笔书 [J]. 佛山大学佛山师专学报 (社会科学版), 1989 (1): 22-29, 52.

[34] 梁启超. 为学与做人 [J]. 求知导刊, 2014 (3): 148-149.

[35] 李春根, 廖彦. 论精准扶贫背景下农村低保对象的诚信机制建设 [J]. 山东社会科学, 2018 (3): 67-73.

[36] 李发. 殷卜辞所见 "夷方" 与帝辛时期的夷商战争 [J]. 历史研究, 2014 (5): 4-27, 189.

[37] 李凤成. 从师徒关系到约定契约: 武术文化传承机制演变的价值审视 [J]. 体育与科学, 2017, 38 (3): 32-37.

[38] 李克强. 在全国深化 "放管服" 改革 转变政府职能电视电话会议上的讲话 [J]. 中国行政管理, 2018 (8): 6-12.

[39] 李里峰. 乡村精英的百年嬗蜕 [J]. 武汉大学学报 (人文科学版), 2017, 70 (1): 5-10.

[40] 李蕊. 榜样在社会主义核心价值观大众化中的作用机制研究 [J]. 中州学刊, 2015 (7): 13-17.

[41] 李生柱. 神像：民间信仰的象征与实践——基于冀南洗马村的田野考察 [J]. 民俗研究, 2016 (6)：144-153.

[42] 李巍. 当代武侠小说侠隐结局的人类学考察——以金庸武侠为例 [J]. 华文文学, 2017 (4)：116-123.

[43] 李晓斐. 当代乡贤：地方精英抑或民间权威 [J]. 华南农业大学学报（社会科学版）, 2016, 15 (4)：135-140.

[44] 刘启超, 戴国斌, 段丽梅. 近代中国"武侠"再造与"武德"型塑之研究 [J]. 体育科学, 2018, 38 (5)：80-87.

[45] 刘卫英. 拜师与暗算：民国武侠世界中师徒关系的文化宿命 [J]. 贵州社会科学, 2017 (10)：35-41.

[46] 龙大轩. 龙教授评说 廉耻文化 [J]. 人民公仆, 2015 (8)：50-54.

[47] 柳鸣毅, 王梅, 徐杰, 等. "健康中国2030"背景下中国青少年体育公共政策研究 [J]. 体育科学, 2018, 38 (2)：91-97.

[48] 卢兴, 郑飞. 从东亚现代性的兴起反思"韦伯命题" [J]. 国外社会科学, 2017 (2)：46-52.

[49] 陆益龙. 后乡土中国的基本问题及其出路 [J]. 社会科学研究, 2015 (1)：116-123.

[50] 陆益龙. 后乡土中国的权力结构与村官政治 [J]. 江苏行政学院学报, 2016 (2)：71-79.

[51] 路遥. 义和团运动发展阶段中的民间秘密教门 [J]. 历史研究, 2002 (5)：53-65, 191.

[52] 罗国杰, 夏伟东. 古为今用 推陈出新——论继承和弘扬中华传统美德 [J]. 红旗文稿, 2014 (7)：4-8, 1.

[53] 马爱民. 梅花拳在中原地区的崛起与民间村落社会的传习 [J]. 少林与太极（中州体育）, 2009 (1)：6-17, 28.

[54] 欧阳静. 县域治理中的混混 [J]. 人民法治, 2018 (2)：97-100.

[55] 欧阳恩良. 关于会党与辛亥革命关系研究中的几个问题——以西南袍哥与辛亥革命为中心 [J]. 山东大学学报（哲学社会科学版）, 2011 (5)：64-73.

[56] 彭南京, 张羽佳. 传统武德文化中的伦理观念及其现代回响 [J]. 体育与科学, 2017, 38 (2)：72-77.

[57] 祁建民. 中国和日本的乡村治理比较 [J]. 前沿理论, 2014 (13)：19-28.

[58] 钱立勇. 先秦时期的尚武精神 [J]. 华夏文化, 2004 (3)：26-27.

[59] 屈国锋, 王羽辰, 高嵘. 试论武德教育误区 [J]. 体育文化导刊, 2015 (4)：198-201.

[60] 冉瑞燕. 历史上武陵山区民间习惯法与国家法的关系 [J]. 中南民族大学学报（人文社会科学版）, 2017, 37 (3)：119-123.

[61] 桑东辉. 传统忠德的当代转换及与社会主义核心价值观的契合 [J]. 道德与文明, 2014

（6）：68-73.

[62] 邵佳德. 新时代的中华优秀传统文化：历史定位、理论内涵及价值维度[J]. 江西社会科学，2018，38（6）：11-17，254.

[63] 沈费伟，刘祖云. 精英培育、秩序重构与乡村复兴[J]. 人文杂志，2017（3）：120-128.

[64] 沈家桢. 何为武当太极拳（二续）[J]. 体育月刊，1936（03）：14.

[65] 史云贵，孟群. 县域生态治理能力：概念、要素与体系构建[J]. 四川大学学报（哲学社会科学版），2018（2）：5-13.

[66] 谭广鑫. 巫武合流：武术秘密结社组织中的巫术影响研究[J]. 体育科学，2017，37（2）：87-97.

[67] 唐芒果，蔡仲林. 武术从业者：武术发展研究的一个新视角[J]. 成都体育学院学报，2015，41（1）：86-91.

[68] 唐韶军，戴国斌. 对梅花拳名称来源的考证[J]. 山东体育学院学报，2014，30（6）：68-72.

[69] 唐韶军，戴国斌. 规范、监视、检查：武术教化的福柯式解读[J]. 成都体育学院学报，2014，40（7）：13-16.

[70] 唐韶军，戴国斌. 梅花拳何以成为"义和拳运动"的主导力量[J]. 民俗研究，2013（6）：107-114.

[71] 唐韶军，戴国斌. 生存·生活·生命：论武术教化三境界[J]. 北京体育大学学报，2016，39（5）：72-78.

[72] 唐韶军，王美娟. 社会组织和民间信仰：梅花拳不仅仅是一种拳[J]. 民俗研究，2017（4）：150-157.

[73] 唐韶军. 克服"搭便车"困境——梅花拳在义和团运动中社会动员机制之研究[J]. 鲁东大学学报（自然科学版），2014，30（1）：87-91.

[74] 王彬. 中华优秀传统文化是文化自信的根基[J]. 山东社会科学，2018（2）：19-23.

[75] 王迪. 大众文化研究与近代中国社会——对近年美国有关研究的述评[J]. 历史研究，1999（5）：174-186.

[76] 王岗. 对学校武术教育的历史回眸与当代发展的思考[J]. 北京体育大学学报，2016，39（6）：90-95，101.

[77] 王岗，刘帅兵. 中国武术师徒传承与学院教育的差异性比较[J]. 武汉体育学院学报，2013，47（4）：55-61.

[78] 王国红. 我国县域治理的困境与创新[J]. 科学社会主义，2010（5）：119-121.

[79] 王凯，陈斌. 农村体育公共服务"乡村精英供给范式"研究[J]. 体育文化导刊，2017（4）：15-20.

[80] 王美娟. "以武立命": 武术教化之道——评唐韶军《生存·生活·生命: 论武术教化三境界》[J]. 山东体育学院学报, 2017, 33 (4): 117-118.

[81] 王明建. 村落武术的文化人类学研究 [J]. 上海体育学院学报, 2016, 40 (3): 68-72.

[82] 王明建. 拳种与村落: 武术人类学研究的实践空间 [J]. 成都体育学院学报, 2016, 42 (1): 51-54.

[83] 王铭铭. 中国民间传统与现代化——福建塘东村的个案研究 [J]. 传统文化与现代化, 1996 (3): 3-15.

[84] 王云庆, 向怡泓. 从社会记忆角度探索传统村落保护开发新思路 [J]. 求实, 2017 (11): 85-96.

[85] 王巾轩. 师徒制下的武术文化传承——基于吴式太极拳师徒传承的个案研究 [J]. 上海体育学院学报, 2014, 38 (4): 89-94.

[86] 王国志, 邱丕相. 多维文化视角下的大众武术 [J]. 上海体育学院学报, 2008, 32 (2): 63-66.

[87] 王登峰. 以学校武术教育助力国运昌盛与国脉传承 [J]. 上海体育学院学报, 2017, 41 (2): 71-74.

[88] 万俊, 郝琼. 涂尔干社会分工论视阈下和谐社会构建的路径思考 [J]. 湖北民族学院学报 (哲学社会科学版), 2016, 34 (2): 134-138.

[89] 万俊人. 传统美德伦理的当代境遇与意义 [J]. 南京大学学报 (哲学·人文科学·社会科学), 2017, 54 (3): 137-146, 159-160.

[90] 文军, 吴越菲. 流失"村民"的村落: 传统村落的转型及其乡村性反思——基于15个典型村落的经验研究 [J]. 社会学研究, 2017, 32 (4): 22-45, 242-243.

[91] 吴万善. 甲午战争期间的"铁汉"御史安维峻 [J]. 西北民族学院学报 (哲学社会科学版), 1988 (3): 44-48.

[92] 武超, 吕韶钧. 由"武舞"至"拳种": 论历史进程中传统武术套路所呈现出的阶段性特征及其动因分析 [J]. 天津体育学院学报, 2016, 31 (1): 63-68.

[93] 习近平. 充分发挥榜样作用 [J]. 杭州 (周刊), 2015 (3): 6.

[94] 习近平. 关于《中共中央关于全面推进依法治国若干重大问题的决定》的说明 [J]. 共产党员 (河北), 2014 (21): 20-25.

[95] 习近平. 在文艺工作座谈会上的讲话 [J]. 美与时代 (下), 2015 (11): 1.

[96] 习近平. 大力学习弘扬焦裕禄精神 继续推动教育实践活动取得实效 [J]. 党建, 2014 (4): 4-5, 8.

[97] 习近平. 青年要自觉践行社会主义核心价值观——在北京大学师生座谈会上的讲话 [J]. 中国高等教育, 2014 (10): 4-7.

[98] 新华社. 中共中央 国务院印发《"健康中国2030"规划纲要》[J]. 中华人民共和国国务

院公报,2016(32):5-20.

[99] 肖述剑.礼义廉耻哲学思想及其当代论域[J].求索,2013(7):116-118.

[100] 谢乃和.先秦君主如何巡狩地方[J].人民论坛,2017(19):140-142.

[101] 谢文郁.权利政治与责任政治[J].文史哲,2016(1):46-48.

[102] 徐雨霁.空间、日常与节庆:"模拟"时空裂缝中的都市档案——论董启章《V城繁胜录》中香港的想象[J].关东学刊,2016(12):47-54.

[103] 许斌.复兴:20世纪80年代以来的中国村落社区研究[J].北京科技大学学报(社会科学版),2009,25(1):1-5.

[104] 徐富昌.英雄乎?侠客乎?盗寇乎?——武侠小说视角下的《水浒传》解读[J].清华大学学报(哲学社会科学版),2017,32(3):60-77,199.

[105] 杨建营.武术拳种的历史形成及体系化传承研究[J].体育科学,2018,38(1):34-41.

[106] 杨慧馨,虞定海.国内太极拳健身效果和机制研究进展[J].中国运动医学杂志,2009,28(6):717-719,716.

[107] 叶自成."原点"之思:历史、典籍中的执政思想源泉——传统文化精华与习近平治国理念[J].人民论坛·学术前沿,2014(1):48-58.

[108] 喻义.道德与社会稳定[J].道德与文明,1990(1):2-4.

[109] 袁方成.提升与扩展:20世纪90年代以来当代海外中国农村研究述评[J].中国农村观察,2008(2):75-80.

[110] 翟宇,杨燕.乡村治理要想方设法留住精英[J].人民论坛,2016(29):120-121.

[111] 张博颖.关于继承和发展中华传统美德的思考——学习习近平关于中华传统美德的相关重要论述[J].毛泽东邓小平理论研究,2017(9):76-81,108.

[112] 张富利.乡村精英流动与非物质文化遗产保护[J].重庆社会科学,2016(8):100-107.

[113] 张静.燕京社会学派因何独特?——以费孝通《江村经济》为例[J].社会学研究,2017,32(1):24-30,242-243.

[114] 张士闪.从梅花桩拳派看义和拳运动中的民俗因素[J].民俗研究,1994(4):54-62,67.

[115] 张士闪.礼俗互动与中国社会研究[J].民俗研究,2016(6):14-24,157.

[116] 张士闪.灵的皈依与身的证验——河北永年县故城村梅花拳调查[J].民俗研究,2012(2):55-69.

[117] 张伟.中华传统美德整体性研究三十年述评[J].伦理学研究,2018(1):122-127.

[118] 张兴宇.乡村梅花拳的公益观念与生活实践——冀南广宗县北杨庄梅花拳调查[J].民俗研究,2015(6):48-56.

[119] 张孝德.习近平总书记的乡村本位新论[J].人民论坛,2015(30):22-24.

[120] 张永理. 黄仁宇大历史观析论 [J]. 江西社会科学, 2001 (10): 50-54.

[121] 赵秀玲. 城镇化进程中的农村社区重塑 [J]. 东北师大学报（哲学社会科学版），2020 (1): 1-10.

[122] 赵光圣, 戴国斌. 我国学校武术教育现实困境与改革路径选择——写在"全国学校体育武术项目联盟"成立之际 [J]. 上海体育学院学报, 2014, 38 (1): 84-88.

[123] 周伟良. 师徒论——传统武术的一个文化现象诠释 [J]. 北京体育大学学报, 2004, 27 (5): 583-588.

[124] 周伟良. 健身气功九功法源流考略（一）[J]. 少林与太极（中州体育），2013 (6): 1-5.

[125] 周建新. 武术师徒制传承思考 [J]. 体育文化导刊, 2015 (2): 83-86.

[126] 郑萍. 村落视野中的大传统与小传统 [J]. 读书, 2005 (7): 11-19.

[127] 折晓叶. 县域政府治理模式的新变化 [J]. 中国社会科学, 2014 (1): 121-139, 207.

3. 论文集

[1] 程歗, 张鸣. 中国传统社会农民日常意识论纲 [M] // 程歗. 文化、社会网络与集体行动：以晚清教案和义和团为中心. 成都：巴蜀书社, 2009.

[2] 程歗. 20世纪规模最大的中国大陆民间教门田野调查——评路遥《山东民间秘密教门》[M] // 程歗. 文化、社会网络与集体行动：以晚清教案和义和团为中心. 成都：巴蜀书社, 2009.

[3] 程歗. 甲午战后山东教案刍议 [M] // 程歗. 文化、社会网络与集体行动：以晚清教案和义和团为中心. 成都：巴蜀书社, 2009.

[4] 程歗. 社区精英群的联合和行动——对梨园屯一段口述史料的解说 [M] // 程歗. 文化、社会网络与集体行动：以晚清教案和义和团为中心. 成都：巴蜀书社, 2009.

[5] 方超. 村落武术文化传承与发展研究 [C] // 中国体育科学学会武术与民族传统体育分会、上海体育学院. 2017年武术非物质文化遗产展演及文化生产研讨会摘要汇编. 中国体育科学学会武术与民族传统体育分会、上海体育学院, 2017.

[6] 考维尔蒂. 通俗文学研究中的"程式"概念 [M] // 周宪. 当代西方艺术文化学. 北京：北京大学出版社, 1998.

[7] 刘振尧. "安澜"茶馆忆往 [M] // 冯至诚. 市民记忆中的老成都. 成都：四川文艺出版社, 1999.

[8] 史靖. 神权的本质 [M] // 费孝通, 吴晗. 皇权与绅权. 长沙：岳麓书社, 2011.

[9] 唐韶军. 教化与仪式：苦行视角下的"冬练三九，夏练三伏" [C] // 中国体育科学学会. 第五届中国体育博士高层论坛论文集. 中国体育科学学会, 2014.

[10] 唐韶军. 马斯洛"人生需求理论"视域下的武术教化研究 [C] // 中国体育科学学会

（China Sport Science Society）．2015 第十届全国体育科学大会论文摘要汇编（一）．中国体育科学学会，2015．

［11］韦政通．传统中国理想人格的分析［M］//李亦园，杨国枢．中国人的性格．北京：中国人民大学出版社，2012．

［12］文崇一．道德与富贵中国人的价值冲突［M］//杨国枢．中国人的价值观．北京：中国人民大学出版社，2012．

［13］吴聪贤．现代化过程中农民性格之蜕变［M］//李亦园，杨国枢．中国人的性格．北京：中国人民大学出版社，2012．

［14］杨念群．基层教化的转型：乡约与晚清治道之变迁［M］//杨念群．杨念群自选集．桂林：广西师大出版社，2000．

［15］章太炎．检论·儒侠［M］//章太炎．章太炎全集（第3册）．上海：上海人民出版社，1984．

［16］赵承信．社会调查与社区研究［M］//北京大学社会学与人类学研究所．社区与功能——派克、布朗社会学文集及学记．北京：北京大学出版社，2002．

4．学位论文

［1］韩丽娟．《礼记》中的礼乐教化美育思想与儒家审美人格的建构［D］．济南：山东大学，2012．

［2］洪伦．村落武术——余干朱家村反桩棍考［D］．南昌：江西师范大学，2016．

［3］胡建飞．齐鲁武术名人及源发拳种传承发展研究［D］．济南：山东师范大学，2018．

［4］黄希尧．论普通道德教育［D］．武汉：华中师范大学，2000．

［5］雷明月．作为村落传统的梅花拳［D］．济南：山东大学，2016．

［6］孙婵娟．陕西乾县村落武术文化的现状与传承［D］．西安：西安体育学院，2015．

［7］唐韶军．生存·生活·生命：论武术教化三境界［D］．上海：上海体育学院，2015．

［8］王明建．武术发展的社会生态与社会动因——以村落武术为研究个案［D］．上海，上海体育学院，2013．

［9］张旋．对中国传统武德的诠释及其当代价值研究［D］．武汉：武汉体育学院，2017．

5．报纸

［1］陈朋．县域治理中的"官治"与"自治"传统［N］．光明日报，2016-09-05（015）．

［2］黄启哲．让传统节日传播中华传统美德［N］．文汇报，2017-01-29（001）．

［3］李辉．"人脉"：权力暗箱运作的美丽外衣［N］．工人日报，2009-11-27（003）．

［4］马剑．全民健身上升为国家战略［N］．人民日报，2014-10-21（020）．

［5］汤传信．县域治理关键在于抓好"三力"［N］．人民日报，2016-02-01（007）．

［6］王立峰．筑牢武技武礼武德［N］．中国体育报，2015-12-10（007）．

[7] 吴灿. 我国村落文化研究的现状与反思 [N]. 光明日报, 2016-05-18 (014).

[8] 习近平. 决胜全面建成小康社会 夺取新时代中国特色社会主义伟大胜利 [N]. 人民日报, 2017-10-28 (001).

[9] 谢青松. 移风易俗之要在于道德教化 [N]. 云南日报, 2018-08-13 (006).

[10] 赵志峰. 承传统美德 育时代英才 [N]. 中国教育报, 2018-05-17 (010).

[11] 中共中央办公厅. 关于培育和践行社会主义核心价值观的意见 [N]. 人民日报, 2013-12-24 (001).

[12] 中共中央办公厅, 国务院办公厅. 关于实施中华优秀传统文化传承发展工程的意见 [N]. 人民日报, 2017-01-26 (006).

[13] 中共中央国务院. "健康中国2030" 规划纲要 [N]. 人民日报, 2016-10-26 (001).

6. 网络资料

[1] 陈来. 大力弘扬中华优秀传统文化 [EB/OL]. [2018-03-13]. http://www.rmlt.com.cn/2018/0313/513543.shtml.

[2] 国务院办公厅. 国务院关于加快发展体育产业促进体育消费的若干意见 国发〔2014〕46号 [EB/OL]. [2014-10-20]. http://www.gov.cn/zhengce/content/2014-10/20/content_9152.htm.

[3] 国务院办公厅. 体育发展"十三五"规划 [EB/OL]. [2016-05-05]. http://www.gov.cn/xinwen/2016-05/05/content_5070514.htm.

[4] 黎明明. 新化"武术（非遗）进校园"启动仪式举行 [EB/OL]. [2018-05-11]. https://baijiahao.baidu.com/s?id=1600153239362155959&wfr=spider&for=pc.

[5] 闪电新闻. 榉林公园里的江湖掌门: 我为孙膑拳代言 [EB/OL]. [2018-03-16]. 山东广播电视台闪电新闻客户端官方账号, https://baijiahao.baidu.com/s?id=1595065387379486568&wfr=spider&for=pc.

[6] 习近平. 在纪念孔子诞辰2565周年国际学术研讨会暨国际儒学联合会第五届会员大会开幕会上的讲话 [EB/OL]. [2014-09-24]. http://www.xinhuanet.com/politics/2014-09/24/c_1112612018.htm.

[7] 新华网. 把人民健康放在优先发展战略地位 [EB/OL]. [2016-08-20]. http://www.xinhuanet.com//politics/2016-08/20/c_1119425802.htm.

[8] 新华社. 习近平在北京考察: 抓好城市规划建设 筹办好冬奥会 [EB/OL]. [2017-02-24]. http://www.xinhuanet.com/politics/2017-02/24/c_129495572.htm.

[9] 新华社. 习近平在省部级干部研讨班开班式发表重要讲话 [EB/OL]. [2016-01-19]. http://www.china.com.cn/cppcc/2016-01/19/content_37608947_2.htm.

[10] 央视网. 习近平提出的"健康中国"正向我们走来 [EB/OL]. [2016-11-21]. http://

news.cctv.com/2016/11/21/ARTI2iv96pBFBfFH16FFw9lK161121.shtml.

[11] 薛庆超. 习近平与中华优秀传统文化 [EB/OL]. [2017-12-21]. http://theory.people.com.cn/n1/2017/1221/c40531-29721761.html.

[12] 姚茜, 程宏毅. 习近平强调县域治理 告诉你县委书记如何当 [EB/OL]. [2015-08-28]. http://cpc.people.com.cn/xuexi/n/2015/0828/c385474-27527624.html.

[13] 张辛欣. 十九大代表谈"两个一百年"奋斗目标 [EB/OL]. [2017-10-21]. http://politics.people.com.cn/n1/2017/1021/c1001-29600900.html.

[14] 黄杏洁. 主动适应新常态 加快农业现代化——透视中央农村工作会议传递出的五大新信号 [EB/OL]. [2014-12-23]. https://www.12371.cn/special/2014zyncyzhy/.

二、英文参考文献

1. 著作

[1] Bourdieu, P. Wacquant, L. An Invitation to ReflexiveSociology [M]. Chicago: Chicago University Press, 1992.

[2] E. Durkheim. Division of Labor inSociety [M]. N. Y.: The Free Press, 1964.

[3] Harrell, Stevan. "Introduction" to Jonathan M. Lipman and Steven Harrell, eds., Violence in China: ESSAYS IN Culture and Counterculture [M]. Albanu: State University of New York Press, 1990.

[4] John Chester Adams. The Riverside Literature Series [M]. Boston: Houghton Mifflin Company, 1998.

[5] Patrick Altena, Chris A. M Hermans. Ritual Education in a Pluralistic Society [M]. The Netherlands: University of Nijmegen, 2003.

[6] Spirp, M. E. Social Systems, Personality, and Functional Analysis, In B. Kaplan (Ed.), Studying Personality Cross-Culturally [M]. New York: Harper & Row, 1961.

2. 期刊

[1] Bednar, Christian M. Education as Ritual [J]. Education Week, 2009 (4): 8.

[2] Bond, M. H. and Wang, S. H. Aggressive Behavior in Chinese Society: The Problem of Maintaining Order and Harmony [J]. Acta Psychologica Taiwaninca, 1981 (23): 57-73.

[3] Brownlee, Jamie. Elite Power and Educational Reform: An Historiographical Analysis of Canada and the United States [J]. Paedagogica Historica, 2013, 49 (2): 194-216.

[4] Bruce Hearn, Roger Strange, Jenifer Piesse. Social Elites on the Board and Executive Pay in Developing Countries: Evidence from Africa [J]. Journal of World Business, 2017, 52 (2): 230-243.

[5] Chun-Chih Chiu, James T. Lin. Novel Hybrid Approach with Elite Group Optimal Computing Budget Allocation for the Stochastic Multimodal Problem [J]. Neurocomputing, 2017, 260 (10): 449-465.

[6] GAO Qicai, LUO Chang. Role of Rural Regulations in Environmental Protection and Green Development——Findings from Wendou Village in Guizhou Province [J]. The Journal of Human Rights, 2016, 15 (4): 330-339.

[7] Hongying Wang, Erik French. China's Participation in Global Governance from a Comparative Perspective [J]. Asia Policy, 2013, 15 (1): 89-114.

[8] Hsien Chin Hu. The Chinese Concept of "Face" [J]. American Anthropogy, 1944 (46): 45-64.

[9] Schneider, D. J. Tactical Self-Presentation after Success and Failure [J]. Journal of Personality and Social Psychology, 1969 (13): 262-268.

[10] Depeng Kong, Tianqing Chang, Wenjun Dai, QuandongWang, Haoze Sun. An Improved Artificial Bee Colony Algorithm Based on Elite Group Guidance and Combined Breadth-Depth Search Strategy [J]. Information Sciences, 2018, 442 – 443 (5): 54-71.